王溢然 束炳如 主编

中学生物理思维方法丛书

13 形象·抽象·直觉

王溢然 编著

中国科学技术大学出版社

图书在版编目(CIP)数据

形象·抽象·直觉/王溢然编著. ——合肥:中国科学技术大学出版社,2016.6(2024.4重印)

ISBN 978-7-312-03942-3

Ⅰ. 形… Ⅱ. 王… Ⅲ. 中学物理课—高中—教学参考资料 Ⅳ. G634.73

中国版本图书馆 CIP 数据核字(2016)第 073744 号

出版	中国科学技术大学出版社
	安徽省合肥市金寨路 96 号,230026
	http://press.ustc.edu.cn
	http://zgkxjsdxcbs.tmall.com
印刷	安徽省瑞隆印务有限公司
发行	中国科学技术大学出版社
开本	880 mm×1230 mm 1/32
印张	11.25
字数	292 千
版次	2016 年 6 月第 1 版
印次	2024 年 4 月第 5 次印刷
印数	13001—17000 册
定价	30.00 元

认识一种天才的研究方法,对于科学的进步,并不比认识天才的发现本身更少用处.

——拉普拉斯

序　　1

  在中学物理学习过程中,学生在获取知识的同时,还要重视从科学宝库中汲取思维营养,加强科学思维方法的训练.

  思维方法的范畴很大,包括抽象思维、形象思维、直觉思维等.以抽象思维而言,又有众多的方法,在逻辑学中都有较严格的定义.对于以广大中学生为主的读者群,就思维科学意义上按照严格定义的方式去介绍这众多的思维方法,显然是没有必要的.由王溢然、束炳如同志主编的这套丛书,不追求思维科学意义上的完整,仅选取了在物理科学中最有影响、中学物理教学中最常见的思维方法(包括研究方法)为对象,在较为宽泛的意义上去展开,立意新颖,构思巧妙.全套丛书各册彼此独立,都以某一类或两三类思维方法为主线,在物理学史的恢宏长卷中,撷取若干生动典型的事例,先把读者引入饶有兴趣的科学氛围中,向读者展示这种思维方法对人类在认识客观规律上的作用.然后,围绕这种思维方法,就其在中学物理教学中的功能和表现,以及其在具体问题中的应用做了较为深入、全面的开掘,使读者能从物理学史和中学物理教学现实两方面较宽广的视野中,逐步领悟到众多思维方法的真谛.

  这套丛书既不同于那些浩繁的物理学史典籍,也有别于那些艰深的科学研究方法论的专著,它融合了历史和方法,兼顾了一般与提高,联系了教学与实际,突出了对中学物理教学的指导作用,文笔生

动、图文并茂,称得上是一套融史料性、科学性、实用性、趣味性于一体的优秀课外读物.无论对广大中学生(包括中等文化程度的读者)还是对中学物理教师以及高等师范院校物理专业的学生,都不无裨益.

科学研究是一项艰巨的创造性劳动.任何科学发现和科学理论的诞生都是在一定的背景下,科学家精心的实验观测、复杂的思维活动的产物.在攀登道路上充满着坎坷和危机,并不是一帆风顺、一蹴而就的.科学家常常需及时地(有时甚至是痛苦地)调整自己的思维航向,才能顺利抵达成功的彼岸.因此,任何一项科学新发现、一种科学新理论的诞生,绝不会仅是某种单一思维活动的结果.这也就决定了丛书各册在史料的选用上必然存在某些重复和交叉.虽然这是一个不足之处,却也可以使读者的思维层次"多元化".不过,作为整套丛书来说,如果在史料的选用上搭配得更精细一些、在思维活动的开掘上更深刻一些,将会使全书更臻完美.

我把这套丛书介绍给读者,首先希望引起广大中学生的兴趣,能从前辈科学家思维活动中汲取智慧,活化自己的思维,开发潜在的智能;其次希望中学物理教师在此基础上继续开展对学生思维方法训练的研究,致力于提高学生的素质,以适应新时期的需要;最后我也真诚地希望这套丛书能成为图书百花园中一朵惹人喜爱的花朵.

阎金铎

序 2

"中学生物理思维方法"是一个很诱人的课题. 如果从我比较自觉地关注这个课题算起,要追溯到 20 世纪 80 年代. 开始时,朴素的动因就是激发学生兴趣,丰富上课内容;后来,通过对许多科学研究方法论著作、思维学著作等的学习和教学实践,认识上逐步从传授知识层面提高到了对学生的学习能力乃至思维品质进行培养的高度. 于是,在 90 年代中期,经过比较充分的积累,策划编写了这套思维方法丛书.

《中学生物理思维方法丛书》问世后,受到了广泛的关注,被列入国家新闻出版总署"八五"规划重点图书,还被推介到台湾出版了繁体字版(中国台湾新竹"凡异出版社"). 因此,作者受到了很大的鼓舞.

光阴荏苒,如今已进入 21 世纪. 科学技术飞速发展,教学理念不断更新,教学的要求也随着时代前进的脚步有了很大的变化. 当前,国际教育界大力提倡"科学的历史、哲学和科学"教育,希望借此更好地提高学生的科学素质. 我国从新世纪开始试行的《高中物理课程标准》也明确提出同样的要求. 中外教育家一致的认识——结合物理教学内容,回顾前辈科学家创造足迹,无疑是了解科学本质、培养科学精神的一个重要途径.

本丛书的新一版继续坚持"科学史料、思维方法、中学教学"三结合的内容特色,并补充了反映科学技术方面的新成果、新思想,尤其

在结合中学物理教学方面有了很大的进展——删去或淡化了与当前中学物理教学联系不够紧密的某些枝叶,突出了主干知识;撤换了相对陈旧的某些问题,彰显了时代风貌;调整了某些内容,强化了服务对象.值得说明的是,在新一版中还选入了相当数量的近年高考题,这些问题集中反射了各地专家、学者的智慧,格外显得光彩熠熠、耐人寻味.因此,新一版内容更为丰满多彩,也更为贴近中学教学和学生实际,更好地体现了科学性、方法性、应用性、趣味性.希望能够继续被广大读者喜欢,也希望能够更好地使读者受到启发,有所得益,有所进步!

今后,随着时代的发展和中学物理教学要求的不断更新,新思想、新成果和教学中的新问题势必会层出不穷,但前辈科学家崇高的科研精神、深邃的思想和创造性思维方法的光辉,必将永远照耀着人们前进的道路!

在新一版问世之际,首先要衷心感谢我的良师益友、苏州大学物理系束炳如教授.从萌发编写丛书的想法开始,束先生就给予作者极大的鼓励、支持.编写过程中,作者与先生进行了难以计次的深夜长谈,他开阔的思路、活跃的创见和对具体问题深刻的分析指导,都给了作者极为有益的启发和帮助,让作者从中得到了强大的精神力量,也给作者留下了永不磨灭的记忆.借此机会,同时衷心感谢两位德高望重的原顾问周培源先生*和于光远先生**以往对本丛书的关爱;衷心感谢为本丛书作序的阎金铎教授***对作者的鼓励;衷心感谢吴保让先生、倪汉彬先生、贾广善先生、刘国钧先生等曾为丛书审读初稿

---

* 周培源(1902~1993),著名物理学家,中国科学院院士,曾任中国物理学会理事长、中国科学技术协会主席、北京大学校长等.

** 于光远(1915~2013),著名经济学家,中国社会科学院哲学社会科学学部委员,曾任国家计划委员会经济研究所所长、中国社会科学院副院长等.

*** 阎金铎,著名物理教育家,北京师范大学物理系教授、教科所所长,曾任中国教育学会物理教学研究会理事长等.

并提出了宝贵的修改意见；衷心感谢曾为丛书绘制精美插图的朱然先生；衷心感谢被引用为参考资料的原作者们；衷心感谢曾经对丛书大力支持的大象出版社；衷心感谢广大读者朋友对本丛书的厚爱.

本丛书相当于一个"系统工程"，编辑、出版需要花费大量的人力、物力. 新一版的问世，跟中国科学技术大学出版社的鼎力支持是分不开的. 在此，也代表所有作者对中国科学技术大学出版社和有关编辑室表示衷心的感谢.

不知哪位作家说过这样的话：写作的最大乐趣首先是在写作的过程中，作者与读者心灵交流；其次是作品出版后，能够被读者认可. 虽然这套丛书不是文学创作的作品，我们也只是站立三尺讲台的中学老师，但是在编写过程中，内心时时有着一种极为强烈的冲动，有一个声音呼唤着：把我们在长期教学实践中所积累和思考的有关中学物理教与学的点滴认识、心得与中学物理教学界同行，尤其是广大的中学生朋友们进行交流、分享与探讨. 实际上，书中有许多地方都包含着从以往学生的思维火花中演绎的方法.

本丛书的新一版，尽管我们思考了比较长的时间，编写中也都作了努力，但仍然难免会有疏漏乃至错误的地方，请读者发现后予以指正.

王溢然

2014年2月于苏州庆秀斋

前　　言

　　思维是精神的一部分.古人把思维归之于心,所谓"眉头一皱,计上心来".后来人们逐渐认识到思维来源于脑.它是人类自觉地把握客观事物发展规律的一种高级的复杂的认识活动.

　　思维的机理及其运动规律的研究,依赖于脑科学的发展.20世纪60年代,美国加州理工学院斯佩里教授进行的裂脑实验,取得了历史性的突破.原来,大脑左右两半球各以不同的方式进行思维.左脑用语言进行思维,它以一步一次的方式进行着逻辑思维;右脑则以感觉形象进行思维.过去的很长一段时期中,人们一直忽视对右脑的研究.我国著名科学家钱学森教授说:"形象思维常常连一点来龙去脉都搞不清楚."裂脑实验极大地鼓舞了人们,应该努力去开发自己头脑中右边这块处女地,让大家都变得更加聪明起来.恩格斯曾说过:"终会有一天我们可以用实验的方法把思维'归结'为脑子中分子的化学运动……"但在目前,人类离这个目标还很远.

　　本书的任务,既不是研究思维的机理,也不是从心理学、逻辑学等比较专业的角度去讨论三种思维方式.本书仅从不同的思维方式着眼,先浅显地分别介绍形象思维、抽象思维和直觉思维这三种思维方式;接着,结合物理学研究和中学物理教学,从实际应用的意义上指出多种思维方式的渗透与互补;最后,简要阐述有关思维训练的要求与方法.希望读者能通过对这几种思维方式的了解,开发自身的思维宝库.

作　者
2015年9月于苏州庆秀斋

目　　录

序 1 ………………………………………………………… (i)

序 2 ………………………………………………………… (iii)

前言 ………………………………………………………… (vii)

1　生动的形象思维 ……………………………………… (001)

　　1.1　形象思维的特征——普遍性、直观性 ………… (002)

　　1.2　形象思维的基础 ………………………………… (019)

　　1.3　形象思维的科学功能 …………………………… (025)

2　深刻的抽象思维 ……………………………………… (041)

　　2.1　抽象思维的特征——概括性、深刻性 ………… (041)

　　2.2　抽象思维的方法 ………………………………… (067)

　　2.3　抽象思维中的一朵奇葩——思维实验 ………… (098)

3　可贵的直觉思维 ……………………………………… (132)

　　3.1　直觉思维的特征——直接性、突发性 ………… (132)

　　3.2　直觉思维的产生 ………………………………… (136)

　　3.3　直觉思维的科学功能 …………………………… (141)

3.4　直觉思维的局限性 ………………………………… (151)

4　不同思维方式的渗透与互补 ………………………… (170)

　4.1　从仿生学谈起——生物原型与新技术的钥匙 ……… (170)

　4.2　"螺旋式思维"——物理学规律认识过程中的思维交辉

　　　作用 …………………………………………………… (178)

　4.3　关于汽车的一次专题讲座——学习过程中不同思维方式

　　　渗透与互补的体现 …………………………………… (206)

5　中学物理学习与思维训练 …………………………… (230)

　5.1　以形象思维为入口 …………………………………… (231)

　5.2　以抽象思维为核心 …………………………………… (266)

　5.3　勇于伸出直觉的触角 ………………………………… (327)

参考文献 ………………………………………………………… (342)

后记 ……………………………………………………………… (345)

1 生动的形象思维

> 把思想具体化,在脑海中构成形象能激发想象力.
>
> ——贝弗里奇

形象思维是在外界事物作用于人的感官产生的感觉、知觉基础上所进行的思维活动.它与其他的思维形式一样,也是人类的一种基本的思维形式.它与抽象思维不同的地方是,整个思维过程中始终不脱离形象.

关于形象思维的研究,尤其是在自然科学领域内的形象思维,在以往很长一段时间里并未引起人们的足够重视*.我国著名科学家钱学森说过:"直到现在,我们仅对逻辑思维(即抽象思维)有了比较系统的研究,从而总结出它的规律——逻辑学,而形象思维则研究得很不够,还没有形成一门科学."

因此,下面阐述的,不是从思维科学的严格意义上去探讨形象思维,而是侧重于跟物理学的密切关系并立足于中学物理教学的角度对形象思维的基本特征、产生基础、科学功能等方面作一介绍.

形象性是形象思维最基本的特点.形象思维所反映的对象是事物的形象,思维形式是意象、直感、想象等形象性的观念,其表达的工

---

* 从20世纪50年代起相当长的一段时间里,在向苏联学习"一边倒"的倾向下,思维科学同样受到很大影响.苏联学术界认为"艺术以形象思维为特征,科学则以概念思维为特征",一定程度上阻碍了我国自然科学界对形象思维的研究.

具和手段是能为感官所感知的图形、图像、图式和形象性的符号.形象思维的形象性使它具有生动性、直观性和整体性的优点.

1.1 形象思维的特征——普遍性、直观性

形象思维有诸多特征,也可以有不同的区分方法,其中最基本的特征是其普遍性与直观性(形象性).

(1) 普遍性

形象思维的普遍性特征,充分反映在两个方面:

① 人皆有之

形象思维的普遍性,在某种意义上甚至超过抽象思维,在人类的认识活动中(无论是婴儿还是原始人)也早于抽象思维.钱学森说过:"人认识客观世界首先用形象思维而不是用抽象思维.就是说,人类思维的发展是从具体到抽象."

每一个人出生后,在咿呀学语前早已具备了形象思维.例如,跟宝宝做手势表示吃、睡、再见等,宝宝看到妈妈会张开双臂,表示要"抱抱";稍大些看见了汽车,以后在家里说"嘟嘟,嘟嘟",宝宝就会知道是汽车的意思,等等.

在人类早期的原始人时代,形象思维在文字之前就产生了.他们会用手势或姿势模仿客观事物或现象.原始人的象形字及会意字,就是他们形象思维的具体写照.

例如,图1.1中上方的三个象形文字——"木""壶""鼎"."木"的上面表示树枝,下面表示树根;"壶"的上面是盖子,下面是壶体;"鼎"的上面表示锅体,下面是一个支架.随着人们生活的日益丰富,象形文字也不断地演变发展.图1.1中所示的"日""月"两个字,鲜明地反映了从早期形象思维开始的演变过程.繁体字的"门"可以认为已经从早期的象形字演变为从物体对称结构显示出字的特色;有人更艺

术化地对"吃"字展开了丰富的联想,形象非常逼真*.

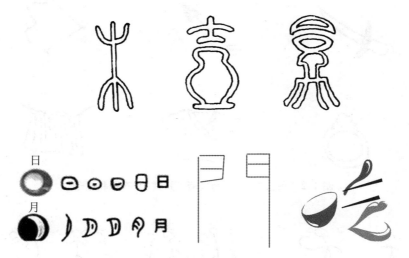

图1.1 象形文字

在我国云南的丽江,至今还流传着一种珍贵的文字——东巴文,被人们称为"活着的象形文字".它跟我国从考古发现的甲骨文和古埃及的象形文字一样,也是用简单的线条描绘出事物的形状和特征.

例如,图1.2所示东巴文的"刀(剑)""箭""弓""戒指""衣服""裙子"以及图1.3中的"人",完全是具体物体形状的象形;图1.3中用一个人指向自己形象表示"我",用两个人形的不同状态表示"我们(咱俩)""父子""商量""做生意"等不同意义等.

至今在美洲原始部落的人们,某些方面还不善于用概念化的语言来表述,而是借助着形象.他们说一个人勇敢,就说这个人像一头狮子;说一个人的眼睛敏锐,就说这个人像一只鹰……

可以这么说,形象思维是人类思维活动的发端."形象思维,人皆

---

* 关于"吃"字的这个艺术形象,是由梁涛先生创作的(参百度网).

图1.2　东巴文的刀(剑)、箭、弓、戒指、衣服和裙子

图1.3　东巴文中的人、我、我们、父子、商量和做生意

有之."

② 遍及各个领域

形象思维的普遍性也表现在它广泛存在于人类实践活动的各个领域.下面,仅选取若干领域的实例做初步的展示以进一步体会.

文学艺术

文学家、艺术家需要用形象思维反映现实生活.音乐、绘画、雕塑、文学创作等都需要以生活中的原型去想象作品中的人物、情景,而作品中的人物、情景等一切有形之物,又都是一个个形象,会唤起人们无穷的想象.

当我们欣赏贝多芬的《田园交响乐》时,那山间小溪的潺潺流水,那林间吱喳鸣唱的小鸟,那夏天轰轰的雷鸣、雨后农村一片欢乐的情景,使人如闻其声、如临其境.

1 生动的形象思维

维纳斯代表着爱与美,她的著名雕像芳臂断缺,双目无瞳,但在每一个欣赏者心中,都可以根据各自的想象,得到完美的补偿,这正是形象思维的力量(图1.4)*.

舞蹈、体操等表演,为了更好地突出主题,展现出高超的技巧,往往离不开形象化的艺术造型. 2008年北京奥运会对各个运动项目的宣传图像,寥寥几笔"点睛",鲜明地刻画出它们不同的特征,同时也充分地显示了形象思维的魅力,让人拍手叫绝(图1.5).

图1.4　维纳斯雕像

图1.5　2008年北京奥运会的部分图标
依次为体操、篮球、排球、足球、射箭、击剑、田径、游泳、跳水、自行车

工程技术

建筑、工程技术同样需要借用形象思维构思造型. 著名的澳大利亚悉尼歌剧院的设计灵感就来自于海中的风帆. 如图1.6所示,这个歌剧院的外貌多么像一艘在蓝天白云下航行于蔚蓝大海中的帆船.

---

* 维纳斯是古希腊和古罗马神话中爱与美的女神. 该大理石雕像高203 cm,相传是古希腊艺人雕刻的,1820年被希腊米洛斯岛的一个农民首先发现,现收藏于巴黎卢浮宫博物馆.

2008年北京奥运会的国家体育馆"鸟巢"的设计灵感,名副其实地来自于鸟窝(图1.7).

图1.6　悉尼歌剧院　　　　　图1.7　"鸟巢"(局部)

显然,这种形象思维完全是工程技术人员的一种主动的思维方式.马克思说过这样的一段话:"最蹩脚的建造师从一开始就比最灵巧的蜜蜂高明的地方,是他在用蜂蜡建筑蜂房以前,已经在自己的头脑中把它建成了……"这是对昆虫的本能和人类思维的区别极其透彻的比较,因为建筑师的头脑中已储存了有关房屋的具体可感的形象(图1.8).

图1.8　蜜蜂与建筑师

生活服务

现在,无论我们生活在城市还是农村,都会看到道路(以及高速公路)上有许多有特色的交通标志,指示着人行横道线、盲道,这里有学校、集市,道路有急弯、下坡,限制车速,车辆禁止调头,禁止非机动车通行、禁止鸣号等(图1.9).这些标志可以说是现代文明社会的一种行为规范,虽然它有一定的专业性要求,但是人人都应该知道其中最常用的一些标志的意义,并自觉地遵守这些规则.这样,才能建立良好的社会生活秩序,避免发生道路交通事故.

图1.9 一些道路交通标志

依次为人行横道线、道路急弯、车速限制为 40 km/h、禁止非机动车通行

日用商品、广告宣传中更是大量地用形象性标志代替概念性语言的说明.如一些家电的外包装上,常用图1.10中的各种图案形象提请运输中小心轻放、不可被雨淋(防潮)、不可倒置、怕热等,某些剧毒化学物品外常贴有一个可怕的骷髅标签,提醒人们谨防误食(或沾染)后中毒.

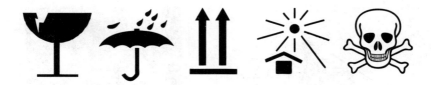

图1.10 部分货物运输要求的标志

依次为易碎品、不可淋雨、不可倒置、怕热、有毒

在商业广告中还往往会有形象化的奇招百出.例如,日本一家建筑公司,为了突出建筑的形象,干脆把公司名字也用符号表示,取名为"△□○"(三角四角圆)——当人们看到"△"时便联想到屋顶;看到"□"时便联想到门、窗;看到"○"时便联想到人(人的脸形).这真

是绝妙的形象思维*.

科学研究

自然科学虽然是最讲究理性的科学,但同样离不开形象的作用.许多科学家在阐述某些新概念或比较抽象的概念时,或者为了表示相互之间的某种联系或关系时,往往会采用形象的图形或比喻等,这样就可以更有利于理解概念的内涵,掌握相互之间的关系.例如:

悬浮在液体中的固体微粒,会做着毫无规则的运动(布朗运动).人们把这种粒子"拟人化",说它的运动极像一个醉鬼走路一样:先朝一个方向走上几步,然后换个方向再走上几步,曲曲折折,不断随意地改变着方向(图 1.11).

在关于对称的研究中,有人用图 1.12 中的白人白马和黑人黑马比喻对称变换中的 CP 联合变换——把白人白马比喻一种粒子,黑人黑马比喻其反粒子,这就是一种 C 变换(电荷共轭变换);由于两者方向相反,又相当于是一种 P 变换(空间反演变换).这个比喻非常生动形象**.

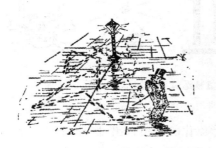

图 1.11　醉鬼走路

图 1.12　黑人黑马与白人白马

---

* 上述许多形象思维的事例中,实际也包含着抽象的成分,这里侧重于形象思维方面.

** 有关对称变换的详细介绍,请读者参阅本丛书《对称》一册.

1 生动的形象思维

著名的美国物理学家、诺贝尔奖得主格拉肖于 1982 年 9 月 26 日在《纽约时报》刊出一条咬住自己尾巴的怪蟒,把物理学研究的最大对象和最小对象的两个分支——宇宙学和粒子物理奇妙地衔接起来(图 1.13),引起了人们极大的兴趣.

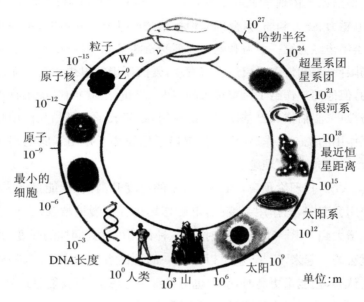

图 1.13　格拉肖的怪蟒

大家知道,宇宙学是以庞大的天体和宇宙空间为研究对象的,而粒子物理学则是以组成物质的基本单元为研究对象的,那么,为什么可以这样地把它们衔接起来呢?

因为根据现代天体物理学家的研究,宇宙是由"大爆炸"形成的.在爆炸后的一瞬间(10^{-43} s 以内),温度极高,粒子的能量达到 10^{19} GeV 以上*,此时宇宙中只有一种统一的作用力和一些超重的粒子,

---

* eV(电子伏)是能量单位,1 eV=1.6×10^{-19} J,表示一个电子经过 1 V 电势差加速后获得的能量.1 GeV=10^9 eV.

宇宙处于完美无缺的对称状态.稍后,温度降低,引力分离出来;温度再降低些,弱力、电磁力、强力又相继分离出来.当经过时间 $t=1$ s 时,粒子已经经过了无数次形形色色的转化,能量降低到得以聚合成原子核,于是宇宙中出现了物质.

根据粒子物理学家的研究,物质世界中只存在着四种力,即引力、电磁力、强力和弱力.爱因斯坦根据物质世界是和谐的、统一的思想,当年曾经为统一引力和电磁力孤身奋斗了几十年.虽然由于时代的局限性,当初许多现象还没有发现,爱因斯坦的思想注定是无法完成的,但他的工作给了后辈很大的启发.20世纪60年代,美国物理学家格拉肖、温伯格和巴基斯坦的萨拉姆,继完成了电磁相互作用和弱相互作用的统一工作后,进一步提出了把强相互作用和弱电相互作用统一的"大统一"理论.

"大统一"理论预言,当物质体系的温度升高,粒子能量增大时,强作用会变弱,弱作用会变强,电磁作用也会慢慢地增强.当粒子的能量增大到 $10^{15}\sim10^{16}$ GeV 时,这三种作用可达到同样的强度,其性质就会统一起来.于是,就可以用统一的理论去描述它们.有些科学家还认为,当能量更高时,引力也可以统一考虑了,只要能量达到 10^{19} GeV,物质体系就有统一的作用力了.

所以,从"大统一"的角度看,格拉肖的"怪蟒"就很自然了.它使粒子物理学家和天体物理学家结成"联盟",一起向物质的更深层次以及宇宙的更远年代挺进.粒子物理学和天体物理学殊途同归,将把物质世界蕴含的、完美的对称性探索得更为清楚.格拉肖的"怪蟒"形象鲜明,具有巨大的感染力,使人们对这两个方面的研究留下了难以磨灭的印象.

不仅物理学和化学等学科需要形象思维,即使在最抽象的数学领域,也并没有摈弃形象思维,有时反而还表现得相当活跃,我们能在二维平面上画出(或看出)三维空间各种各样的立体图形,如圆柱、棱台、锥体、二面角等(图1.14),都是由于形象思维的作用.

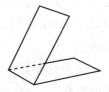

图 1.14 几何图形

笛卡儿发明的解析几何可以称为是将几何的直观形象与抽象的代数相结合的典范.在一个关于笛卡儿的美丽故事中,聪明的小公主将笛卡儿的方程

$$r = a(1 - \sin\theta)$$

用直观形象的图形显示了出来(图1.15),体会到笛卡儿的一片深情.这条曲线就是著名的"心形线"*.几何图形中竟然还包含着这样浪漫的爱情故事,这真是绝妙的形象思维!

德国著名数学大师希尔伯特(D. Hilbert)1932年曾在他的名著《直观几何》中写道:"在数学中,像在任何科学研究中那

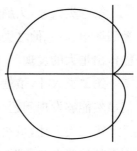

图 1.15 心形线

样,有两种倾向.一种是抽象的倾向,即从所研究的错综复杂的材

---

* 这是流传很广的有关笛卡儿的美丽故事.据说,当年笛卡儿流浪到瑞典时,认识了一个18岁的小国公主克里斯蒂娜(Kristina),并成为她的数学老师.两人经常在一起,日久彼此产生了爱慕之心.国王知道后勃然大怒,将笛卡儿软禁起来.于是,笛卡儿就不断地给公主写信,可是这些信都被国王藏匿起来,公主并没有看到.后来笛卡儿寄出了第13封信后不久就因病去世了.这封信里只有一个公式,国王看不懂,就交给了公主.聪明的公主利用极坐标,画出了心形的图案.

心形线是一种外摆线,当一个圆沿着另一个半径相同的圆滚动时,圆上一点描出的轨迹就是一种心形线.通过坐标变换,它可以有不同的函数表达式,画出各种不同的美丽图形.

料中提炼出其内在的逻辑关系,并根据这些关系把这些材料系统地、有条理地处理.另一种是直观的倾向,即更直接地掌握所研究的对象,侧重它们之间关系的具体意义,也可以说领会它们的生动形象."

更为有趣的是,著名物理学家朗道还用几何图形对科学人才作了形象化的区分(图 1.16).朗道把科学人才大体分为四类:

图 1.16　朗道的人才分类图

第一类人才,头脑敏锐,知识基础宽厚,像个正立的三角形.这是爱因斯坦、海森伯之类获得诺贝尔奖的人才.他们富有创造性思维,能作出重大的发现.

第二类人才,虽然头脑敏锐,但基础知识不够宽厚,像个菱形.他们虽然能够发现问题,也有发明创造,但往往不够深刻.

第三类人才,虽然头脑并不敏锐,但基础知识宽厚,就像一正一倒叠放的两个三角形.大部分科学家属于这样的情况,他们往往都能够依靠丰富的知识与经验,弥补思维不够敏锐的弱点,所以也能够取得许多成就.

第四类人才,头脑既不敏锐,基础知识又比较单薄,就像一个倒立的三角形.可谓"头重脚尖根底浅",这类人才往往在科学研究上难以有所建树.

朗道是一位非常杰出的理论物理学家,对凝聚态物质的研究以及液态氢的研究等方面都有过重大贡献,荣获 1962 年度诺贝尔物理学奖.他对形象思维同样能把握得如此精妙与幽默,真让人赞叹不已.

1 生动的形象思维

(2) 直观性

形象思维又称直观思维,它的一个可贵因素就是直观性,也就是形象性.例如,装修新居时,设计师根据主人的要求,哪怕把方方面面的配置要求说得口若悬河、滔滔不绝,可能还是无法表述明白,而如果画出一幅效果图(图 1.17),立体地显示房间里的布局、色彩等,就一目了然了——一幅图,胜过喋喋不休的一大串语言.

图 1.17　房间内部设计的效果图

前面所介绍的从古代的象形文字到奥运会的运动图标等,它们的共同特点就是形象、直观,无需用语言说明,"尽在不言中",人们对它们所表达的意思已经清清楚楚地理解了.

形象思维具有生动的直观性(或形象性),也与它往往是从事物的整体出发(所谓整体显示)分不开的.因此,它最能给人们活生生的、鲜明的感官刺激.例如,生活中我们能在一大群人中一眼认出自己熟悉的人,能一眼读出书写潦草、字体不一的字,虽然,一个人的脸部或一个字有许多特征,由于形象思维是把人、字当作一个整体来把握的,因此就能根据某些局部得出整体的直观形象了.如图 1.18 所示,即使有人开玩笑似的把爱因斯坦作了充分的简化,人们依然一眼就会认出这个可爱聪明的老头.因为即使简化了,也依然具有爱因斯坦的整体特征,所以人们凭借着以往对爱因斯坦的整体认识,就可以马上认出来了.

在物理学习中,实验是一种最典型的形象,所谓"百闻不如一

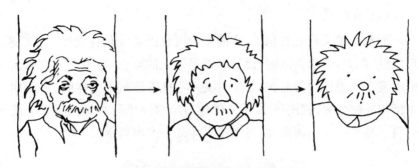

图1.18　爱因斯坦的可爱形象

见".通过物理实验可以直观地显示有关的物理概念或规律的含义,一些物理量相互之间的关系等.下面,我们选取中学物理教学中几个比较常见的实验,共同认识和体会一下形象思维的直观性特征及其作用.

奔腾的骏马

图1.19　奔马仪器

图1.19是一件教具——一匹威武、雄壮的马,它的两只前蹄已经腾空,两只后蹄有力地蹬着地面,正要向前高高地跃起.看到这件教具,不由使人联想起我国著名艺术大师徐悲鸿的奔马图.仿佛它就要从我们头顶飞越而过一样.

然而使人称奇的是,虽然这匹雄赳赳的奔马并未固定在底座上,也不是靠磁力维系着,还在不停地对你鞠躬作揖,但就是不愿意脱离支撑着它的底座,正像希腊神话中的勇士安泰,必须依偎着他的大地母亲一样*.

---

*　安泰是希腊神话中大地女神盖亚和海神波塞冬的儿子,他力大无穷,但必须保持与大地的接触,才是不可战胜的.

如果你的物理老师演示了"奔马实验",相信一定会在你的脑海中烙下非常直观生动的形象.

环形滑道

杂技中的"飞车走壁"一直是人们乐于欣赏的一个节目.观众围坐在一个圆桶形的舞台周围,演员骑着自行车或驾驶着摩托车先在桶底绕行几圈,然后沿着桶壁倾斜上爬,在高高的桶壁倾斜着车身飞快地转着圆圈,不少观众都为之捏着一把汗,担心演员会从桶壁上摔下去.可是演员们毫无惧色,面带笑容,有时还单手或双手脱把,挥舞着手中的红绸带向观众招手呢!

"飞车走壁"是一项很专业的运动,当然不是每一个普通观众都能去尝试的.如今到游乐场去乘坐一趟升降滑道(过山车),却几乎是每个游客都能享受如同飞车走壁一样惊险刺激的事了(图1.21).

图 1.20　飞车走壁

图 1.21　过山车

各个游乐场里过山车的形式可以各种各样,但它们的物理原理是一致的:必须具有很大的速度,才能倒着越过最高点.在课堂上,我们可以做一个模拟过山车的实验:如图1.22所示,让一个小球沿着斜轨从一定高度滚下,这个小球就可以绕过竖直圆环的最高点而不致下落.

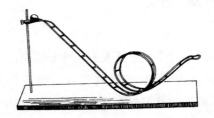

图 1.22　离心轨道——模拟过山车的实验

如果老师在第一节物理课上演示了这个实验,它的直观生动的形象一定会诱发你对物理产生极大的兴趣.

奇妙的液膜

你在小时候吹过肥皂泡吗？用一根细塑料管或麦秆,把它的一

图 1.23　吹肥皂泡

端在肥皂液里浸一下后,对着另一端可以毫不费力地吹出大大小小许多肥皂泡,在太阳光的照耀下,可以欣赏到它们表面美丽的色彩——这是吹肥皂泡时最先看到的现象(图1.23).除此以外,也许你并没有想到很普通的肥皂膜还有什么新奇的地方.

2013 年 6 月 20 日,我国神舟十号女航天员王亚平与两位同伴,在 300 多千米高空的"天宫 1 号"实验舱里,成功地进行了一次太空授课.同学们最感兴趣、最感神奇的实验,就是王亚平在太空授课中制作水膜与"魔法水球".

下面,我们介绍用细铁丝做几个简单的模型,你就可以在家里表演一下肥皂水膜所具有的奇妙特性了.

① 用细铁丝做一个圆环,在两对侧系一根细的棉纱线(或其他柔软的细线),将它在肥皂液里浸一下后提起,用一根烧热的针,小心地戳破棉纱线上方或下方的液膜,立即可看到棉纱线会被另一侧液

膜拉成圆弧形(图1.24).

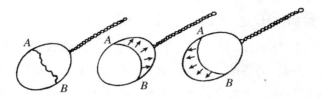

图1.24 液膜收缩使棉线拉成弧形

② 用细铁丝做一个圆环,环上系一根有一个小圆圈的棉纱线,将它在肥皂液里浸一下后提起,用一根烧热的针,小心地戳破棉纱线小圆圈中的那部分液膜,立即可看到原来弯曲的附着在液膜上的小圆圈会被一股神奇的力量从四周向外拉引,形成一个圆圈(图1.25).

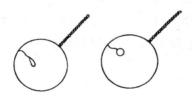

图1.25 液膜收缩使棉线拉成圆形

③ 用细铁丝做成一个正方体、三棱锥或其他几何形体(图1.26),当把它们从肥皂液里提起时,你也许意想不到,这些无底的框架并没有"竹篮打水一场空",在它们四周形成的液膜会自行收缩,最后形成一个非常规则、奇妙的图形(图1.27).

图1.26 不同形状的细铁丝架　　图1.27 液膜收缩后形成的图形

这些简单实验中的现象,自然地会使人们建立起一个直观的认识:液膜具有使它的表面尽量收缩的趋势.

自动旋转的磁针

如图 1.28 所示,在一个支架上放置三个相同的线圈,它们的一端连接在一起,另一端与接线柱 A、B、C 分别相连.在线圈中间放有一枚小磁针(或一个很轻的闭合铝框),磁针(或铝框)与三个线圈相互间没有直接的联系.

现在,先将通常的单相交流电接到 A、B、C 中的任意两个接线柱上,中间的小磁针(或铝框)依然保持静止.接着,将三个接线柱接入三相交流电,或者,采用如图 1.29 的方法,将通常的单相交流电改造一下后接到三个接线柱上,意想不到的奇迹出现了——表面看不到任何现象,但小磁针(或铝框)却会迅速地转动.如果将任意两个接线柱的接入位置交换一下,小磁针(或铝框)立即就会反方向转动*.

这个现象直观、鲜明,看到的同学都会感到好奇,并留下很深刻的印象.

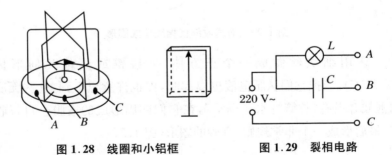

图 1.28　线圈和小铝框　　　　图 1.29　裂相电路

---

* 图 1.29 的电路(裂相电路)有着与三相交流电类似的效果.如果自己仿制用市电进行实验,请在老师的指导下进行.

1.2 形象思维的基础

形象思维虽然"人皆有之",但也不是与生俱来的.一个人形象思维能力的高低,除了与知识水平、文学艺术修养等基础有关外,还往往与其对表象积累的丰富与否有很大的关系.下面,侧重于有关表象积累方面,并以物理学的事例为主作些介绍.

(1) 表象积累的两个主要方面——观察与实验

据说,法国著名的短篇小说家莫泊桑(G. Maupassant)年轻时曾向福楼拜(G. Flaubert)请教过写作的方法,福楼拜没有直接回答,而是指着商店对他说:"请你给我描绘一下这位坐在商店门口的人,他的姿态、他整个的身体外貌;要用画家那样的手腕传达他全部的精神本质,使我不至于把他和别的人混同起来."福楼拜的话道出了写作技巧的真谛.一部文学作品,要使读者如身临其境般地产生真实的感觉,建立起具体可亲的形象,很大程度上取决于作者在细致入微的观察的基础上的描写.

绘画更是如此!欣赏徐悲鸿的奔马图,虽然其背景一片空白,不着点缀,我们依然可以感受到它犹如正奔驰在辽阔的草原上一样.究其原因,是因为徐悲鸿在仔细观察的基础上,画出了骏马奔跑的神韵,才使读者建立了栩栩如生的形象(图1.30).

文学、艺术是这样,自然科学也同样如此,因为形象思维是以表象为思维材料的,它的主要思维手段是实物、图形、音响、典型材料等具体可感的事物.它们都强烈地依赖着人的感官,尤其是直接的观察.

图 1.30 徐悲鸿的奔马图

形象·抽象·直觉

美国著名物理学家、1979年度诺贝尔物理学奖获得者格拉肖(S. L. Glashow)说过:"假如你从未看过大象,你能凭空想象得出这种奇形怪状的东西吗?"大家都知道有一个广为流传的盲人摸象的故事,它的用意主要是奉劝人们不能只根据片面的印象作出结论.但是从另一方面来说,一个从未见过大象的盲人,确实也很难在头脑中形成这种动物的完整形象.

因此,只有丰富的表象积累,才能为形象思维、想象力提供广阔的天地.而观察和实验正是积累表象的不竭源泉,从这个意义上也可以说,观察和实验是产生形象思维的直感基础.

(2) 物理学中的典型事例

在物理学发展史上,有许多事实可以说明观察和实验作为形象思维直观基础的可贵作用.

宇宙研究古与今

通过对天体运动的观察,建立一个形象化的图形(模型),这是从古至今人类认识宇宙的一个最基本的方法.

从距今约3000多年,我国古代在殷商时期已经流传着"盖天说"(图1.31),到汉代张衡发展为"浑天说"(图1.32);从公元1~2世纪古希腊托勒密提出的"地球中心说",到公元15~16世纪哥白尼提出"太阳中心说"……都是通过观察,并借助一个形象化的图形(模型),从而说明(解释)有关的天文现象.

图1.31 殷商时期的"盖天说"认为"天圆如张盖,地方如棋局"

图1.32 汉代的"浑天说"认为"天体圆如弹丸,地如鸡中黄"

后来望远镜的发明,为天文观察提供了更有力的手段.在 18 世纪末到 19 世纪初,通过赫歇尔的努力,使人们的视野超越太阳系,扩展至银河系(图 1.33).

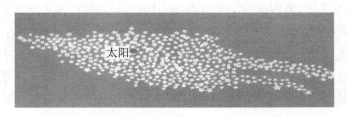

图 1.33 银河系呈扁盘形状,中间厚、两边薄,人类居住的太阳系在银河系中,大约靠近中心的地方

到了近代,在 20 世纪二三十年代,美国天文学家哈勃通过长期的观察,并测定了几十个星系的距离和运动速度,彻底否定了根深蒂固的静态宇宙的观念,提出了宇宙在不断地膨胀着的动态观点,同样可以建立一个形象化的图形(图 1.34).

图 1.34 对宇宙膨胀的形象化说明:星系在相互远离,它们之间的距离越来越远,好像画在一个气球上面的点,随着气球的膨胀,每两点的间距越来越大

如今,宇宙研究中的热门话题——对有关暗物质与暗能量的探索,同样都建立在对天文现象的观察的基础上.

布朗运动

一杯水放在平静的桌面上,你可曾想过水中的分子(水分子)是

乖乖地各就各位不动呢？还是"不甘寂寞"地东窜西跑？对于这样一个如今的中学生已经取得共识的问题，在19世纪时许多科学家还不是十分清楚．

1827年，英国植物学家布朗（R. Brown）用显微镜观察悬浮在水中的花粉微粒时，发现这些花粉微粒在不停地做着无规则的运动．布朗说道："当我观察这些浸在水中的粒子时，我发现很多都在不停地运动着……在经过多次重复的观察以后，我确信这些运动不是由于液体的流动也不是由于液体的逐渐蒸发所引起的，而是属于粒子本身的运动．"

悬浮在液体中的固体微粒的这种永不停息的无规则运动，后来就被称为"布朗运动"．

当初，曾有人认为这是一种生物现象或与布朗所取用的某种特殊的植物有关．但后来布朗用无机物、包括研细的石粉做实验，他发现只要微粒足够小——布朗所用的花粉粒子或其他粒子的最大尺寸，其长度为 $\frac{1}{4000} \sim \frac{1}{5000}$ in*，它们悬浮在水中时都会表现出这样的运动．

这种运动确实很神秘，似乎和过去的全部经验都矛盾．如果我们每隔30 s对悬浮着的一个粒子的位置进行一次观察，就会看出它的路径的奇怪形状（图1.35）．更不可思议的是，这种运动的杂乱程度简直难以想象，而且像是永无休止的．如果把观察时间从原来每隔30 s对一颗粒子记录一次位置，改变为每隔0.3 s记录一次位置，然后把这些位置连接起来，居然是一条更为复杂的折线（图1.36）．

后来，从布朗运动的研究，最终证实了分子运动的理论．这样，由布朗从实验中发现的微粒的运动就可给我们描绘出一幅液体分子运动的形象化的图景：表面平静如镜的一杯水，实际上内部的水分子不

---

* in 即英寸，1 in＝25.4 mm．

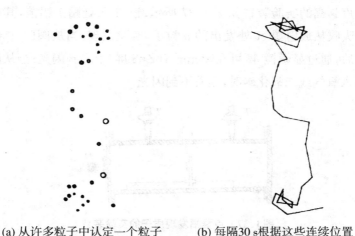

(a) 从许多粒子中认定一个粒子进行观察所得到的连续位置
(b) 每隔30 s根据这些连续位置画出来的路径

图 1.35　布朗运动

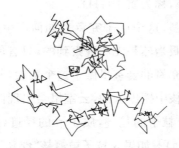

图 1.36　每隔 0.3 s 记录一次位置的连线

停地做着无规则的运动.通常情况下,在液体中的每个粒子 1 s 内竟受到液体分子 10^{21} 次的碰撞.可见,液体分子的运动多么激烈而混乱.粒子的布朗运动正是周围液体分子无规则运动的反映.

质子的来源

1919 年,英国物理学家卢瑟福(E. Rutherford)用 α 粒子轰击氮核,首次实现了原子核的人工转变,并发现了质子.

卢瑟福的实验装置如图 1.37 所示.窗口 F 处贴上铝箔,其厚度恰能吸收从放射源 A 处发出的 α 粒子.实验发现,当从阀门 T 通入氮气后,通过显微镜 M 可在荧光屏 S(ZnS 屏)上看到闪光;当从阀门 T 通入氧气或二氧化碳时,则看不到闪光.

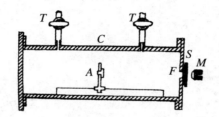

图 1.37　卢瑟福发现质子的实验装置

上述现象表明:闪光一定是由于 α 粒子击中氮核后产生的新粒子穿过铝箔所引起的.后来通过对这种新粒子质量、电量等特性的研究,确定为氢原子核,称为质子($_1^1$H).

接下来的问题是,这个质子究竟是如何产生的?这种瞬息万变的微观过程仅靠肉眼当然是无法观察到的,只有借助实验.英国物理学家布拉凯特又在充氮的云室里做了这个实验,并做了设想:质子如果是被 α 粒子从氮核中撞出来的,云室里会出现四条径迹:入射 α 粒子的径迹,碰撞后 α 粒子的径迹,质子 p 的径迹,抛出质子后的核的反冲径迹[图 1.38(a)].如果 α 粒子被氮核"俘获",先形成一个复核,然后发生衰变时放出质子,云室里就只能看到三条径迹:入射 α 粒子的径迹,质子 p 的径迹,核的反冲径迹[图 1.38(b)].

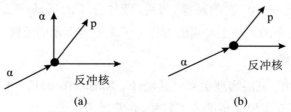

图 1.38　质子来源的分析

布拉凯特从云室的 2 万多张照片、40 多万条 α 粒子径迹中,终于发现有 8 条产生了分叉——在云室照片中,分叉后细而长的是质子的径迹;粗而短的正是反冲氧核的径迹(图 1.39). 这个现象证明了布拉凯特的第二种设想.

图 1.39 分叉的径迹

由此,我们可以对 α 粒子轰击核的过程建立一个具体的形象:来自放射源的 α 粒子鲁莽地撞进氮核,形成一个新的原子核,然后这个新核再发生衰变,放出质子. 根据这个形象也就可得到核反应方程

$$^{14}_{7}N + ^{4}_{2}He \longrightarrow (^{18}_{9}F) \longrightarrow ^{17}_{8}O + ^{1}_{1}H$$

不过,应该知道,为了获得这个直观的形象,布拉凯特观察了 40 多万条径迹,可以想象,这项工作是何等艰辛.

1.3 形象思维的科学功能

形象思维是利用直观形象在解决问题时的一种思维过程. 虽然科学研究从总体上说是一门高度抽象的"艺术",但同样离不开形象思维. 只是在不同的创造领域(艺术、自然科学、技术等)中,因思维的对象各异,形象思维的地位和作用方式也会有所不同.

自然科学中的形象思维,主要指的是在大量观察、实验的基础上,在创造激情的推动下,通过形象类比、联想,把记忆中能反映事物本质特征(有时甚至毫无联系)的那些映像加以选择、提炼,重新组合成新的映像的过程.

形象思维在科学认识中的主要作用,可概括为这样几方面:

(1) 作为新概念的形象基础

任何一门科学的产生和发展的关键,都在于有新的概念的提出. 英国物理学家汤姆孙(J. J. Thomson)在祝贺卢瑟福荣获诺贝尔奖的宴会上说:"在能够给科学做出的一切服务中,引进新的观念是最伟大的.一个新的观念不仅使很多人发生兴趣,而且它会启迪大量的新的研究."

物理学上许多新概念(或观点)的提出,往往离不开形象思维.因为已有的科学知识不会为新概念提供现成的逻辑途径,靠归纳和演绎又都摆脱不了原有科学的规范,对新概念的诞生真正有效的,是观察和实验基础上的形象类比、联想与想象.下面,我们选取物理学史上的若干概念,以获得更具体的认识.

古代原子论

关于物质的组成,中国古代提出过五行说,西方提出过元素论.后来有了进一步发展,西方最早提出原子理论的是古希腊哲学家留基伯(Leucippus,约前 500～约前 440)和他的学生德谟克利特(Democritus,前 460～前 370).他们的原子理论的要点是:

① 宇宙间一切物质都是由极小的、坚硬不能穿透、坚固不能压缩的不可再分的终极粒子——原子组成.原子是永恒的,不可创造又不可毁灭.

② 原子在虚空中永恒运动着.

③ 各种物质特性的差异都来源于原子的形状、排列和位置的差别.

古原子论的提出,当然是缺乏实验基础的.但它作为哲学家思辨的产物,却有着广泛的形象基础.

德谟克利特等人看到:屋檐滴水的时间长了就会"水滴石穿";手上的戒指戴久后会变薄;铁犁耕地多了就会磨损;博物馆中铜像的手被参观者握的次数多了就会变小;物体蒸发时发出的气味会扩散到很远……这些损耗过程或气味挥发,人们虽然看不见、摸不着,但可以想象它们一定是一点一点、极小极小地耗掉或挥发出去的.因此,可以想象石头、戒指、铁犁、铜像等物体都是由许多极小的粒子组成的.由此可推知自然界的一切物质都是由极小的粒子组成的.这种粒子,他们称为原子(atom).

德谟克利特还从太阳光由狭缝穿入室内时,许多小粒子活跃在光线的通路里做着不停的运动作出想象:构成物质的微粒不是静止不动的,而是运动的.

德谟克利特的原子论后来经希腊哲学家伊壁鸠鲁(Epicurus,约前 342~约前 270)和罗马诗人卢克莱修(Lucretius,前 95~前 52)的发展,在自然科学的发展史上起过十分重要的影响.因此,德谟克利特被后人称为"经验的自然科学家".

力线与场的概念

磁感线*概念的提出,是法拉第的一大创举.他仔细观察了放置在各种形状的磁铁附近的铁屑所形成的图案,并与磁铁周围的许多小磁针的指向相比较.他想象,即使没有铁屑,磁场中也应该存在这种可以表示磁针指向的线,由此他提出了磁感线的概念,并在电磁感应现象中用"切割磁感线产生电流"对电磁感应定律作出了解释.

电场线概念的提出则不同.法拉第通过对电磁感应实验现象的思考,意识到磁感线的传播是需要时间的.或者说,从载流导线向四周散发出来的力线只能以有限的速度向空间传播.因此在 1832 年 3 月 12 日写给英国皇家学会的一封密封信中**,法拉第提出了关于电和磁的波动传播性和非瞬时性的观点.他还假设静电感应也像磁感线一样是一个渐进的传播过程.两星期后,他通过电与磁的形象类比,提出了电场线的概念,并设想电力也像磁力一样是通过力线传播的.

从 1845 年开始,法拉第进行的一系列磁感应现象的研究,逐步

---

*　在历史上,磁感线和电场线分别称为磁力线和电力线.
**　法拉第的这封信在皇家学会的档案馆里躺了 100 多年,直到 1938 年才为后人重新发现.

证实了力线的实体性质*.他在1855年发表的《论磁哲学的一些观点》中详细论述了力线实体性的四个标志:力线的分布可以被物质所改变;力线可以独立于物体而存在;力线具有传递力的能力;力线的传播需经历时间过程.同时,也最终确立了他的物理场思想.他把"热力线""光线""重力线""电场线""磁感线"都列入空间力场的范围,指出力或场是独立于物体的另一种物质形态,物体的运动都是场作用的结果.

法拉第所提出的力线概念和场的思想,就是在实验基础上,通过形象类比、想象,创造性地提出来的.力线和场的概念对物理学的发展起着深远的影响.

黑洞

图1.40 黑洞的示意图

黑洞是什么?许多人也许并不知道,但对于如图1.40所示的"漏斗"形象却非常熟悉.

所谓"黑洞"并非是宇宙空间某处有那么大的一个洞,它指的是宇宙中存在着某个引力特别大的区域.进入这个区域内的任何东西(包括光)都不能从中逸出.就像落进一个深不见底的漆黑一团的洞穴一样.黑洞的名称正是这样来的.

现代的宇宙学理论指出,黑洞是恒星演化的产物.根据恒星演化后的质量(m)与太阳质量(M)的大小关系,演化的后期会形成三类天体:

---

* 这些实验如1845年法拉第发现的"磁致旋光效应";同年,他对"抗磁体"的发现;1848年关于铋晶体极性的研究等.

1 生动的形象思维

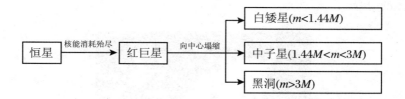

由此可见,图 1.40 仅是一种形象,它虽然不像前面所说的"力线"那样表示着一定的物理意义,但其形象的效果,也许没有一个其他新概念可与之相比*.

黑洞也是广义相对论的一个结论.因此,对宇宙中黑洞的探索,现在已经成为天文学上最具诱惑力的课题之一.虽然科学家在关于黑洞探索的道路上经历了许多次的失败,依然热情不减,继续在探索着.

(2) 提供抽象问题的形象诠释

自然科学离不开理论模型和科学假设.它们都是在观察和实验的基础上经过思维加工形成的一种抽象思维的结晶.不过,在它们的形成过程中也往往把形象思维作为抽象思维的基础,起着辅助和支援抽象思维的作用,从而可使抽象的理论模型和科学假设更为具体化,或可得到明确的形象化的诠释.

譬如,日本物理学家汤川秀树(Hidiki Yukawa)为了说明他的介子理论,建立了一个直观的形象——恶狗抢骨头(图 1.41).他把核子之间的"交换力"形象化地比作有两条恶狗在抢一根肉骨头,彼此咬住一口不放,都想独占.这根骨头不断地从一条狗的嘴里传到另一条狗的嘴里,拉来拉去,结果两条狗扭在一起分不开了.核子之间吸力的产生也是由于它们各自为了占有一种新的"美味"粒子而进行着类

---

* 由于类似这样的图形在科普读物以及可视作品中的广泛性,有时甚至已经起了不应有的误解作用——让人以为太空深处真的有那么一个黑森森的大"漏斗",但它形象化的启示作用,确实功莫大矣.

似的争夺*.

图 1.41 "交换力"的形象化说明

在科学史上,许多理论的提出常以直观的形象模型作铺垫,这样,可使思维力量得到更好的发挥,有利于创造性思维活动的开展.

发现一个小太阳

卢瑟福提出的原子有核模型,同样没有脱离形象思维.

1906 年,卢瑟福在实验中发现 α 射线通过铝箔或云母时发生小角度散射的现象后,认识到由散射和引起原子内电场反应有可能探索原子内部结构,便指示他的助手——年轻的德国科学家盖革(H. Geiger)和英国科学家马斯顿(E. Marsden)开展大角度散射的实验. 1909 年,盖革和马斯顿把镭放射的 α 粒子经金箔反射到硫化锌荧光屏上,通过显微镜数出被反射的 α 粒子数. 他们发现,当采用 1 cm² 的金箔作反射物时,约有 $\frac{1}{8000}$ 的入射 α 粒子被反射,平均散射角为 90°, 这使卢瑟福大为惊讶.

后来,他根据牛顿力学,对 α 粒子射向中心电荷时被散射的轨迹作了计算,发现它们沿双曲线轨道的运动(图 1.42),就像太阳系中的行星或彗星一样. 卢瑟福曾兴致勃勃地说:"我发现了一个小太阳." 显然,太阳系模型已为他心中的原子模型提供了形象.

值得一提的是,起初卢瑟福还认为原子核带负电,因为用牛顿万

---

* 关于汤川的介子理论,请读者参阅本丛书《类比》一册.

1 生动的形象思维

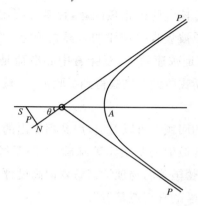

图1.42 α粒子被金原子大角散射径迹

有引力定律做的计算结果表明,中心电荷是正还是负,对得出α粒子大角度散射的双曲线径迹并无影响.他在1911年3月第一次公开宣读原子有核结构的论文中写道:"大角度散射的主要结果与中心电荷是正还是负无关,尚不可能肯定地解决这个符号问题."他选择原子核带负电,正是从牛顿万有引力定律出发,类比于太阳系模型考虑的结果.

后来,只是出于更好地说明中心电荷与外围电子的电量平衡问题,才"为了方便起见,将假定符号是正的"(图1.43).

图1.43 卢瑟福的原子模型

为了解决中心核电荷的正负问题,卢瑟福提出可以采用按这两种假设找出β粒子被吸收时规律的差异去确定.当β粒子从中心电荷释放后,如果它是减速效应,意味着中心电荷是正的.次年(1912年),由盖革和马斯顿所做的实验得到了验证.于是,才完善了卢瑟福的有核模型.

从这个简短的回顾中可以看出,卢瑟福提出的原子有核模型,不仅有α粒子大角度散射的坚实实验基础,太阳系模型也确实起了形象化的铺垫作用.德国著名物理学家海森伯高度评价卢瑟福,把他称为"近代原子物理学的真正奠基者".

太阳系的起源

哥白尼(N. Kopernik)和开普勒(J. Kepler)对太阳系中各天体的运动作了安排.牛顿则指出了它们绕太阳运动的动力学原因.可是,太阳系究竟是怎样形成的呢?这是一直萦绕在科学家们头脑中的一个谜.在没有资料记载和无法实验的情况下,科学家只能根据想象中的情景作出假设.

1745年,著名的法国博物学家布丰(G. L. L. Buffon)首先向人们描绘了这样一幅生动形象的图景:一颗拖着明亮长尾巴的"司命彗星"从当时孤零零的太阳的边缘上擦过,从它巨大的形体上撞下一些小团,它们在冲击力的作用下进入空间,并开始自转起来,即形成了行星(图1.44).现在我们知道,彗星的质量仅及太阳质量的几亿分之一,根本不可能从太阳中撞出这么多的物质来形成行星.

1755年,德国哲学家康德(I.

图 1.44　布丰的碰撞说

Kant)提出了太阳系起源的星云说,称得上是人类历史上第一个科学的太阳系起源学说.康德设想,早期的太阳是一个较冷的巨大气团体(原始星云),它绕自己的轴心缓慢转动.这团原始星云由大小不等的固态微粒构成.星云中比较大的微粒逐渐把小的微粒吸引过来变成更大的团块.团块在各自的运动中会不断碰撞,这种碰撞既可能使团块碎裂,也可能互相结合,像滚雪球一样逐渐形成越来越大的团块,最后在星云中心部分聚集成原始的太阳(图1.45).

图 1.45 康德的气团围绕说(星云说)

原始太阳形成后,一些微粒或小的团块向太阳中心下落的过程中,由于相互碰撞会改变运动方向,变为相对太阳斜向下降,形成围绕引力中心——太阳的圆周运动,并且逐渐在太阳周围形成一个转动着的星云盘.随着运动的加剧,在星云盘中又形成几个引力中心.

这样,原来的原始星云就演变成一个以太阳为中心的巨大旋涡.旋涡中的微粒在相互碰撞的运动过程中达到平衡,从而造成了由星云盘聚集成的、彼此沿同方向旋转的"原始行星".各个行星也以同样的方式形成了它们的卫星.于是,一个以太阳为中心旋转的太阳系就形成了.康德还从力学的角度对行星的轨道特性(如轨道的偏心率和倾角的起源)、行星的质量分布、彗星的形成等方面提出了相应的理论.

40余年后,法国著名数学家、天体力学家拉普拉斯(P. S. Laplace)在不知道康德星云说的情况下*,独立地提出了类似星云说的太阳系起源学说.

拉普拉斯认为:原始太阳是一团炽热气体——球形星云.由于不断向周围辐射,逐渐冷却,温度降低,星云逐渐收缩.在冷却收缩过程中,随着气团各部分到旋转中心距离的缩短,根据角动量守恒,其角速度逐渐增大.这种情况就像一个花样滑冰的运动员在旋转时突然收拢双臂,转速便会加快一样(图1.46).

图1.46　演员突然收拢双臂,转速加快

在星云的收缩过程中,"赤道"外围部分气体受到的惯性离心力不断增大.当这些气体受到的惯性离心力与中心对它的引力平衡时,收缩停止.在收缩过程中,当离心力超过引力时便分离出一个个圆环.由于这样不断反复进行的收缩与分离,就会陆续形成几个圆环.

这些气体圆环由于物质分布不均匀,密度大的区域会不断吸收

---

* 康德的书当时是匿名发表的,印数也很少,因此并未引起人们的注意.后来,拉普拉斯出版了《宇宙体系论》一书,提出了星云说,才使人们想起康德的学说.

周围的物质,并进一步收缩,逐渐凝聚起来,从而形成行星,星云中心则形成太阳.原来初期呈球状的星云也逐渐变得扁平起来.行星外围的卫星,也类似于这样反复的收缩与分离而形成起来.

按照拉普拉斯的假设,整个星云以相同的角速度旋转,因此各个圆环以至后来形成的行星都按相同的方向公转.环的外侧比内侧的线速度大,内外速度差使形成的行星自转,且自转和公转方向相同.

拉普拉斯关于太阳系的形成过程,可以形象地用图 1.47 表示出来.

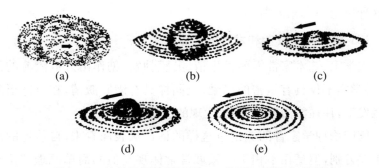

图 1.47　拉普拉斯的星云说——从图(a)到(e),星云冷却,收缩,形状变扁,分离出圆环,形成行星

虽然拉普拉斯的星云说与康德的星云说有许多不同之处,但人们通常就把它们合称为康德-拉普拉斯星云说.关于星云(气团)旋转时能形成圆环,后来也由普拉多(Plateau)做过验证实验:他使一大滴油悬浮在与油的密度相同的另一种液体里,然后迅速旋转容器.当转速达到某个限值时,油滴外围的确会形成油环.

康德-拉普拉斯星云说,虽然都免不了存在着某些困难,但他们用自然界本身演变的规律性说明行星运动的规律,对 18 世纪的上帝观无疑是一次有力的打击.因此,被人们认为是"从哥白尼以来天文学取得的最大进步",是在 18 世纪僵化的自然观上"打开了第一个

缺口".

在星云说后,太阳系起源和演化的问题吸引了许多天文学家,针对星云说的困难(或缺陷)相继出现了许多学说(假设)*.20世纪中叶以来,美国、前苏联、英国、德国、日本和中国的天文学家,关于太阳系起源提出了许多独特的见解,在康德-拉普拉斯星云说的基础上,发展并建立了现代星云说**.

如果回顾一下对太阳系形成的探索,我们可以看到,从布丰算起300多年来,几乎每一种学说都有一个生动直观的形象作为诠释.至今,各种学说继续展开了激烈的争论,我们相信太阳系起源之谜也将在这种争论中真相大白.

(3) 触发科学发明和发现的灵感

文学家、艺术家常因触景生情、灵感勃发,创作出万世流芳的作品.科学家不仅具有缜密的思维,也同样具有满腔激情,在直感形象的触发下,往往能激发出发明、发现的灵感.

德国物理学家普朗克说过这样的话:"从表面看来,自然界的形象千差万别,但是在不相干的领域常常体现类似的简单原理."这正是科学家以其特有的敏感,通过这种形象推理,取得辉煌的创造性成果的一个重要原因.

植物的根与钢筋混凝土

也许你很难想到,在现代建筑工程中几乎不可缺少的、作为重要

---

* 例如,太阳的转速就是星云说的一大困难——根据星云说,位于星云中心的太阳的转速,初期转得慢,后来应该很快,但这与实际观察不符合,太阳现在大约每27天才自转一周.

** 现代星云说的基本观点是:在大约46亿年前,整个太阳系由同一原始星云形成.原始星云因自转而变成盘状,并且由于在自转中存在不断的吸收而收缩,星云盘中心因收缩而形成原始太阳.星云中除了气体,还有约1%的尘埃.这些尘埃沉降在赤道面,形成一个尘埃层.后来,尘埃层瓦解为许多团,各个团吸收收缩形成固体块——星子,由星子聚集成行星.

基础的钢筋混凝土,竟然不是搞建筑的工程师、技术员或工人师傅发明的,而是法国园艺学家约瑟夫·莫尼哀.

一天,莫尼哀去园中培土,发现植物的根系在松软的土壤中盘根错节,相互交叉成网状结构(图1.48),土壤很不易松散,植物的根系也很难从土壤中拔出.这个鲜明直观的形象给了莫尼哀很大的启发:既然植物根系的网状结构可使土壤不易松散,在建造花坛时,在水泥中预先加入一些网状结构的铁丝,也应该可以使花坛加固.

图1.48 植物根系的网状结构

于是,莫尼哀就动手实验.他将铁丝模仿植物根系的网状结构那样扎起来,然后再用水泥、砂石把铁丝包裹起来,制成了不易破碎的花坛.后来,他又把这个方法进一步改进并推广到建筑工程行业.钢筋混凝土就这样问世了.

山中云雾与威耳逊云室

放射性现象被发现后,怎样能看到并拍摄到单个粒子的"径迹"就成为人们十分关注的一个问题.1911年,英国物理学家威耳逊(C. T. R. Wilson)从对山中云雾的观察中,通过形象推理发明了云室,首先使人们得以如愿以偿.

威耳逊曾自述过发明云室的思维过程.他说:"1894年9月,我在苏格兰群山的最高峰尼维斯峰的观察站度过了几个星期.太阳直射山顶的云雾时呈现的奇妙光学现象,特别是太阳周围的彩环(日晕)以及山顶和人在云雾上的影子周围呈现的彩环(光轮),使我产生了极大的兴趣.我想在实验室里模拟这些现象."

从1895年初起,威耳逊在卡文迪许实验室里开展了对云雾的研究.在实验中他发现,原来人们以为空气中没有尘埃时不能产生云雾的结论,并不完全正确.如果使没有尘埃的潮湿空气处于超过一定程度的过饱和状态*,也会形成云雾.

为了进一步研究这个现象,他做了一个仪器,里面有一些非常清洁的潮湿空气,然后使这些空气在这个仪器中反复地突然膨胀.他发现,原来存在于空气中的看不见的水蒸气,在一定温度下达到饱和状态,如果突然增大储存这饱和蒸汽的容积,使之温度骤降,已经饱和的水蒸气就会处于过饱和状态.这时如果空气中有尘埃(或离子)作为凝结核,水蒸气就能够以它们为中心迅速凝结起来,形成微小的液滴.

到了 1895 年秋,恰好传来了伦琴的伟大发现和汤姆孙用 X 射线照射空气后会产生导电性的消息,促使威耳逊想到 X 射线能使空气导电可能是带电离子引起的,那么这些离子也应该可以使水蒸气凝结起来.于是他就用 X 射线去照射云室,果然发现产生了大量的凝结核.

他还发现,"凝结核的大小与分子的大小差不多".这个事实启发他,"是否可以有一种方法使特殊情况下的某些分子或原子成为可见的和可数的呢?"

这个发现使他极为高兴,他立即写报告给英国皇家学会.以后,他又根据这一原理,将铀射线、紫外线、α 射线、β 射线对准云室,观察了不同射线使云室中的蒸气电离凝聚产生的各种不同的轨迹,并拍摄了各种射线因性质、能量不同而产生各种不同轨迹的对照图.后来这个装置逐步完善后,人们把它称为"威耳逊云室".

图 1.49 为云室示意图.粒子在通过云室前或在刚通过云室后,要通过计数器,使计数器产生电脉冲,从而指令机械驱动装置使活塞移动,云室内气体和蒸气迅速膨胀,使蒸气变得过饱和.随后,蒸气开

---

* 过饱和状态:在一定温度下,与液体处于动态平衡的气体称为饱和气,而超过饱和蒸气应有的密度仍然没有液化或凝华的蒸气,称为过饱和气.

始形成液滴,液滴围绕带电粒子径迹上的离子凝聚,从而形成蒸气液滴的清晰尾迹.

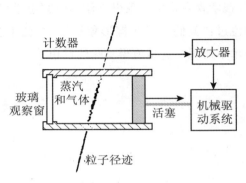

图 1.49　威耳逊云室

带电粒子穿过威耳逊云室时形成尾迹的情况,与晴朗高空中一架喷气式飞机飞过后所留下的云状径迹(俗称"拉烟")的道理一样.从飞机尾部喷出的高速气体中含有大量温度很高的水蒸气,原来处于不饱和状态,当气体迅速膨胀而冷却时,水蒸气就变为过饱和的.由于高温气流中存在有大量的离子,它们可以作为凝结中心,促使水滴迅速凝结而显示出喷气机的飞行轨迹(图 1.50).

图 1.50　喷气式飞机"拉烟"

威耳逊云室的发明,给观察和探索微观粒子的运动提供了有力的手段.正电子的发现,就是美国物理学家安德森借助云室获得成功的辉煌事例.卢瑟福评价威耳逊云室是"科学史上最新最精彩的仪器".威耳逊也因之获得 1927 年度诺贝尔物理学奖.

形象·抽象·直觉
XINGXIANG CHOUXIANG ZHIJUE

综上可知,形象思维在科学技术中的作用是不可抹杀的.今后,随着右脑的开发,形象思维将在人类认识世界的活动中会愈来愈多地发挥其作用.钱学森主张把形象思维作为研究思维科学的突破口,并高瞻远瞩地说过:"我们一旦掌握形象思维学,会不会用它来掀起又一次新的技术革命呢?这是值得玩味的设想."

2 深刻的抽象思维

一切科学的抽象都更深刻、更正确、更完全地反映着自然.

——列宁

抽象思维又称逻辑思维.它是指用反映事物共同属性和本质属性的概念为思维基本形式的一种思维方式.

抽象思维既不像形象思维那样,始终离不开形象;也不像直觉思维那样,有灵感的突然降临.它是在人们充分的主观意念下,在概念的基础上进行严密的推理和判断.离开了概念,就不能进行抽象思维.

在认识事物的进程中,只有运用抽象思维才能深入了解事物的本质属性,它是思维发展的必由之路.因为"……当思维从具体的东西上升到抽象的东西时,它不是离开真理,而是接近真理".

2.1 抽象思维的特征——概括性、深刻性

抽象思维最基本的特征是它的概括性和深刻性.

(1) 概括性

脱离了众多的具体事物,摈弃了它们的直观性,仅从本质属性和共同属性上去反映客观事物,这就是概括性.概念以及以概念为基础构筑的规律(定律、公式、法则等),都是科学的抽象、概括的结果.

① 从数和形谈起

数学是从人们生活、生产实践中的需要概括出来的.据考证,我

国在殷商时期的甲骨文中已出现了"数"的象形字——它是一个用手结绳记数的形象.后来人们从生产和生活的活动中,从一个人、两棵树、三头猪……具体的事物中逐渐出现了数字的概念,概括出"1,2,3,…"一系列数字.

几何图形概念的形成同样如此.人们从具体的一个水点、一根树干、一块三角形或长方形的地块、一个球形的瓜果、一个立方体形或菱柱形的石块等几何形体中,可以抽象概括出点、线、面、体的概念.试问:有谁在现实生活中见过只有位置、没有大小的点;能无限延伸、没有宽度的线;只有形状、没有厚度的面;只有体积、没有重量的立体呢?几何学就是一门高度抽象概括的科学,它以这些概念为基础建立了若干公理,就可演绎出希腊几何的全部原理.

牛顿在深入研究了希腊几何的原理后,曾无限赞赏地说:"几何学的辉煌之处就在于只用很少的公理而能得到如此之多的结果."

② 牛顿力学中的概括性

其实,跟牛顿赞叹希腊几何高度抽象概括时的心情一样,后人也以同样崇敬的心情赞叹牛顿:两个概念(质量、惯性)、三条定律(牛顿运动三定律)、一个发现(牛顿万有引力定律),几乎概括了从天上到人间的所有力学问题.牛顿所提出的一些概念和发现的定律的确是他高度抽象概括的结晶.

质量与质点

牛顿把质量概念作为物理学的基本概念,在他的巨著《自然哲学的数学原理》(以下简称《原理》)的八个定义中列为榜首.他写道:"物质之量是由它的密度和体积一起来度量的*.所以空气的密度加倍、体积加倍,它的量(指质量,下同——作者)就增加四倍;……从每一

---

* 牛顿是以原子论的物质观念为基础,把密度作为一个已有的常识性的、更为简单和基本的概念直接加以应用,所以他没有定义"密度",不能认为存在逻辑上的矛盾.

个物体的重量也可知道这个量;……它……是和质量成正比的."

牛顿的这个质量定义,概括了所有物体的共同属性,不仅指出了质量等于密度和体积的乘积,还指出了质量和重量成正比,实际上也揭示了引力质量和惯性质量的共同属性*. 质量概念是整个牛顿力学体系中最主要的基石.

如果说,牛顿概括的质量概念还有着古原子论知识背景的话,那么他所抽象出来的质点概念则是牛顿的一大创造了.

在牛顿之前,虽然已有了重心的概念,但只是把它作为一个无大小和无质量的几何点,只能作为重力作用点的标志,不能在力学处理上代表一个物体或物体系. 与牛顿同时代的一些物理学家(如胡克等)当时在引力问题上的困难之一就是不知道该如何计算庞大天体的各部分所产生引力的总效应. 牛顿所抽象的质点概念也正是从计算两球之间引力的需要派生出来的.

在《原理》中,牛顿写道:"所以,好像吸引力都是从位于这个球中心上的单个粒子发出来的一样,在第二个球中所有的微粒被吸引的力,好像与这个球被第一个球中心上单个粒子发出的力所吸引是一样的……"牛顿把一个天体抽象为一个有质量的点以后,才有可能使他超越同时代人,完成对天体间的引力计算.

质点概念是通过思维活动高度抽象概括的结果. 它摈弃了各个具体物体的形状、大小、组成成分等各种复杂多变的因素,抓住质量这个共同的基本的属性,把一个具体物体用一个有质量的几何点来表示. 这在物理学和力学史上有着特殊的重要意义,也因此才有可能使牛顿展开他的全部动力学计算.

力的概念

力的初步概念早在古代就产生了. 人们通过自身的运动、肌肉的

---

* 关于引力质量与惯性质量的阐释,请读者参阅本丛书《等效》一册.

紧张和从推、拉、提、压物体中感受到力.人们从自身感受中形成对力的认识后,进而又把它推广到风吹草动、水击沙移等自然现象,形成各种形式的"自然力"的概念.因此,如果把人们日常经验中形成的力汇总起来的话,真是名目繁多,如推力、拉力、托力、压力、打击力、支持力、膨胀力、收缩力、动力、阻力、重力、引力、摩擦力、弹性力、风力、水力、电力、磁力……上述的这些力,可以认为它们最初都仅是从一种"作用"出发,并没有与物体的运动状态联系起来.

不过,我国古代的《墨经》中早就这样说过:"力,刑之所以奋也."这里的"刑"同形,指人体、物体;"奋",表示动的意思,指克服阻抗而运动.整句话的意思是说,力是物体由静而动,或动得越来越快的原因.或者,利用现代术语可表示为,力是使物体的运动状态发生变化的原因.应该说《墨经》中已经对力给出了一个很正确的定义.并且,墨子又举重量为例加以说明:"力,重之谓,下、与(举),重奋也."意思是说,重量就是一种力的表现,物体下坠、上举,都是基于重力作用的运动.虽然《墨经》的说法很难能可贵,但由于没有与实验现象结合起来,只能作为一种哲学家的论述.

真正对力的意义结合着物体的运动变化进行思考的,还得从伽利略说起.他通过一个理想实验把力的作用与物体运动状态的变化联系起来.在自由落体运动的研究中,他就用重力的作用解释物体下落时产生加速运动的原因.不过,伽利略虽然从机械运动的意义上,已意识到力是改变物体运动状态的原因,但他并没有从原理性的高度上把力的概念概括和量化出来,完成这项工作的则是牛顿.

牛顿第二定律

牛顿第二定律的内容,实际上可以分为两个层次:第一个层次是物体运动状态的变化与作用力的关系,这就是伽利略的研究所奠定的基础;第二个层次是作用力与质量(惯性质量)和加速度的定量关系,这完全是牛顿的贡献.在牛顿之前,没有一个科学家(包括伽利略在内)认真研究过和提出过它们之间的定量关系,因而他们也就不可能发现作用力与质量及加速度之间的定量关系,并发展为运动的基本定律.

牛顿在承接伽利略研究的基础上,对力与运动关系的认识也是逐步深入的.例如,他对力的定义就经历过逐步概括、发展的几个阶段:

在1665年对力所作出的定义是:"力是一个物体加于另一个物体上的压或挤."这个定义完全是从感性和表象出发的.

在1668年的定义是:"力是运动或静止的原因,或者是加在某一物体上的外因,或者产生或破坏它的运动,或者至少在某种范围内改变它……"这个定义,与伽利略所定义的力是"运动或静止的原因"基本上是一致的,不过牛顿当时还没有充分地进行概括.

后来牛顿通过对物体运动的研究,逐渐剔除了笼罩在力上面的形形色色的外衣,剥离出它实在的本质.在1684年,他在《原理》中才高度概括地、科学地给出了力的定义:"一个外加力是施加于物体上以改变其静止或沿一直线匀速运动的状态的一种作用."

牛顿的这个定义,量化地体现在他的运动第二定律中.牛顿指出:"运动的改变和外加的动力成正比,并且运动的变化发生在外加的力的直线方向上."* 这个意思用现在中学物理常用的数学形式表示为

$$F = ma$$

牛顿第二定律高度概括了力与物体运动状态的变化即产生加速度之间的关系.任何一个物体——如一辆车子、一艘轮船、一个铁块、

---

* 实际上,牛顿不仅提出了运动第二定律,而且明确地指出了运动第二定律的表示式:作用力等于加速度乘以质量.他甚至还提出了重量(重力)与质量乘以重力加速度成正比的观点.

一杯水,乃至大如天体、小如电子,它们的加速度与所受外力之间都遵循着同样的关系.

可以这么说,在自然界中只有为数不多的科学规律,能够像牛顿第二定律那样概括着从微观到宏观有关力与加速度的一切关系.

万有引力定律

在牛顿的一切卓著的伟大贡献中,将天上、地上的运动和力用科学的原理统一起来,恐怕是最为激动人心的事了.试想:两个小球之间的引力,居然能够与被认为是神灵栖息的星星之间符合着同样的规律;神秘的月球绕地球的运动、行星绕太阳的运动,竟然也与一个小孩用绳子将石块系住转着圆圈无多大差别(图2.1).

图2.1　行星的运动与小石块的运动

牛顿以运动三定律和万有引力定律为公理基础所建立的完整的经典力学体系,在当时可称为是包罗万象的概括了.

虽然牛顿自己在去世前不久十分谦逊地说:"……我似乎只是像一个在海岸边玩耍的孩子,以时常找到一个比通常更光滑的卵形石子或者更美丽的贝壳来自娱,而广大的真理海洋在我面前还仍然没有发现."但随着天体力学一个个震撼人心的辉煌胜利的获得(如地球形状的验证,哈雷彗星的回归,海王星的发现,引力常量的测定等),已令人信服地证明牛顿力学能够对一切机械运动现象作出完美的决定性的解释*.法国杰出的数学物理学家拉格朗日(J. L. Lagrange)把《原理》誉为人类心灵的最高产物,把牛顿看作是人类历史上最伟大也最幸运的一位天才,"因为宇宙只有一个,而在世界历史上也只有一个人能做它的定律的解释者".

③ 卡诺热机的概括性

18世纪中叶,蒸汽机经过了瓦特的改进后,在欧洲得到了普遍的使用.不过,那时蒸汽机的效率极低,通常都只有2%～3%.工程师们虽然极尽努力,凭着实践的经验和灵巧的双手摸索着改进热机,希望提高效率.他们曾采用空气、二氧化碳甚至酒精来代替蒸汽,试图找到一种最佳的工作物.但由于缺乏理论思维的指导,因此始终找不到提高蒸汽机效率的根本途径.

后来,法国的年轻科学家卡诺舍弃了蒸汽机工作过程中的许多具体的辅助过程.他采用抽象分析的方法,"以足够普遍的观点"去研究内能与机械能的转化问题.1824年,他提出了一种理想化的热机.这种热机只工作在两个温度恒定的高温热源(加热器)和低温热源(冷凝器)之间,也就是说它的工作物质只与两个热源交换热量,没有散热、漏气等因素(图2.2).

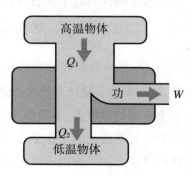

图2.2 卡诺的理想热机

这个理想热机概括了所有实际热机基本的工作过程.它通过四

---

* 根据牛顿运动三定律和万有引力定律为基础所建立的经典力学体系,得出了关于机械运动的一个严格的、用数值表示的因果关系.人们在原则上可以根据体系在某一时刻的运动和力,准确地推算出这个体系以往和未来的运动状态.牛顿在《原理》一书的序言中也写道:"……哲学的全部任务看来就在于从各种运动现象来研究各种自然之力,而后用这些力去论证其他的现象."因此,牛顿力学的成功在很长一段时期内形成了科学上的机械决定论.

个循环包含着这样四个过程:等温膨胀、绝热膨胀、等温压缩、绝热压缩.利用 $p-V$ 图像,可以把它直观地表示出来(图 2.3).

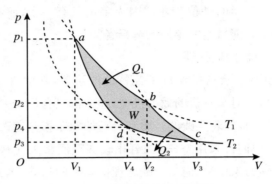

图 2.3　卡诺理想热机的循环

卡诺通过对这个理想热机的研究,得到了它的效率

$$\eta = \frac{W}{Q_1} = \frac{Q_1 - Q_2}{Q_1} = \frac{T_1 - T_2}{T_1}$$

式中 Q_1 是从高温热源吸收的热量,Q_2 是向低温热源放出的热量,W 是完成一个循环对外界做的功.由此可见,热机的效率仅取决于两个热源的温度差.卡诺后来又进一步证明了:在相同温度的高温热源和低温热源之间工作的一切实际热机,它们的效率都不会大于在同样热源之间工作的卡诺热机的效率.这就是说,热机的效率有一个极大值的限制,这个值仅由加热器和冷凝器的温度决定.

虽然卡诺的热机是不可能制造出来的,但由于它的抽象和概括,从普遍的意义上为提高实际热机的效率指出了方向——必须提高加热器的温度,降低冷凝器的温度.在这里,充分显示了理论思维的力量.

恩格斯对卡诺的研究有很高的评价:"他研究了蒸汽机,分析了它……他撇开了这些对主要过程无关重要的次要情况而设计了一部理想蒸汽机……它表现纯粹的、独立的、真正的过程."

2 深刻的抽象思维

④ 电磁感应现象中的概括性

1820年奥斯特实验发现了电流的磁效应,猛然打开了电磁联系的大门.许多思想敏锐的科学家立即对这一新的科学领域产生了浓厚的兴趣.其中最诱人的地方就是电磁的转换——既然利用电流能够产生磁,那么,能不能利用磁产生电呢?当时许多著名的科学家都从对称性上很快想到了奥斯特实验的逆效应,并开始做着种种的探索.

由于在电磁学研究的早期,人们熟悉的是静态的感应现象.法拉第也是沿着这条思路,企图通过稳定的电流感应出磁,使小磁针转动.他一次次地用不同的方法做实验,可是一次次地失败了.直到1831年8月29日,法拉第和他的助手用图2.4所示的装置继续进行试验——他在软铁圆环上绕了两个彼此绝缘的线圈 A 和 B. 线圈 B 的两端

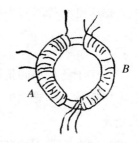

图2.4 法拉第画的草图

用导线和电流计连接成闭合回路,在导线下与导线平行放置一个小磁针,线圈 A 通过开关和一个有120个电池串在一起的电池组相连(图中未画出电流计和电池组等).当法拉第合上开关的这一瞬间,电流计的指针抖动了一下.法拉第苦苦盼望的现象终于出现了.这真好比是"踏破铁鞋无觅处,得来全不费工夫".

至此,法拉第终于领悟到:原来磁生电是一种瞬间效应,磁作用对电流的感应作用是一个动态过程.

此后,法拉第进行了一系列不同的实验.1831年11月24日,法拉第向英国皇家学会报告了整个实验情况,概括出产生感应电流的五种情况:变化着的电流,变化着的磁场,运动的稳定电流,运动的磁铁,在磁场中运动的导体.同时,法拉第还正确地指出,感应电流与原电流的变化有关,而不是跟原电流本身有关.

显然,法拉第报告中的五种情况,并非他最后的概括.以后进一步的概括,就是现在经常所说的:只要在闭合电路中发生了磁通量的变化,闭合电路中就会产生感应电流.因此,无论是一部分导线做切割磁感线的运动,磁棒与线圈发生相对运动,线圈在磁场中的转动,两个通电线圈的位置发生相对运动,还是通过一个线圈中的电流变化或者一个带电粒子穿过闭合线圈等各种不同情况,产生感应电流的条件都可以用"磁通量的变化"概括起来.并且,各种不同情况下产生的感应电动势的大小,都可以被法拉第电磁感应定律概括,即

$$E = \frac{\Delta \varphi}{\Delta t}$$

对应于各种不同情况下产生感应电流的方向,同样都可以用楞次定律概括——感应电流的磁场总是要阻碍引起感应电流的磁通量的变化.

虽然在刚学习电磁感应现象时,往往会觉得楞次定律有点"别扭",但一旦熟悉后就深深体会到,为了判断感应电流的方向,没有其他方式可以概括和表述得比楞次定律更为简洁和明确的了.

(2) 深刻性

形象思维不能揭示事物的本质,直觉思维缺乏严密的逻辑程序,只有通过抽象思维,借助于概念以及以概念为基础的规律所进行的推理、判断,才能直达事物的本质,洞察事物的底蕴,这就是抽象思维深刻性的表现.

在科学史上,常常会出现很有趣的"成对科学家"的现象.例如,天体力学中的第谷和开普勒,经典力学中的伽利略和牛顿,电磁学中的法拉第和麦克斯韦.这种天造地设的"成对科学家"们都具有相似的特点:往往是前者做了大量实践探讨、观测实验,后者作理论研究、规律总结;前者侧重于"干",后者侧重于"思".爱因斯坦更为明确地说:"每一对中的第一位都直觉地抓住了事物的联系,而第二位则严

格地用公式把这些联系表达出来,并且定量地应用了它们."

由于"成对科学家"中的第二位更多地侧重于抽象思维,因而也就能够更深刻地揭示事物的客观规律性.

例如,牛顿在发现万有引力后,曾经从事对天体运动的研究.他根据万有引力理论指出:"如果说,有两颗彗星,经过一定的时间间隔后出现,描画出相同的曲线,那么就可以下结论说,这先后两次出现的实质上是同一颗彗星.这时候我们就从公转周期本身决定轨道特性,并求出椭圆的轨道."

牛顿的这个推论后来被英国天文学家哈雷(E. Halley)验证了.哈雷收集了从 1337 年到 1698 年间有关彗星的各种记录,在牛顿思想的启发下,终于认出了在 1682 年出现的彗星和在 1607 年、1531 年所出现的彗星是同一颗星,并推算出了这颗彗星的周期约为 76 年,预言它在 1759 年将再度回归.这就是著名的哈雷彗星.

虽然在哈雷的计算预言之前,我国约在公元前 611 年已有首次记录,至 1759 年它再次光临地球时,累计已记录到 29 次之多.西欧也在公元 66 年开始了首次的记录.但是在牛顿的万有引力理论之前,仅仅是作为彗星出现的记录而已,并没有、也不可能从它的"出没无常"中洞察到是同一颗星的真相.牛顿作出的推论、哈雷的验证充分说明了只有运用抽象思维才能深入到现象的本质.

下面,我们再以第 1 章中介绍的几个实验为引例,围绕着这些鲜明的形象进一步展开,并进行比较深入的分析和定量(或半定量)的讨论.

① 物体的平衡

平衡的分类

在分析图 1.19 的"奔马之谜"前,先认识一下物体在重力和支持力作用下处于平衡状态的两种典型情况.

如图 2.5 所示,在球形碗底放一个小球,它在重力(G)和碗底支持力(N)作用下处于平衡状态.当小球偏离底部时,小球的重心位置升高,它受到的重力(G)和碗壁支持力(N)的合力指向平衡位置,有使小球恢复平衡的趋势.小球在碗底的这种平衡状态,称为稳定平衡.

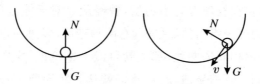

图 2.5　稳定平衡

如图 2.6 所示,在球形碗顶放一个小球,它在重力(G)和碗顶支持力(N)作用下也可处于平衡状态.可是当小球略微偏离一下后,球的重心位置降低,小球所受重力(G)和碗顶支持力(N)的合力背离平衡位置,将使小球继续偏离.小球在碗顶的这种平衡状态,称为不稳平衡*.

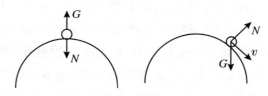

图 2.6　不稳平衡

"奔马"的奥妙

"奔马"没有被底座粘着,能不停地打躬作揖而不会倒下,这是它的受力特点而形成稳定平衡的缘故.

实验中的"奔马",其实就是异化了的碗底小球.结构上的奥妙之处在于它肚下通过一根弧形细棒连着一个重球,使得整个"奔马"的重心位置 C 落在底座上的支点之下(图 2.7).静止时,它所受到的重

---

　*　如果物体的重心位置与支点重合,物体在任何位置都能处于平衡,称为随遇平衡.

力的作用线正好通过马蹄在底座上的支点,与底座支持力在一条直线上.若轻推"奔马",无论使它的头、尾抬高或降低,整个"奔马"的重心位置都会比原来静止时升高,如图 2.8 中 a、b 所示,于是在重力对支点的力矩作用下,都有使它回复到原来平衡位置的趋势.所以,尽管"奔马"不停地打躬作揖,却能安稳地立在底座上.

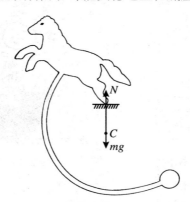

图 2.7　奔马静止时的受力情况

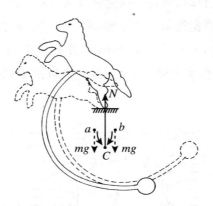

图 2.8　晃动后奔马的重力会形成恢复力矩

根据这个道理,我们还可以做个小实验:在一支铅笔的侧面插上一把折着的小刀,适当调整刀的位置,就可让这支铅笔稳稳地立在手指上而不倒下(图2.9).

惹人喜爱的不倒翁等玩具(图2.10),也是根据这个原理设计制成的.如果把这里的支持力换成水的浮力,就可以找出船只稳定航行的原理了.

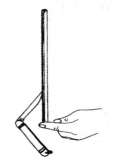
图 2.9　铅笔与小刀

图 2.10　不倒翁

船的稳定性

船在水中航行时,竖直方向也可以认为只有两个力作用:船的重力和水的浮力.根据阿基米德原理,浮力的大小 $F=\rho g V$,浮力的作用点(C)称为浮心,它位于被物体所排开的这部分液体的几何中心(图2.11).船只在水中的稳定航行,完全取决于船的重心和浮心的位置.

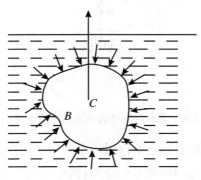
图 2.11

当船只在航行中倾斜时，如果浮力和重力构成的力矩起着使船继续倾斜的作用，船只就会倾覆；如果浮力和重力构成的力矩起着使船恢复原来平衡的作用，船只就能够稳定地航行(图2.12).在物理学中常常引入一个"定倾中心"的概念，它是船只倾斜时的浮力作用线与原来平衡时的浮力作用线的交点，如图 2.12 中的 M 所示.显然，如果定倾中心高于重心位置，船只是稳定的；如果定倾中心低于重心位置，船只就是不稳定的.所以，为了保证船只的稳定性，必须使定倾中心高于重心，并使它们保持一定的距离.

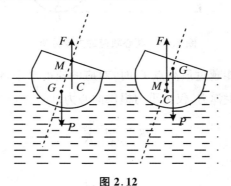

图 2.12

从物体偏离平衡位置后的受力特点得出的稳定平衡概念，是类似这些现象的抽象概括.利用这个概念及对有关的力的分析，才能真正揭示出"奔马"的不倒之谜，才能解释船只的稳定等现象——这，正是抽象思维的结果.

② 几个典型的圆运动

离心轨道与"过山车"

我们先以图 1.22 中的离心轨道为例，对小球通过最高点的条件作一分析.如图 2.13 所示，小球在环的最高点 C 时竖直方向受到两个力的作用：重力 mg、环对球的弹力 N.这两个力方向相同，由它们共同提供小球在 C 点所需的向心力.设小球在 C 处的速度为 v，则

$$mg + N = m\frac{v^2}{R}$$

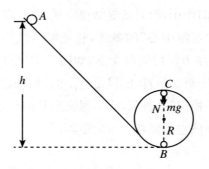

图 2.13 离心轨道的力学分析

小球刚好能越过最高点 C 时,对应的速度最小,设为 $v_{\min}$.此时环对小球不产生弹力,仅由重力提供向心力.即

$$mg = m\frac{v_{\min}^2}{R}$$

得

$$v_{\min} = \sqrt{Rg}$$

为了保证小球越过最高点 C,从斜轨上滚下的起始高度 h 有一定要求.当斜轨和圆环均光滑时,由机械能守恒,有

$$mgh = mg \cdot 2R + \frac{1}{2}mv_{\min}^2$$

即

$$mgh = mg \cdot 2R + \frac{1}{2}m \cdot Rg$$

所以

$$h = \frac{5}{2}R$$

这就是说,小球至少应从高(相对于环的底部 B)等于 $\frac{5}{2}R$ 处静

2 深刻的抽象思维

止滚下.实际情况中,由于不可避免的摩擦作用,小球应从大于 $\frac{5}{2}R$ 的位置滚下才能越过最高点 C.

游乐场中的"过山车"(环形滑道)与离心轨道的道理相同,由于有足够的速度保证,因此可以在环中飞越,在最高点游客倒转时也安然无恙.

飞车走壁的学问

飞车走壁的情况较为复杂些,它的桶壁是倾斜的,实际上就相当于在一条很陡的弯道上行驶.在中学物理范畴内,将飞车抽象为一个质点,同样可用牛顿第二定律进行分析.

现分两种情况讨论:

Ⅰ.不考虑桶壁的摩擦力

飞车运动时仅受两个力作用:重力 mg 竖直向下,桶壁支持力 N 垂直桶壁斜向上,如图 2.14(a)所示.这两个力的合力 F(或看成 N 的水平分力)提供飞车的向心力,即

$$F = mg\tan\theta = m\frac{v^2}{R}$$

或

$$R = \frac{v^2}{g\tan\theta}$$

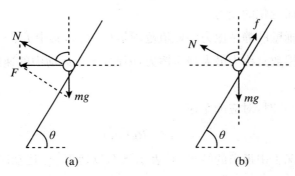

图 2.14 飞车走壁的力学分析

式中 $\tan\theta$ 为一定值. 因此在稳定的情况下,车在桶壁任何部位做水平圆周运动时,所需的向心力都相等. 当车速增大时,运动半径 R 也随之增大,故车盘旋上升;车速减小时,运动半径 R 也随之减小,车就盘旋下降;车速保持一定时,车可在桶的一定高度处盘旋. 因此,演员只需控制好车速,就可以驾车在桶内壁上任意盘旋,如履平地一般.

Ⅱ. 考虑桶壁的摩擦力

此时飞车除受到重力和支持力外,还受到桶壁的静摩擦力. 当飞车有沿桶壁下滑趋势时,静摩擦力 f 沿桶壁向上,如图 2.14(b) 所示. 根据牛顿第二定律,列出竖直方向和水平方向的运动方程:

$$N\cos\theta + f\sin\theta = mg$$

$$N\sin\theta - f\cos\theta = m\frac{v^2}{R}*$$

联立两式解得

$$N = m\left(g\cos\theta + \frac{v^2}{R}\sin\theta\right)$$

$$f = m\left(g\sin\theta - \frac{v^2}{R}\cos\theta\right)$$

可见,这里的支持力 N 和静摩擦力 f 都是速度 v 的函数,它们都是随速度改变而变化的变力.

由于桶壁的静摩擦力的取值范围是 $0 \sim f_{max}$,其中 $f_{max} = \mu_0 N$(μ_0 为静摩擦因数),称为最大静摩擦力,因此,飞车运动中的速度也有一取值范围.

当 $f = 0$ 时,对应的车速

$$v_0 = \sqrt{Rg\tan\theta}$$

这就是情况Ⅰ中得出的结果. 它表示飞车以速度 v_0 运动时,没有侧

---

* 飞车沿圆轨道切线方向的牵引力和摩擦力与题中要求无关,未予考虑.

滑趋势,因而也不存在静摩擦力的作用.

当 $v < v_0$(即 $mg\sin\theta > m\dfrac{v^2}{R}\cos\theta$)时,车有沿壁下滑的趋势.刚好不下滑时,对应着 $f = \mu_0 N$ 的条件.由

$$m\left(g\sin\theta - \dfrac{v^2}{R}\cos\theta\right) = \mu_0 m\left(g\cos\theta + \dfrac{v^2}{R}\sin\theta\right)$$

得飞车的最小速度

$$v_{\min} = \sqrt{\dfrac{\sin\theta - \mu_0\cos\theta}{\mu_0\sin\theta + \cos\theta}Rg}$$

当 $v > v_0$(即 $mg\sin\theta < m\dfrac{v^2}{R}\cos\theta$)时,摩擦力为负,表示车有上滑的趋势,静摩擦力方向变为沿桶壁向下(图 2.15).刚好不上滑时,同样对应着 $f = \mu_0 N$ 的条件.由

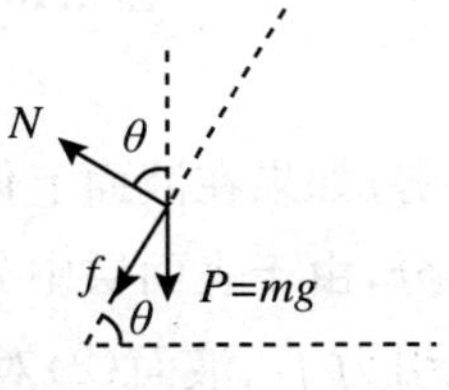

图 2.15

$$m\left(\dfrac{v^2}{R}\cos\theta - g\sin\theta\right) = \mu_0 m\left(g\cos\theta + \dfrac{v^2}{R}\sin\theta\right)$$

得飞车的最大速度

$$v_{\max} = \sqrt{\dfrac{\sin\theta + \mu_0\cos\theta}{\cos\theta - \mu_0\sin\theta}Rg}$$

所以,为使飞车稳定在圆桶的某一部位,不发生侧滑,飞车速度的取值范围应满足条件

$$\sqrt{\dfrac{\sin\theta - \mu_0\cos\theta}{\mu_0\sin\theta + \cos\theta}Rg} \leqslant v \leqslant \sqrt{\dfrac{\sin\theta + \mu_0\cos\theta}{\cos\theta - \mu_0\sin\theta}Rg}$$

③ 神奇的液膜

从前面吹肥皂泡和肥皂膜的活动中,可以概括出两个问题:一是关于液膜收缩的力;二是表面呈现色彩的原因.

肥皂膜中的力

肥皂膜所表现出来的收缩趋势,是表面张力作用的缘故.

对物质分子运动的研究告诉我们,分子间存在着相互作用的引

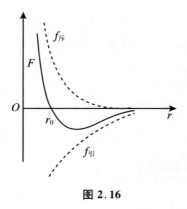

图 2.16

力与斥力,它们的合力随分子间距的变化如图 2.16 所示.当分子间距 $r=r_0$(r_0 的数量级为 10^{-10} m)时,分子间的引力与斥力相等.液体内部的分子,通常条件下它们的间距可以认为等于 r_0,相互间的引力与斥力相等.液体跟气体所接触的表面层里的分子,它们的分布比液体内部稀疏些,分子间距比液体内部大些(即 $r>r_0$).因此,表面层里分子间的相互作用引力占优势.如果在液面上任意画一条分界线 MN,把液面分成(1)、(2)两部分,由于表面层中分子的相互吸引,结果形成了液面(1)对液面(2)的引力 f_1、液面(2)对液面(1)的引力 f_2.这一对大小相等、方向相反,在液面内垂直于分界线的相互吸引力,称为液体的表面张力(图 2.17).在表面张力的作用下,液体表面像一层张紧的橡皮膜,有收缩的趋势,会使液体表面收缩到一定条件下表面积最小的稳定状态.

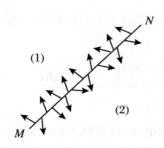
(a) 分界线两侧分子不同方向相互吸引

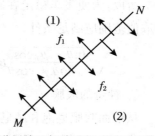
(b) 分界线两侧分子相互吸引的效果

图 2.17 表面张力

根据液体的表面张力会使液面具有收缩趋势的作用,就很容易解释前面的实验现象了.

在图 1.24 中,原来细线 AB 两侧液膜的表面张力互相平衡. 当刺破一侧的液膜后,在另一侧液膜表面张力的作用下有使液膜面积尽量缩小的趋势,结果把细线拉成圆弧形——因为在等周长的几何图形中,圆面积最大.

同理,图 1.25 中刺破线圈内的液膜后,因周围液面收缩,会把线圈拉成一个圆圈.

图 1.27 中也是同样的道理,只是由于它们形成了更复杂的图形,必须用较繁琐的计算才能证明.

我国神舟十号女航天员王亚平在太空授课中制作水膜与魔法水球,也就成为同学们最感兴趣、最感神奇的实验(图 2.18),同学们见证了出现奇迹的时刻.

图 2.18 水球中的宇航员

王亚平风趣地说,如果诗人李白在天宫中生活,
大概他就写不出"飞流直下三千尺"的诗句了

她将一个金属圈插入饮用水袋,抽出后就形成了一个水膜. 接着她轻轻晃动金属圈,水膜并未破裂,并甩出了一个个小水球在空中飘荡. 然后她再往水膜表面贴上一片画有中国结图案的塑料片,水膜依然完好.

后来,王亚平又作出一个水膜,然后她用饮水袋不断地向水膜注水,水膜不仅没有破裂,而是形成一个晶莹剔透的大水球. 接着,王亚平又注入红色液体,红色慢慢扩散,水球变成了一枚美丽的"红宝石".

平时我们都生活在地面上,由于重力的影响,司空见惯了水的流动性,一般情况下,水的表面张力作用不明显.

在太空失重的环境下,水珠之间没有了重力所引起的挤压作用,水的表面张力可以得到淋漓尽致的表现.由于水的表面张力作用,为了使其表面积最小,所以水膜形成了最完美的球形*.

模拟实验

在地面环境中,如果重力影响不显著,那么水的表面张力的作用就容易凸现出来了.夏秋季节,常常可以看到在荷叶上滚动着晶莹的小水珠,就是由于表面张力的作用.

如果能够完全消除重力的影响,在液体表面张力的作用下,它就会收缩成圆球状**.

如图 2.19 所示就是一个常见的实验.用水(或食盐水)调节酒精的密度,使它的密度和橄榄油的密度相同,然后用小滴管在酒精溶液中滴入橄榄油.由于橄榄油滴的重力被酒精溶液的浮力所平衡,在橄榄油表面

图 2.19

---

* 从太空授课实验可以看到,由于其失重环境的独特优势,除了开展基础研究外,也可以为应用技术打开一条新思路.例如,在失重环境下,我们可以获取结构更加均匀完整、尺寸更大的材料(如半导体晶体材料等),通过对比差异,可以优化和改进地面生产工艺.又如在失重环境下,冷原子中的频率稳定度会大大地提高,可以用于未来的高精度卫星导航定位系统等.太空的微重力环境是人们进行科学研究的一个很理想的场所.

** 实验室里,如果不小心将水银滴洒落在玻璃或光洁的地砖上,往往能形成一个比较接近的正球形.比较大的水银滴由于重力影响呈现为圆饼状态(图2.20).有兴趣的同学还可以根据下列数据进一步探究一下,形成的大"水银饼"的厚度可以达到多大.

已知水银的密度 $\rho = 13.6 \times 10^3 \text{ kg/m}^3$,水银的表面张力系数 $\sigma = 0.49$ N/m,并认为水银与玻璃的接触角为180°.

(答案:3×10^{-3} m $< h <$ 4×10^{-3} m)

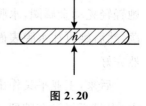

图 2.20

张力的作用下,它收缩成球形悬浮在溶液中.

肥皂膜上的色彩

肥皂膜上呈现出色彩(图 2.21(a)),这是光的干涉现象.

根据波动理论,两束频率相同、位相差恒定的光(称相干光)在传播过程中,叠加区域的某些地方会出现亮度有明暗变化的现象,这种现象称为光的干涉现象.出现亮暗区域的位置,决定于到达这里(或从这里反射)的两束光的位相关系:同相时振动加强,呈现亮区;反相时振动相消,呈现暗区.

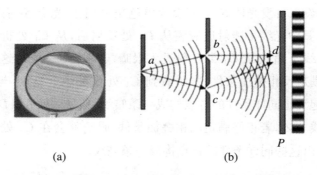

图2.21 肥皂膜上的色彩(a)和杨氏双缝干涉实验现象(b)

图 2.21(b)就是首先成功地观察到光的干涉现象的杨氏双缝干涉装置示意图.被外来单色光照亮的狭缝 a 形成线光源.从 a 射出的光,按惠更斯的理论,激发出一列以 a 为轴的圆柱面波,这列柱面波同时传到狭缝 b 和 c,因此 b、c 就相当于两个完全相同的光源.光屏上某处 d 的亮暗情况取决于它们到两个光源 b、c 的距离之差(光程差).

若光程差为半波长的偶数倍,即

$$\Delta r = |r_1 - r_2| = 2n \cdot \frac{\lambda}{2} \quad (n = 1, 2, 3, \cdots)$$

则从 b、c 发出的两束光在 d 处同相叠加,出现亮纹.

若光程差为半波长的奇数倍,即

$$\Delta r = |r_1 - r_2| = (2n+1)\cdot\frac{\lambda}{2} \quad (n=1,2,3,\cdots)$$

则从 b、c 发出的两束光在 d 处反相叠加,出现暗纹.

如改用白光照射 a,由于从 b 和 c 发出的两束光中包含有不同波长的各种色光,它们各自在不同的位置上形成亮、暗条纹,这些不同颜色的亮、暗条纹互相叠加,就形成了彩色条纹.

肥皂膜在光线照射下形成的亮、暗或彩色条纹,就是这个道理.

图 2.22 中 F 表示一个厚度不均匀的薄膜,E 代表离膜适当远处的眼球,设来自发光体 S(暂假设为单色光源)上的光点 S_1 有两条光线 1、1′,其中光线 1 透射进液膜从 D_1 处反射后,从 C_1 处折射进入眼睛;光线 1′直接从 C_1 处反射进入眼睛. 若来自 C_1 处的这两条光线正好满足反相叠加条件,眼睛看到 C_1 处就是一个黑点,与 C_1 排列在一起满足同样条件的各点构成一条暗纹. 从另一处 C_2(D_2)来的两条光线 2、2′,若正好满足同相叠加条件,眼睛就会在 C_2 处看到一个亮点,由这些同样条件的各点构成一条亮纹.

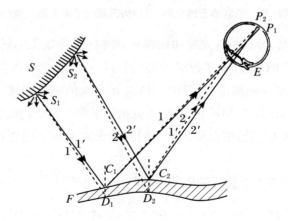

图 2.22 薄膜干涉

用白光照射时,白光中各色光(红、橙、黄、绿、蓝、靛、紫)的波长不同,它们在薄膜的不同地方形成各单色亮纹互相叠加,便会形成彩色条纹.这就是我们在阳光下看到肥皂泡绚丽多彩的原因.

实际观看时还可发现,薄膜上条纹的形状和色调,与眼睛的视线方向密切有关.如图 2.23 所示,当眼睛在位置 E 注视 C 点时,如光线 a、a' 在这里引起的光程差是波长的整数倍,则 C 点看来是亮的.当眼睛移到位置 E' 注视 C 点时,进入眼睛的反射光会换成另一对 b、b',它们在这里引起的光程差与 a、a' 的不一样.若比 a、a' 的光程差大(或者小)$\frac{\lambda}{2}$,则看到 C 点就变为黑点*.

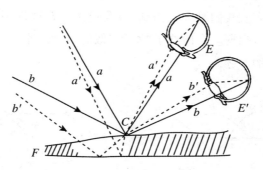

图 2.23　从不同位置观察薄膜干涉

④ 三相交流电与旋转磁场

对图 1.28 中小磁针的自动旋转,很容易会猜想到:通电后仿佛会产生一个旋转着的磁场,从而带动它一起转动.那么,铝框原来并没有磁性,为什么也会自动旋转呢?为了揭开这个谜底,我们先做一个小实验.

---

* 应该注意,文中所说的光程并非是几何路程.它等于该介质的折射率与几何路程的乘积.

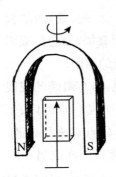

图 2.24　电磁驱动

如图 2.24 所示,用细线悬挂一个蹄形磁铁,在它的两极之间支起一个轻的闭合铝框.旋转蹄形磁铁,可以看到铝框会跟着旋转(但比磁铁的旋转稍稍慢些).这个现象称为电磁驱动.

因为磁铁旋转时,就相当于铝框反方向转动,它切割磁感线会产生感应电流(即穿过铝框的磁通量发生变化).铝框中的电流受到磁铁磁场的作用,于是就跟着磁铁一起同方向转动——但比磁铁的转动稍慢些,两者不同步,才能使穿过铝框的磁通量发生变化.

从这个实验我们可以领悟到:只要设法在铝框周围产生一个旋转磁场,那么,铝框就会像施了"魔法"似的转动起来.三相交流电恰好具有这样的本领.

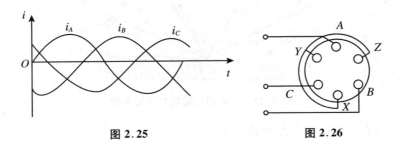

图 2.25　　　　　　　图 2.26

如图 2.25 所示为三相交流电的波形图,它接入模型中三组相同的线圈 AX、BY、CZ(图 2.26).为了说明电流磁场的方向,先作个约定:

电流 $i>0$ 时,表示电流从线圈的始端(A、B、C)流入,末端(X、Y、Z)流出;

电流 $i<0$ 时,表示电流从线圈的末端(X、Y、Z)流入,始端(A、B、C)流出.

根据这个约定,画出 $i=0,\dfrac{T}{4},\dfrac{T}{2},\dfrac{3T}{4}$ 四个时刻线圈中的电流,并根据安培定则,确定其在空间产生的磁场方向,如图 2.27 所示.

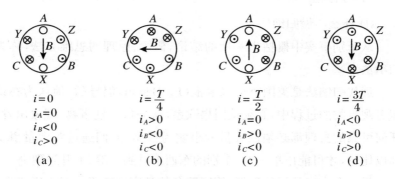

图 2.27 旋转磁场的产生

因此,将三相交流电通入互成 120° 角放置的三个相同的线圈中,它们的合磁场在空间的方向就会随着时间旋转,即形成一个旋转磁场,从而能使铝框不断地旋转.如果对调任何两相的顺序,就可以改变磁场的旋转方向,铝框的转动方向也跟着改变.

这个实验所揭示的,实际上就是被广泛应用的三相感应电动机(又称异步电动机)的原理.

2.2 抽象思维的方法

任何科学理论(包括自然科学、社会科学等)体系的建立,都是以概念为基本细胞,通过判断和推理(包括实验结果的分析),得到若干作为支撑它的基本骨架的规律而形成的.所以,一切科学理论体系的建立都要求助于逻辑思维(即抽象思维).并且,逻辑思维能力的强弱,也是一个人科学素养的重要标志,无论从事什么职业,都需要有一定的逻辑思维能力,对于从事科学研究的人来说更是如此.

爱因斯坦说过:"科学家的目的是要得到关于自然界的一个逻辑上前后一贯的摹写.逻辑之于他们,犹如比例和透视规律之于画家一样."

抽象思维的方法很多,最基本的是归纳和演绎、分析和综合、抽象和具体等.

(1) 归纳法*

① 什么叫做归纳法

从个别事实中概括出一般的结论、概念、原理的思维方法,称为归纳法.

近代归纳法是英国哲学家培根(F. Bacon)倡导的.他认为在认识客观事物的过程中,必须从因果联系,从分析个别事物、现象出发.任何可靠的真理都必须以大量的事实为根据.人们通过对大量事实加以比较,才可能由单一的、个别的东西上升到一般、上升到理论.

举一个大家熟知的事例:德国著名数学家高斯很小时上算术课,老师出了一道题:

$$1+2+3+4+\cdots+98+99+100=?$$

当老师刚说完题目,高斯已经举起小手回答,等于 5050.

高斯的算法是

$$1+100=101,\quad 2+99=101,\quad \cdots,\quad 50+51=101$$

共有 50 对,因此结果为

$$50\times 101=5050$$

高斯采用的方法就是"归纳法"(虽然那时他可能并不懂得"归纳法"的含义),即通过对少数事物的规律性的总结归纳,推出其一般规律.

② 归纳法的基本步骤

从比较严密的角度说,归纳法通常分为三个步骤:

第一步:搜集材料.

培根说:"我们必须准备一种充分精良的自然史,这种历史是一

---

* 有关归纳法及后面的演绎法的含义等,根据本丛书各册的不同要求,这里仅作"点睛"式的简单介绍,侧重于应用的体会.对归纳和演绎较详细的阐述,请读者参阅本丛书《归纳与演绎》一册.

切的基础.因为要想知道自然究竟能起什么作用,或在受了人的支配后能起什么作用,我们只有亲自来发现,那不是我们所能想象出、猜拟出的."培根的话就是说,要认识自然,必须先要客观地、实事求是地了解自然,任何马虎和虚假都是不行的.

例如,1682年出现大彗星时,哈雷为了确定它的轨道,仔细收集有关彗星的历史记载,编制了一张表,列出每颗彗星出现的时间、在天空中的位置以及它们的运行路线.对于当初由于历史条件的限制,很多彗星的资料不完整,哈雷根据牛顿万有引力理论进行了计算补充.这些工作,为他后来能够确定1682年出现的大彗星与1607年、1531年出现的大彗星是同一颗彗星奠定了坚实的基础.

第二步:整理材料.

培根又说:"……自然的和实验的历史,是纷杂繁多的,因此,我们如果不把它归类在适当的秩序以内,则它一定会使人的理解迷离恍惚起来……"这是归纳过程中极为重要的一个环节.因为从观察和实验得来的,往往只是一堆表面上毫无关联的数据或图表,只有经过精心的整理,才能够逐步显露出真理的曙光.

19世纪中叶,德国天文学家施瓦布(S. H. Schwabe)通过对太阳活动的长期观察所记录的数据,归纳出了太阳黑子的活动规律——每隔11年太阳黑子有一次大的活动期.后来经过1947年、1958年、1969年、1980年几次验证,均没有发现反例,说明事实与施瓦布通过少数现象归纳总结出来的结论相符.

如果只是辛辛苦苦地积累了大量的原始资料,却不善于进行归纳,就像一个不会使用财富的富翁,仍然无法得到有价值的结果.在物理学史上最典型的事例就是丹麦天文学家第谷的故事.他通过精心制作仪器,坚持对星星的位置测量数十年,积累了行星运动的丰富素材,却依然没有总结出行星运动的规律.因此,开普勒曾惋惜地说:"他是个富翁,但是他不知道怎样正确地使用这些财富."

第三步:概括抽象.

对材料进行分析比较,把无关的、非本质的东西排除掉,最后把事物的本质和规律发现出来.

众所周知,化学史上,俄国科学家门捷列夫抓住原子量的大小把各个元素排列起来,然后根据它们化学性质上表现出的明显周期性,终于发现了元素周期律,从而揭示出这些表面上似乎互不相关的元素间相互依存的关系,有力地促进了现代化学的发展.

在20世纪50年代,人们发现的强子已经超过400种,形成一个庞大的粒子家族.那么,人们自然会问:这么多的强子是否都是各自独立的,都是组成物质的基本单元?或者,它们是否也有一定的内部结构,由更为"基本"的粒子组成?为了揭开这个谜底,盖尔曼先撇开什么是更基本的粒子这类问题,进行了类似于门捷列夫的工作.他把几百个相互间看起来杂乱无章的粒子,根据它们的特性作了井井有条的排列,组成了一张好像是粒子物理中的周期表,然后抓住它们的对称性作了深入的思考.盖尔曼通过不厌其烦的排列、比较和仔细的分析后发现,如果用三个粒子作为基本粒子,取代以往人们所提出的模型中的p、n和Λ粒子,强子结构的问题就会一路顺畅了.这样,在1964年盖尔曼提出了震惊世界的夸克模型.

归纳法在科学研究中具有重要的地位,从科学的发展史中可以看到,有许多重大的发现都是通过对少数现象的观察或实验,经过归纳总结出来的.譬如物理学中的开普勒行星运动规律、单摆定律、玻意耳定律、库仑定律……

德国著名物理学家普朗克还特别深情地说过这样的话:"物理规律的性质和内容,都不可能单纯依靠思维来获得,唯一可能的途径就是致力于对自然的观察,尽可能搜集最大量的各种经验、事实,并把这些事实加以比较,然后以最简单、最全面的命题总结出来.换句话说,我们必须采用归纳法."虽然普朗克的这番话有失偏颇,但归纳法在物理学研究中所取得的辉煌成就确实将永远被人们缅怀.

③ 归纳法中的一个特例——递推法

所谓递推法,一般地说,就是在一个与自然数有关的问题里,通过寻找递推关系,由某初始值递推获得所需结果的思维方法.

下面,我们先以一个具体的数列为例,体会一下递推方法;接着,列举几个物理问题,进一步领悟它的应用方法.

一个著名的数列

数学中有一个著名的数列——菲波纳契数列*:
$$1,1,2,3,5,8,13,\cdots,144,\cdots$$

它发端于一个有趣的兔子繁殖问题:假设兔子在出生两个月后就有生育后代的能力,而每一对有生育能力的兔子在每个月都生一对兔子,那么由刚出生的一对兔子开始,在一年时间里可以繁殖成多少对兔子? 这里:

第一个月只有刚出生的兔子
$$F_1=1$$
第二个月仍然只有一对兔子
$$F_2=1$$
第三个月这一对兔子可以生下一对兔子
$$F_3=2$$
第四个月原来的一对再生一对兔子
$$F_4=3$$
第五个月原来的一对和第三个月出生的一对各生下一对
$$F_5=5$$

由此可推知,当月的兔子对数等于上个月的兔子对数加这个月出生的兔子对数,而后者就等于前两个月的兔子对数. 于是,就可以

---

* 这个数列始见于13世纪意大利著名数学家菲波纳契所著《算盘全集》.

形成递推关系:

第 n 个月的兔子对数

$$F_n = F_{n-1} + F_{n-2}$$

上式中的 F_{n-1} 是第 $n-1$ 个月的兔子对数,F_{n-2} 是第 $n-2$ 个月的兔子对数.

由初始值 $F_1 = 1, F_2 = 1$,根据递推关系即可算出一年中的兔子对数为

$$F_{12} = F_{10} + F_{11} = 55 + 89 = 144$$

物理中的应用

类似上面这样的递推方法,在物理解题中并不少见.有许多问题常常会出现重复性的物理过程或有规律变化的物理量,此时为了确定它们变化的一般关系,就可以从问题的初始条件出发,利用物理规律,先依次找出第1种、第2种、第3种状态下各物理量之间的关系;然后,根据这几种状态下物理量的变化特征,依此类推,从而确定各个物理量之间更普遍的关系.这就是递推方法.它可以看成数学归纳法在物理中的具体体现——数学归纳法的物理化.

一般来说,这类问题往往比较复杂,对思维的灵活性和缜密性的要求比较高,但也更具"挑战性",更有趣.

例题 1 速度大小都是 $v = 30$ km/h 的甲乙两列火车在同一水平直路上相向而行.当它们相隔 $s = 60$ km 的时候,一只鸟以 $u = 60$ km/h 的速度离开甲车车头直向乙车飞去,当它到达乙车车头时,立即返回,并这样继续在两车头间来回飞行.试问:

(1)甲乙两车头相遇时,这只鸟从甲车到乙车共飞行了几次?

(2)从开始到两车相遇,小鸟一共飞行了多少时间?

分析与解答 (1)设鸟第1次从甲车头飞到乙车头的时间为 t_1,此时两车头相距为 s_1(图 2.28),由

$$ut_1 + vt_1 = s \Rightarrow t_1 = \frac{s}{u+v} = \frac{60}{60+30} \text{ h} = \frac{2}{3} \text{ h}$$

$$s_1 = s - 2vt_1 = \left(60 - 2 \times 30 \times \frac{2}{3}\right) \text{ km} = 20 \text{ km}$$

第 2 次鸟从乙车头飞到甲车头的时间为 t_2,此时两车头相距为 s_2,同理由

$$ut_2 + vt_2 = s_1 \Rightarrow t_2 = \frac{s_1}{u+v} = \frac{20}{60+30} \text{ h} = \frac{2}{9} \text{ h} = \frac{2}{3^2} \text{ h}$$

$$s_2 = s_1 - 2vt_2 = \left(20 - 2 \times 30 \times \frac{2}{9}\right) \text{ km} = \frac{20}{3} \text{ km}$$

第 3 次鸟再从甲车头飞到乙车头的时间为 t_3,此时两车头相距为 s_3,同理由

$$ut_3 + vt_3 = s_2 \Rightarrow t_3 = \frac{s_2}{u+v} = \frac{20/3}{60+30} \text{ h} = \frac{2}{27} \text{ h} = \frac{2}{3^3} \text{ h}$$

$$s_3 = s_2 - 2vt_3 = \left(\frac{20}{3} - 2 \times 30 \times \frac{2}{27}\right) \text{ km} = \frac{20}{9} \text{ km} = \frac{20}{3^2} \text{ km}$$

……

以此类推,第 n 次飞行后两车头相距为

$$s_n = \frac{s_1}{3^{n-1}} = \frac{20}{3^{n-1}} \text{ km} \quad (n = 1, 2, 3, \cdots)$$

两车头相遇,即 $s_n = 0$,由上式知,要求 $n \to \infty$,也就是从数学意义上说,两车头相遇时需要鸟来回飞行无穷多次. 实际上,当 $n = 10$ 时,两车头间距只有

$$s_{10} = \frac{20}{3^{10-1}} \text{ km} \approx 1 \text{ m}$$

通常可以认为已经相遇了.

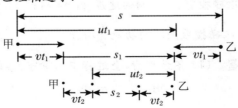

图 2.28

(2) 从第 1 次起,鸟在两车头间完成飞行的时间依次为

$$t_1 = \frac{2}{3} \text{ h}, \quad t_2 = \frac{2}{9} \text{ h} = \frac{2}{3^2} \text{ h},$$

$$t_3 = \frac{2}{27} \text{ h} = \frac{2}{3^3} \text{ h}, \quad \cdots, \quad t_n = \frac{2}{3^n} \text{ h}$$

总时间

$$t = t_1 + t_2 + t_3 + \cdots + t_n = 2\left(\frac{1}{3} + \frac{1}{3^2} + \frac{1}{3^3} + \cdots + \frac{1}{3^n}\right) \text{ h}$$

括号内是一个公比 $q = 1/3$ 的无穷递缩等比数列,因此

$$t = 2 \times \frac{a_1}{1-q} = 2 \times \frac{1/3}{1-1/3} \text{ h} = 1 \text{ h}$$

说明 本题中共有三个研究对象,做着不同速度和不同方向的运动,难免会使人眼花缭乱.如果能画出小鸟和列车的运动示意图(图 2.28),将题中文字转化为形象化的图形,列式就有了依托,可以为正确求解提供不少方便.

例题 2(2010 北京) 雨滴在穿过云层的过程中,不断与漂浮在云层中的小水珠相遇并结合为一体,其质量逐渐增大.现将上述过程简化为沿竖直方向的一系列碰撞.已知雨滴的初始质量为 m_0,初速度为 v_0,下降距离 l 后与静止的小水珠碰撞且合并,质量变为 m_1.此后每经过同样的距离 l 后,雨滴均与静止的小水珠碰撞且合并,质量依次变为 $m_2, m_3, \cdots$(设备质量为已知量).不计空气阻力.

(1) 若不计重力,求第 n 次碰撞后雨滴的速度 v_n';

(2) 若考虑重力的影响:

a. 求第 1 次碰撞前、后雨滴的速度 v_1 和 v_1';

b. 求第 n 次碰撞后雨滴的动能 $\frac{1}{2} m_n v_n'^2$.

分析与解答 (1) 不计重力,全过程中动量守恒,由

$$m_0 v_0 = m_n v_n'$$

得

$$v'_n = \frac{m_0}{m_n} = v_0$$

(2) 若考虑重力的影响,雨滴下降过程中做加速度为 g 的匀加速运动,碰撞瞬间动量守恒.

a. 第 1 次碰撞前,有

$$v_1^2 = v_0^2 + 2gl \quad \rightarrow \quad v_1 = \sqrt{v_0^2 + 2gl}$$

对第 1 次碰撞,有

$$m_0 v_1 = m_1 v'_1 \quad \rightarrow \quad v'_1 = \frac{m_0}{m_1} v_1 = \frac{m_0}{m_1}\sqrt{v_0^2 + 2gl} \quad \text{①}$$

b. 第 2 次碰撞前,有

$$v_2^2 = v_1'^2 + 2gl$$

代入①式的值,得

$$v_2^2 = \left(\frac{m_0}{m_1}\right)^2 v_0^2 + \frac{m_0^2 + m_1^2}{m_1^2} \cdot 2gl \quad \text{②}$$

对第 2 次碰撞,有

$$m_1 v_2 = m_2 v'_2$$

代入②式的值,得

$$v_2'^2 = \left(\frac{m_1}{m_2}\right)^2 v_2^2 = \left(\frac{m_0}{m_2}\right)^2 v_0^2 + \frac{m_0^2 + m_1^2}{m_2^2} \cdot 2gl$$

同理,第 3 次碰撞后,有

$$v_3'^2 = \left(\frac{m_0}{m_3}\right)^2 v_0^2 + \frac{m_0^2 + m_1^2 + m_2^2}{m_3^2} \cdot 2gl$$

……

第 n 次碰撞后,有

$$v_n'^2 = \left(\frac{m_0}{m_n}\right)^2 v_0^2 + \left(\frac{\sum_{i=0}^{n-1} m_i^2}{m_n^2}\right) 2gl$$

所以它的动能为

$$E_k = \frac{1}{2}m_n v_n'^2 = \frac{1}{2m_n}\left(m_0^2 v_0^2 + 2gl\sum_{i=0}^{n-1} m_i^2\right)$$

说明 不计重力时,整个过程中雨滴的总动量始终等于初始这个雨滴的动量,因此可以忽略各次碰撞的细节.考虑重力的影响时,可以在草稿上画个示意图,依次标出雨滴每次碰撞前后的质量、速度,结合推理方法就不难确定第 n 次碰后的速度了.

(2) 演绎法

① 什么是演绎法

根据一般原理、概念得出个别结论的思维方法,称为演绎法.它与归纳法的关系如图 2.29 所示.

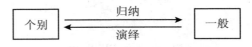

图 2.29 归纳与演绎的关系

演绎法通常包括演绎推理和以演绎推理为基础的证明和公理方法.它与归纳法一样,都是抽象思维的一种基本方法.

归纳法在培根之前并没有科学地位,而演绎法却不同,它早就有着值得骄傲的历史,很早就为人们所重视.古希腊著名学者亚里士多德称得上是演绎的鼻祖.他研究了演绎的方法,建立了三段论逻辑推理体系的理论.

亚里士多德把演绎的基本顺序分为大前提、小前提、结论三部分,其中:

大前提——已知的一般原理;

小前提——所研究的特殊场合;

结论——将特殊场合归到一般原理之下得出的新知识.

例如:

大前提——电流是电子的定向运动形成的;

小前提——金属中的自由电子在电场的作用下能产生定向运动;

结论——所以,金属能导电.

伴随着科学的发展,演绎法自身也有了很大的发展.亚里士多德的演绎法称为古典的形式逻辑方法.经过了漫长的历史时期,德国数学家莱布尼兹开创了现代的形式逻辑,即数理逻辑.它借助于数学中的人工语言的方法,将命题之间的必然联结形式化为符号演算,这就为演绎推理提供了有力的工具.后来,爱因斯坦又开创了探索性演绎法.因为从基本假设或公理得到结论,虽有逻辑通道,但这条通道往往路途遥远,关系复杂,不可能存在直截了当的演绎法.就像深山探宝一样,需披荆斩棘,在前人没有走过的崇山峻岭中开辟一条新路,所以爱因斯坦称之为探索性演绎法.爱因斯坦说:"我们的假设变得愈简单、愈根本,则我们所用的数学推理工具便愈艰深……"这正是他用探索性演绎法创立相对论的深切体会.

演绎方法一直在科学研究中起着极为重要的作用.例如:

早在公元前,古希腊著名学者欧几里得集大成而得到的几何原理,就是用演绎方法建立起来的理论体系.

20 世纪 20 年代,为了解释 β 衰变中的能量不守恒,奥地利物理学家泡利根据守恒定律的普遍性,通过演绎推理提出中微子假设,就是物理学史上的一个典型事例[*].

② 演绎法的一个典范

爱因斯坦与普朗克几乎是同时代的两位德国著名物理学家,不同的是,普朗克钟情归纳法,爱因斯坦则推崇演绎法.他甚至还显得过于尖锐地指出:"没有一种归纳法能够导致物理学的基本概念."他说:"适用于科学幼年时代的以归纳为主的方法,正在让位给探索性演绎法."从当代物理学前沿的发展情况来说,爱因斯坦的话也许更耐人寻味.

爱因斯坦的狭义相对论,就是以两个基本假设为基础,然后他只

---

[*] 有关中微子的假设,请读者参阅本丛书《猜想与假设》一册.

用了三个星期就通过演绎法得出来了,完全称得上是应用演绎法的一个典范.

爱因斯坦所采用的这两个基本假设是:

a. 相对性原理——在一切惯性参考系中,所有物理规律都具有各自的同一形式.也就是说,一切惯性参考系都是等价的,不存在特殊的惯性系.

b. 光速不变原理——在真空中,对一切惯性参考系在任何方向上的光速都相等(等于 c),与光源的运动情况无关.

现在,让我们穿越时空,沿着爱因斯坦的思路,通过演绎方法一起去探求作为狭义相对论基础的时空变换关系.

从伽利略变换说起

假设有两个惯性系 S 和 S',当它们的坐标原点重合时(三个坐标轴方向一致),取为 $t = t' = 0$. 现在使 S' 系以速度 v 沿着 x 轴方向相对 S 系运动,根据经典力学的观点,时间和空间与物质的运动无关,因此,同一个质点 P 在两个坐标系中的空间坐标和时间坐标的关系为

$$x' = x - vt$$
$$y' = y$$
$$z' = z$$
$$t' = t$$

这就是经典力学的伽利略坐标变换(图 2.30).

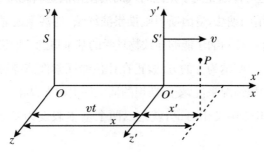

图 2.30 伽利略坐标变换

由此，可以得到经典力学的速度合成法则. 以 x 方向的一维运动为例，即

$$u'_x = \frac{\Delta x'}{\Delta t} = \frac{\Delta x}{\Delta t} - v = u_x - v$$

或

$$u_x = u'_x + v$$

式中 u_x 为质点 P 相对于坐标系 S 的速度，u'_x 为质点 P 相对于坐标系 S' 的速度，这就是我们熟知的速度合成法则.

一种新的变换*

现在，假设当两坐标系的原点重合时，有一个光源位于坐标原点 O，在 $t=0$ 时发出一束光，根据光速不变原理，经时间 t 后在 S 坐标系中和 S' 坐标系中，其球面波前的方程分别为

$$x^2 + y^2 + z^2 = c^2 t^2 \qquad ①$$

$$x'^2 + y'^2 + z'^2 = c^2 t'^2 \qquad ②$$

将前面的伽利略变换关系代入②式，即为

$$(x - vt)^2 + y^2 + z^2 = c^2 t^2$$

展开得

$$x^2 - 2xvt + v^2 t^2 + y^2 + z^2 = c^2 t^2 \qquad ③$$

这个结果显然与①式不同，表示伽利略变换对光的运动不适合.

因此，我们需要寻求一种新的时空坐标变换，并且，这种新的时空变换应该在速度 $v \ll c$ 时能够转化为原来的伽利略变换.

根据相对性原理，如果在 S 坐标系观测到质点 P 做惯性运动，则在 S' 坐标系观测到质点 P 一定也做惯性运动，其差别仅可能是两者的速度不同. 因此，S 系和 S' 系之间的时空变换应该是一种线性关系. 由于两坐标系的位置特点，它们仅在 $x(x')$ 方向有相对运动，且

---

* 本小节所介绍的这个变换，所用的知识虽然都在初等数学的范围内，但如果初读时感到困难，可以跳过，直接看最后的结论，不影响对本节内容的连贯性理解.

O 与 O' 重合时 $t = t' = 0$,因此可引入四个系数,构成下列线性变换关系(只需对 x 坐标与时间 t 作变换),即

$$x' = \alpha x + \varepsilon t$$
$$y' = y$$
$$z' = z$$
$$t' = \delta x + \eta t$$

因为 $x' = 0$ 时,$\frac{\Delta x}{\Delta t} = v$;$x = 0$ 时,$\frac{\Delta x'}{\Delta t'} = -v$,于是可得

$$v = -\frac{\varepsilon}{\alpha}, \quad -v = \frac{\varepsilon}{\eta}$$

即

$$\alpha = \eta$$

把上面采用的变换,并结合 $\alpha = \eta$ 的关系式,一起代入②式,就得到

$$\alpha^2 x^2 + 2\alpha\varepsilon xt + \varepsilon^2 t^2 + y^2 + z^2 = c^2(\delta^2 x^2 + 2\alpha\delta xt + \alpha^2 t^2) \quad ④$$

将④式与①式比较,如果要求两者一致,必须满足条件

$$2\alpha\varepsilon = 2c^2 \alpha\delta$$
$$\alpha^2 - c^2 \delta^2 = 1$$
$$c^2 \alpha^2 - \varepsilon^2 = c^2$$

利用关系式 $\varepsilon = -v\alpha$ 消去 ε,得到四个系数分别为

$$\alpha = \frac{1}{\left(1 - \frac{v^2}{c^2}\right)^{1/2}}, \quad \varepsilon = \frac{-v}{\left(1 - \frac{v^2}{c^2}\right)^{1/2}}$$

$$\delta = \frac{-\frac{v}{c^2}}{\left(1 - \frac{v^2}{c^2}\right)^{1/2}}, \quad \eta = \frac{1}{\left(1 - \frac{v^2}{c^2}\right)^{1/2}}$$

于是,就可以得到 S 系和 S' 系中的三个坐标和时间之间形成新的变换关系

$$x' = \frac{x - vt}{\left(1 - \frac{v^2}{c^2}\right)^{1/2}}$$

2 深刻的抽象思维

$$y' = y$$
$$z' = z$$
$$t' = \frac{t - \frac{v}{c^2}x}{\left(1 - \frac{v^2}{c^2}\right)^{1/2}}$$

这样,爱因斯坦就找出了两个坐标系之间的一种新的时空变换. 这一组时空变换关系称为洛伦兹变换*. 当速度 $v \ll c$ 时,$\frac{v^2}{c^2} \approx 0$,于是就可以转化为经典力学的伽利略变换.

爱因斯坦利用这组时空变换关系式,很容易就得到"动尺收缩"和"动钟变慢"这两个出乎常人意料的相对论效应了**.

(3) 分析和综合***

① 分析

把复杂事物(思维对象)加以分解、割碎、拆开,变成各个部分或要素,然后对这些部分或要素进行研究和深入认识,这种思维方法称为分析法.

模仿秀与电子合成器

在电视节目中常常会有"模仿秀",演员唱得与"真人"难分难辨. 虽然艺术的真谛贵在走创新之路,形成独特的风格,但年轻人将其作

---

* 在爱因斯坦前,1892 年,菲茨杰拉德为了能在"以太"理论下解释迈克耳孙-莫雷实验,提出了"动尺收缩". 在此基础上,洛伦兹作出了进一步的解释,并于 1904 年首先提出了后来被称为"洛伦兹变换"的关系式. 不过,在洛伦兹的理论中,认为 S 系是绝对惯性系,相对性原理是不正确的. 他们仅是得到了一个数学关系,并没有认识到其中深刻的物理内涵. 爱因斯坦在不知道洛伦兹等人工作的情况下,根据相对性原理和光速不变原理,不仅独立地推导出这个变换,更重要的是赋以全新的意义——时间、空间和物质的运动是有密切联系的,彻底颠覆了数千年来的传统观念,建立了全新的时空观,开创了相对论的新时代.

** 关于这两个效应,请读者参阅本书第 5 章中的介绍.

*** 有关该内容比较详细的讨论,请读者参阅本丛书《分析与综合》一册.

为一种对"明星情结"的抒发和演唱技巧的学习和探索方法,也无可厚非. 现在,我们把它作为一个物理问题探讨一下:怎样才能达到惟妙惟肖、以假乱真的程度呢?

这就得从声音的要素说起. 我们知道,乐音有三个要素:音调、声强和音色. 音调由声音的频率决定;声强反映了声音的强弱,与声源的振幅有关;音色又叫音品,顾名思义,表示声音的品质,通俗地说就是声音"好听"或"不好听".

为了进一步认识声音的三个要素,就需要借助数学中的分析方法. 如果在讲话或唱歌时通过"电声转换",就可以在示波器上直接显示出声音的波形图线. 通常,都是一条非常复杂的曲线. 图 2.31 所示就是某条波形曲线.

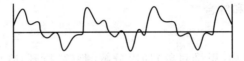

图 2.31 复杂的波形曲线

利用数学中的傅里叶级数,可以把这样一条复杂的周期性曲线分解为许多条正弦(或余弦)曲线. 例如,图 2.31 中的曲线就可以分解为频率比为 2∶1∶4 的三条周期性曲线(图 2.32). 其中,振幅最大、频率最低的曲线所对应的声音,称为基音;其他曲线的振幅都比基音的小,频率都比基音的大,统称为泛音.

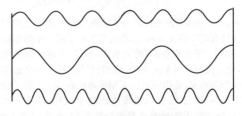

图 2.32 分解成三条曲线

平时演唱时所说某个音是 C 调的 5、D 调的 6 等等,指的都是基音的频率.泛音的频率都是基音的整数倍.一般地说,某个声音中所包含的泛音的数目越多,这个声音给人们的感觉越丰满.

为了更直观和方便地显示某个声音,一般都采用声谱图.在声谱图中,以基音的强度(振幅)作为一个单位,其他比基音弱的各个泛音,按照它们与基音的相对强度表示出来.如图 2.33 和图 2.34 所示,分别为钢琴和黑管发出的声音频率为 100 Hz 时的振动曲线,图 2.35 和图 2.36 是它们对应的声谱图.它们的基音都为 100 Hz,但它们所包含的泛音不同.

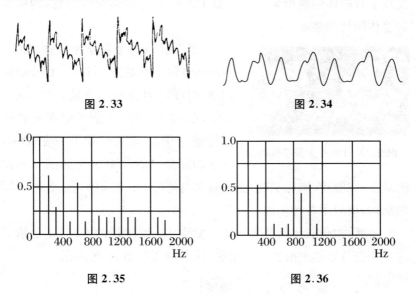

图 2.33　　　　　　　　　图 2.34

图 2.35　　　　　　　　　图 2.36

如果某个"模仿秀"的演员演唱时的基音和所包含的泛音与原来演员的演唱越接近,听到的感觉就越逼真.

从 20 世纪中后期起,随着电子技术的发展,开辟了一个电声音乐的新天地.现在广泛应用的电子合成器,实际上就是一台声音的频率合成仪.它可以制作各种声音,改变各种音色;也可以把制作好的音色贮存起来,供需要时取用等,颇受许多音乐爱好者和演出单位的青睐.显然,无论是电子琴还是电子合成器,它们都建立在对原始声音分析的基础上,归功于分析的力量.

生物工程

在研究生物遗传现象时,往往把动植物有机体分解为最小的单位——细胞,为了考察细胞在遗传过程中的变化和作用,又把组成细胞的细胞膜、细胞质、细胞核分割开来分别研究.通过分析,发现遗传过程的主要部分在细胞核,对细胞核进行研究,发现它包含 DNA(脱氧核糖核酸)和 RNA(核糖核酸),进一步深入考察它们的功能,终于发现了有机体的遗传载体原来是 DNA,由它传递遗传信息,构成生物遗传的物质基础.

图 2.37 DNA 大分子结构图

1953 年,美国生物学家沃森(J. D. Watson)和克里克(F. H. C. Crick)运用 X 射线衍射分析的方法,又发现了 DNA 的三维结构,弄清了早期染色体遗传理论中的基因实际上只是 DNA 分子的部分. DNA 中包含的四种不同的碱基(腺嘌呤、胸腺嘧啶、胞嘧啶和鸟嘌呤)在空间排列成各种不同的结构,组成了各种基因.

显然,遗传载体信息物质 DNA 及其三维结构的发现,正是依靠对各个部分功能的分析得出来的.这个过程如图 2.38 所示.

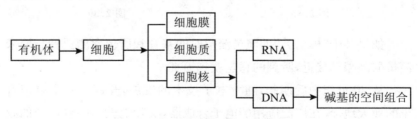

图 2.38 遗传机制的分析过程

DNA 分子结构的发现(或者说对细胞核分析的成功),是 20 世纪生物工程中的一项重大突破,开创了分子生物学的新时期,具有极为重要的意义.例如,通过对 DNA 分子结构的研究,人们了解到蛋白质合成分子的机制,进而使有机体体外合成基因成为可能.这样,有可能消除人类的很多遗传缺陷,创造出事先指定的有价值特性的动植物类型.20 世纪 90 年代,我国科学家首次从恐龙化石蛋中成功地获得恐龙基因的片断,引起世界生物学界的极大兴趣,还引发出不少复活恐龙的畅想.

物质结构的层次

对物质结构的研究同样是采用分析的方法,通过不断的分解、拆开才逐步认识的.这个过程如图 2.39 所示.

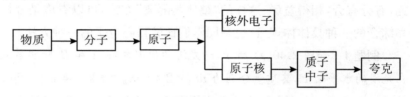

图 2.39　物质结构的分析过程

② 综合

综合则是把事物的各个部分或要素联结和统一起来,从整体上去认识事物的特征、把握事物本质的一种思维方法.

在春光明媚的日子里,我们漫步在公园或乡间,感受到鸟语花香和温暖的阳光.现代脑科学的研究已经证实,即使这一极其简单的感知行为,也是大脑将其分解成各种组分,并循着不同的途径对各类信息进行分析、综合后才感受到的.

例如,当眼睛看到玫瑰花时,传递到大脑中的其实并不是玫瑰花的整个图像,而是视网膜上神经细胞将图像分解成的组分,诸如轮廓、质地、色彩等.当耳朵听到小鸟的鸣叫时,也有不同的细胞对不同的频率作出反应,或测算出声音的方向和强度等.人的感官(眼、耳、鼻、皮肤)中的感觉细胞将它们感受到的信息传送到大脑皮层,大脑把繁多纷杂的信息碎片综合起来,才形成一个统一协调的图景.

当然,科学的综合绝不是把各部分或要素简单地堆叠和捏合,它必须以分析为前提,通过对各个部分或要素的分析,才能从整体上对事物有全面的、完整的认识.许多时候,往往还可使认识上升到一个新的高度.

所以,分析和综合是互补的.分析是综合的基础,综合是分析的归宿.人们对客观事物的认识,就是一个不断分析和不断综合的辩证的发展过程.

③ 分析和综合的具体体现

在物理学习中,有时既需要从整体(系统)或从全过程出发考虑,也需要把整体(系统)或全过程分成几个部分或几个子过程进行研究,有分有合,相得益彰.这样的"整体与隔离"方法,可以看成是分析和综合的一种具体体现.这也是同学们比较得心应手的一种方法.

例题 1 如图 2.40(a) 所示,两光滑的梯形木块 A 和 B,紧靠着放在光滑的水平面上,其质量分别为 $m_A = 2 \text{ kg}, m_B = 1 \text{ kg}$,倾角 $\theta = 60°$. 现同时在两侧加上方向相反的水平推力 $F_1 = 5 \text{ N}, F_2 = 2 \text{ N}$,若两木块在运动过程中无相对滑动,则两者间的相互作用力大小为( ).

A. 3 N　　B. $\dfrac{3}{2}\sqrt{3}$ N　　C. $2\sqrt{3}$ N　　D. $\dfrac{3}{2}$ N

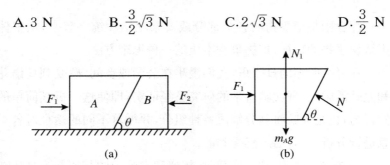

图 2.40

分析与解答 设两木块间的相互作用力大小为 N,隔离木块 A,画出其受力示意图(图 2.40(b)).列出 $A+B$ 整体和 A 的牛顿第二定律方程:

$$F_1 - F_2 = (m_A + m_B)a$$

$$F_1 - N\sin\theta = m_A a$$

联立两式,得

$$N = \frac{F_1 m_B + F_2 m_A}{(m_A + m_B)\sin\theta} = \frac{5 \times 1 + 2 \times 2}{(2+1)\sin 60°} \text{N} = 2\sqrt{3}\text{ N}$$

正确的是 C.

说明 类似本题的结构,属于牛顿第二定律学习中的基本问题,这样"有分有合"的解法也属于基本的程式.对牛顿第二定律比较熟悉以后,根据其加速度相同的特点,可以任意选择各部分物体间或各部分物体与整体间,列出力与质量的比例关系求解.如对 A、B 两部分或 A+B 与 A 两部分,直接可列出比例关系:

$$\frac{F_1 - N\sin\theta}{N\sin\theta - F_2} = \frac{m_A}{m_B}, \quad \frac{F_1 - F_2}{F_1 - N\sin\theta} = \frac{m_A + m_B}{m_A}$$

显得更为简捷.

例题 2(2013 山东) 如图 2.41 所示,楔形木块 abc 固定在水平面上,粗糙斜面 ab 和光滑斜面 bc 与水平面的夹角相同,顶角 b 处安装一定滑轮.质量分别为 M、m(M>m)的滑块,通过不可伸长的轻绳跨过定滑轮连接,轻绳与斜面平行.两滑块由静止释放后,沿斜面做匀加速运动.若不计滑轮的质量和摩擦,在两滑块沿斜面运动的过程中(　　).

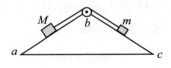

图 2.41

A.两滑块组成系统的机械能守恒

B.重力对 M 做的功等于 M 动能的增加

C.轻绳对 m 做的功等于 m 机械能的增加

D.两滑块组成系统的机械能损失等于 M 克服摩擦力做的功

分析与解答 整个系统运动过程中由于受到粗糙斜面 ab 的摩擦力的作用,机械能不守恒,系统损失的机械能等于 M 克服摩擦力做的功,A 错,D 正确.

由于 M>m,两斜面的倾角又相同,因此加速度方向一定沿粗糙

斜面 ab 向下. 设经时间 t 后, 两滑块的速度大小为 v, 在斜面上滑行距离为 s, 绳中的张力为 T, 隔离两滑块, 分别列出动能定理表达式:

$$Mg\sin\theta \cdot s - Ts - \mu Mg\cos\theta \cdot s = \frac{1}{2}Mv^2$$

$$Ts - mg\sin\theta \cdot s = \frac{1}{2}mv^2$$

或

$$Ts = \frac{1}{2}mv^2 + mg \cdot s\sin\theta = E_k + E_p$$

由此可见, 重力对 M 做的功($Mg\sin\theta \cdot s$)并不等于其增加的动能; 轻绳对 m 做的功(Ts)等于 m 增加的动能和势能之和, 即等于 m 增加的机械能. B 错, C 正确.

说明 本题求解过程中"有分有合"体现得很明显: 考虑系统的机械能时, 必须把 $M+m$ 的整体作为研究对象; 涉及拉力做功时, 必须把两者隔离.

(4) 抽象和具体

① 从七桥问题说起

在数学史上有一个很有名的七桥问题.

哥尼斯堡(Konigsberg)有一条布勒尔河横贯城区, 这条河有两个支流, 在城中心汇合成大河, 中间是岛区, 河上有七座桥, 如图 2.42(a)所示.

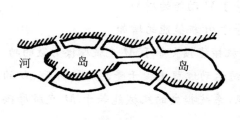
(a) 哥尼斯堡的七桥

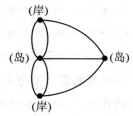
(b) 欧拉的抽象

图 2.42

2 深刻的抽象思维

哥尼斯堡的大学生们经常从这七座桥上走过,作为一种游戏,他们提出了这样一个问题:能否以任何一点为起点,相继走过七座桥,而且每座桥只走一次,最后又回到原点.大学生们兴致勃勃地进行着各种尝试,但始终未能成功.于是,他们就写信给当时著名的瑞士数学家欧拉(L. Euler),请求他帮助解决这一难题.这就是著名的"七桥问题".

欧拉真不愧是"分析的化身"(analysis incarnate),他很快就成功地解决了这一问题.欧拉解出"七桥问题"的关键就在于适当的抽象.他正确地认识到整个问题与所走路程的长度无关,这里的岛(半岛)与河岸仅是桥梁的连接点,于是,他就把这四块地方(两边河岸、河中的两个岛)抽象成四个点,把七座桥抽象成七条线.这样一来,原来的问题就被抽象成一个"一笔画"问题:能否一笔且无重复地画出图 2.42(b)的图形?

接着,欧拉通过对普遍情况下一笔画特征的考察,由计算证明了这一图形不可能一笔且无重复地画成.这也就是说,哥尼斯堡的大学生提出的这个问题是不可能的.欧拉从理论上给出了证明.

欧拉解决这一问题的过程如图 2.43 所示.

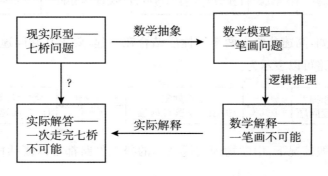

图 2.43　七桥问题的思路

欧拉解决这一问题所用的思维方法,就是抽象-具体法.即由感性具体到理性抽象,再由理性抽象上升到理性具体.这也是认识事物常用的一种思维方法.

② 物理抽象的特点

物理学是以各种不同的物理模型为研究对象的.因此,从广义的角度来说,物理问题都是抽象与具体的体现.

例如,图 2.44 中在一个三角支架上悬挂一个重为 G 的电灯,要求对支架 AC、BC 两杆件的作用力时,先根据对杆件受力作用的分析,画出力分解的平行四边形(图 2.45).

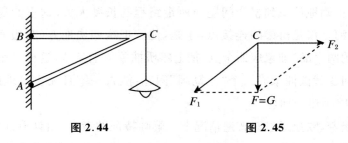

图 2.44　　　　　　　图 2.45

它的研究思路可以表示为:

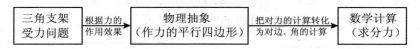

又如,高速公路上两车相撞后结合在一起,要求其共同速度时,研究思路可以表示为:

一般情况下,中学物理问题基本的研究思路都可以概括性地表示如下:

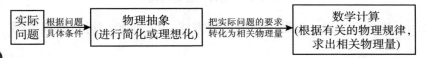

③ 物理抽象的应用举例

下面,列举两个很有实际意义的问题,共同体会一下在实际问题中的物理抽象及其具体应用.

例题 1 质量 $m_1 = 1200$ kg、以速度 $v_1 = 21$ m/s 沿平直公路行驶的汽车 A,发现前方相距 $s_0 = 33$ m 处有一以速度 $v_2 = 15$ m/s 迎面驶来的汽车 B,其质量 $m_2 = 800$ kg. 两车同时急刹车,但由于惯性作用仍然猛烈相撞,两车结合在一起后滑行距离 d 才停止. 设路面与两车间的动摩擦因数均为 $\mu = 0.3$,忽略碰撞过程中路面的摩擦作用,试求:

(1) 从两车开始急刹车到相撞经过多少时间?

(2) 若两车碰撞时间(即从两车接触到一起开始滑行的时间)为 $t_0 = \dfrac{1}{50}$ s,则每个驾驶员感受到的水平冲力是其自身体重的多少倍? 取 $g = 10$ m/s^2.

分析与解答 (1) 分别以 A、B 两车为研究对象,并把它们都抽象为质点. 刹车后水平方向所受到的摩擦力分别为

$$f_1 = \mu m_1 g, \quad f_2 = \mu m_2 g$$

因此两车加速度的大小分别为

$$a_1 = \frac{f_1}{m_1} = \mu g = 0.3 \times 10 \text{ m/s}^2 = 3 \text{ m/s}^2$$

$$a_2 = \frac{f_2}{m_2} = \mu g = 0.3 \times 10 \text{ m/s}^2 = 3 \text{ m/s}^2$$

把两车从刹车开始至相撞的运动抽象为匀减速运动,设经时间 t 两车相撞,则由位移条件可知

$$\left(v_1 t - \frac{1}{2} a_1 t^2\right) + \left(v_2 t - \frac{1}{2} a_2 t^2\right) = s_0$$

即

$$21t - \frac{1}{2} \times 3 t^2 + 15 t - \frac{1}{2} \times 3 t^2 = 33$$

取合理解,得
$$t = 1 \text{ s}$$

(2) 两车相撞前的瞬时速度分别为
$$v'_1 = v_1 - a_1 t = (21 - 3 \times 1) \text{ m/s} = 18 \text{ m/s}$$
$$v'_2 = v_2 - a_2 t = (15 - 3 \times 1) \text{ m/s} = 12 \text{ m/s}$$

根据题意,可忽略碰撞时路面摩擦力的冲量作用,A、B 两车相碰过程中总动量守恒.两车结合在一起可以抽象为一次非弹性碰撞,设共同速度为 v,并规定 A 车的运动方向为正方向,由
$$m_1 v'_1 - m_2 v'_2 = (m_1 + m_2) v$$
得
$$v = \frac{m_1 v'_1 - m_2 v'_2}{m_1 + m_2} = \frac{1200 \times 18 - 800 \times 12}{1200 + 800} \text{ m/s} = 6 \text{ m/s}$$

其方向与 A 车原来的运动方向相同.

设 A、B 两车驾驶员的质量分别为 m_A、m_B,每个驾驶员所受到的平均冲力分别为 F_A、F_B,对每个驾驶员又抽象为质点,根据动量定理,则有
$$F_A = \frac{m_A \Delta v_A}{\Delta t} = \frac{m_A (v - v'_1)}{t_0}$$
$$F_B = \frac{m_B \Delta v_B}{\Delta t} = \frac{m_B (v + v'_2)}{t_0}$$

所以它们与驾驶员本身重力之比分别为
$$n_A = \left| \frac{F_A}{m_A g} \right| = \left| \frac{v - v'_1}{t_0 g} \right| = \left| \frac{6 - 18}{\frac{1}{50} \times 10} \right| = 60$$
$$n_B = \frac{F_B}{m_B g} = \frac{v + v'_2}{t_0 g} = \frac{6 + 12}{\frac{1}{50} \times 10} = 90$$

说明 本题综合着运动学公式、牛顿第二定律、动量守恒定律和动量定理等知识,综合性很强.本题的解答中需要经过多次抽象(也

许平时习以为常),同时务必认清不同研究对象运动状态的变化,注意物理量的方向性.

由计算可知,撞车过程中驾驶员会受到远大于自身重力的冲力,常常会造成严重的伤害事故.通常高速公路上的行车速度常常达到 120 km/h≈33 m/s,相撞时产生的冲击力是非常可观的!

例题 2 初中物理已经学习过,柴油机的工作循环可以分为四个冲程——吸气冲程、压缩冲程、做功冲程(燃烧膨胀冲程)、排气冲程.这四个冲程活塞的运动和进气阀、排气阀的开闭状态,大体如图 2.46 所示.请你对柴油机的工作状态简化、抽象后,利用热力学规律进行初步的理论分析,并对柴油机的结构要求、工作状态提出你的合理化建议.

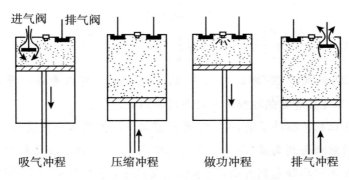

图 2.46 柴油机工作冲程示意图

分析与解答 柴油机是依靠吸入新鲜空气,压缩后喷入柴油燃烧,推动活塞做功的.如果把缸内的工作物质看成理想气体,对各个冲程的分析如下:

(1) 吸气冲程 活塞从上止点向下止点运动,进气部分容积逐渐增大,进气阀门开启,新鲜空气不断吸入汽缸.这个过程中,汽缸内的压强可以近似看成与外界大气压相同,整个吸气冲程可以看成等压过程.

设吸气冲程终了时汽缸内气体的体积为 V_1,温度为 T_1(略高于外界温度),压强为 p_1(实际情况下由于进气管道产生的流动阻力,会略低于外界大气压),由理想气体的克拉珀龙方程得吸入新鲜空气的质量为

$$m = \frac{p_1 V_1 M}{R T_1} \qquad ①$$

(2) 压缩冲程 活塞由下止点急剧向上止点运动,两个气阀都关闭.由于压缩过程进行得极快,汽缸中的气体来不及与外界进行热交换,可以把它看成绝热过程.

设压缩终了时气体的状态参量分别为 p_2、V_2、T_2,由绝热方程得压缩后缸内空气的压强和温度分别为*

$$p_2 = \left(\frac{V_1}{V_2}\right)^\nu p_1 \qquad ②$$

$$T_2 = \left(\frac{V_1}{V_2}\right)^{\nu-1} T_1 \qquad ③$$

(3) 做功冲程(燃烧膨胀冲程) 这个过程可以看成由等容过程、等压过程和绝热过程三个理想过程组成.

在压缩冲程终了前,喷油嘴已提前向汽缸内喷入一定量的柴油,喷入的柴油遇到高温、高压的空气立即同时猛烈燃烧,在很短时间内缸内气体的压强急剧升高,而体积变化很小,形成等容燃烧过程,其终态设为 p_3、V_3、T_3.

其后,活塞向下止点运动,缸内气体的体积增大,由于有燃料喷入燃烧,一段时间内可维持压强不变,形成等压膨胀过程,终态设为 p_4、V_4、T_4.

以后,由于喷油已结束,但汽缸中的压强仍然很高,气体迅速膨胀推动活塞继续向下做功,这个过程可以简化为绝热膨胀过程,终态

---

* 绝热过程中每两个参量之间存在的关系为

$$p_1 V_1^\nu = p_2 V_2^\nu, \quad V_1^{\nu-1} T_1 = V_2^{\nu-1} T_2, \quad p_1^{\nu-1} T_1^{-\nu} = p_2^{\nu-1} T_2^{-\nu}$$

式中 ν 称为绝热指数,在柴油机的理想绝热循环中,通常取 $\nu=1.4$.

设为 p_5、V_5、T_5.

(4) 排气过程　活塞由下止点向上止点运动,排出已做过功的废气,回到初始状态,完成一个循环.

在一个循环中,缸内气体的状态变化图像($p-V$ 图)如图 2.47 所示.

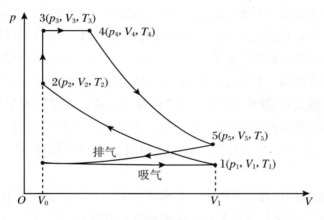

图 2.47　柴油机的工作循环

根据上面的分析,可以对柴油机的结构要求、工作状态提出的合理化建议如下:

Ⅰ. 为了提高进气量 m,有利于柴油充分燃烧,由方程①可知,应该尽可能提高 p_1 和 V_1.

在提高 p_1 方面可以采用的措施,如减小进气管道和气阀的阻力(如将进气管道做得更光滑,进气阀做得比排气阀大些等).有时,还可以采用增压技术,即把空气预先压缩后再吸入汽缸.

在提高 V_1 方面的措施,只有在可能条件下增大汽缸容积(如增大缸径等).

Ⅱ. 由方程②、③可知,压缩冲程终了的压强和温度,都与压缩前、后的体积比(称为压缩比)有关.因此,适当提高压缩比,可以提高压缩后气体的压强和温度——初中物理学习中,对比柴油机和汽油机时增大压缩比可以提高效率,在这里得到了理论的解释.

说明 本题非常典型地通过对实际机械的简化、抽象,然后运用热力学理论进行分析,最后又根据理论的结论去指导实践.虽然,上面的分析还比较粗浅,但可以看出已经具有很重要的意义.

当然,在整个循环中还隐含着某些技术问题.例如,实际柴油机在压缩冲程前已开始喷油,提前的时间(技术上以喷油开始时曲轴离开上止点的角度表示,称为提前角)要恰当.如果提前时间过早,汽缸中气体的压强和温度还不够高,喷入的油不能立即燃烧,只能待到与后续喷入的油一起燃烧,会使缸内气体的压强升得太快,从而影响机器的机械负荷,使柴油机的工作"粗暴"(俗称产生敲缸现象).反之,如果喷油的提前时间过晚,有部分油还来不及燃烧,只能留在以后的膨胀过程中燃烧,这样会造成废气的温度(T_5)升高,降低柴油机的效率.

有条件时,建议可以组织志同道合的几个同学,进行一次社会实践活动,一起去参观有关柴油机的制造和维修的工厂,听取工人师傅讲解柴油机(或汽油机)检修中的上述有关问题,进一步体会抽象分析对实践的指导意义.

在理论上有重要意义的卡诺循环,就是由两个等温过程、两个绝热过程组成的.请同学们研究下面这个问题,有助于进一步认识这个循环的特点.

例题 3(2013 江苏) 如图 2.48 所示,一定质量的理想气体从状态 A 依次经过状态 B、C 和 D 后再回到状态 A.其中,$A \rightarrow B$ 和 $C \rightarrow D$ 为等温过程,$B \rightarrow C$ 和 $D \rightarrow A$ 为绝热过程(气体与外界无热量交换).这就是著名的"卡诺循环".

(1) 该循环过程中,下列说法正确

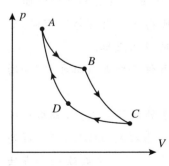

图 2.48

的是_____.

A. $A \to B$ 过程中,外界对气体做功

B. $B \to C$ 过程中,气体分子的平均动能增大

C. $C \to D$ 过程中,单位时间内碰撞单位面积器壁的分子数增多

D. $D \to A$ 过程中,气体分子的速率分布曲线不发生变化

(2) 该循环过程中,内能减小的过程是_____(选填"$A \to B$"、"$B \to C$"、"$C \to D$"或"$D \to A$"). 若气体在 $A \to B$ 过程中吸收 63 kJ 的热量,在 $C \to D$ 过程中放出 38 kJ 的热量,则气体完成一次循环对外做的功为_____ kJ.

分析与解答 (1) $A \to B$ 过程中,气体的体积膨胀,气体对外界做功,A 错. $B \to C$ 过程中,气体与外界没有热交换,体积膨胀对外界做功,其内能一定减小,因此气体的温度降低,分子的平均动能减小,B 错. $C \to D$ 过程中,气体的温度不变,即分子的平均动能不变;体积减小,分子的密度增大,单位时间内碰撞单位面积器壁的分子数增多,C 正确. $D \to A$ 过程中,虽然与外界没有热交换,压缩气体,外界对气体做功,气体的内能增大,即气体分子运动的平均速率增大,因此气体分子的速率分布曲线会发生变化(使其峰值向速率大的方向移动),D 错.

(2) 内能减小一定发生在温度降低的过程中,即是 $B \to C$ 过程. 从整个循环考虑,对外界做功为

$$W = Q_{AB} - Q_{CD} = 63 \text{ kJ} - 38 \text{ kJ} = 25 \text{ kJ}$$

说明 卡诺循环是热机的理想化模型.本题以卡诺循环的四个过程为依托,把分子动理论、热力学第一定律和理想气体的玻意耳定律等都综合在一起.研究一个问题,相当于复习了全部热学知识,因此本题很有典型意义,值得仔细体会(这里根据需要,仅取用原题的(1)、(2)两问).

上面以抽象思维方法中的归纳与演绎、分析与综合、抽象与具体

为例,并且也只能是简单地作了介绍.抽象思维方法是一个很大的范畴,除了这些最基本的方法外,在物理学习中常用的还有假设、类比、等效、对称、理想模型、图示与图像方法等等,读者可参阅本丛书其他有关各册.

2.3 抽象思维中的一朵奇葩——思维实验

(1) 什么是思维实验

大家在下棋时都有体会,在落子前总要先在头脑中摆上一片假想的战场:自己这么走,对手会怎样应付;下一步、下几步又该如何接应……对弈双方外表平静优雅,不动声色,脑海中却早已经历了几番激烈的厮杀.越是优秀的棋手,设想的战局方案会越多、越深入、越全面,然后才能走出惊人的妙招(图2.49).

图 2.49 对弈

科学研究与下棋时"在头脑中摆战场"一样,也常需要先以大脑为实验室,用思维操做着想象中的实验.这是科学研究的一种重要的方法,称为思维实验或思想实验、理想实验.

古希腊时代的阿基米德(Archimedes)就已应用了这种科学方法.他在研究面积和体积时,总是先做一种思想上的"实验"——想象着把均匀材料切成一定形状的平面,通过称量以测量它的面积,这样就能对它们的关系有所了解,然后再从数学上进行证明.

思想实验是一种高度的抽象思维(也包含形象的成分).由于它通过抽象造成理想化的实验对象和实验条件,具有现实的科学实验所无法达到的极度简化和纯化的程度.因此,它不仅可充分发挥理性思维的逻辑力量,还可以超越当时的科学技术水平,在想象的广阔天地里自由驰骋.

近代从伽利略起*,科学家们应用思维实验在提出科学假设、建立科学理论体系和加深对科学原理的认识等方面,取得了一系列重大成就,称得上是抽象思维中的一朵奇葩.

爱因斯坦说:"从这个例子(指伽利略用思维实验发现惯性原理——作者)以及后来的许多例子中,我们认识到用思维来创造理想实验的重要性."

(2) 物理学史上著名的思维实验

下面,我们仅选择若干著名的思维实验,分别予以介绍.希望能从历史背景、实验内容(方法)、形成结论和科学意义等方面,对它们有比较全面的认识.

① 滚动的小铜球——论证了惯性原理

惯性原理是近代力学的基础,它是伽利略运用一个理想实验发现的.在伽利略于1632年出版的光辉著作《关于两大世界体系的对话》一书中,他通过对话的形式设计了一个理想实验.

问:"如果这个平面是向下倾斜的,这个球会滚多远和多快呢?请记住我说过是一只滚动的球和一个光滑的平面,完全没有一切外部和意外的阻碍.同样我要你排除任何由于空气阻力而产生的阻碍,以及其他可能发生的意外障碍."

答:"只要斜面延伸下去,球将无限地继续运动,而且在不断加速."

问:"如果这个平面是向上倾斜的,用力推一下物体会发生什么情况?"

答:"它的运动会不断地慢下来,速度减小……"

---

* 例如,对于从亚里士多德那里一直流传下来的对落体运动的看法,伽利略采用了一个落体佯谬——将轻、重不同的两个物体缚在一起下落,以此诘难亚里士多德的观点.这个落体佯谬就是一个思维实验.

问:"请告诉我,同样的运动物体放在一个既不向上也不向下的平面上,不论向哪个方向推它一下,会是怎样?"

答:"这里没有引起球体加速的原因,也没有引起球体减速的原因,更没有球体静止不动的原因.球体将无限运动下去,速度保持不变."

接着,伽利略又设计了第二组对接斜面的理想实验.如图 2.50 所示,他令一个小铜球沿光滑斜面 AB 滚下后,它将用获得的速度又滚上另一个斜面.如果不计摩擦力,小铜球就会上升到与 A 点相同的高度.逐渐减小斜面的倾角,这个铜球在对接的斜面(BC,BD,…)上运动的距离会更远,速度的减小过程也将更慢.如果第二个斜面是水平面(BF),这个小铜球就会以恒定的速度永远运动下去.

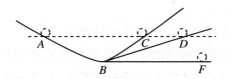

图2.50 伽利略的对接斜面实验示意图

伽利略写道:"任何速度一旦施加给一个运动着的物体,只要除去加速或减速的外因,此速度就会保持不变."伽利略把物体的这种性质称为惯性.后来被牛顿进一步推广总结为牛顿第一定律.

伽利略的这个实验,虽然是想象中的实验,现实世界中是找不到没有阻力的光滑平面的,但它是建立在可靠的推理基础上的.爱因斯坦高度评价伽利略的方法.他说:"伽利略的发现以及他所用的科学推理方法,是人类思想史上最伟大的成就之一,而且标志着物理学的真正开端."

为了更好地认识伽利略的这个理想实验,请继续研究下面的例题和练习题.

例题 1

(2014 北京) 伽利略创造的把实验、假设和逻辑推理相结合

2 深刻的抽象思维

的科学方法,有力地促进了人类科学认识的发展.利用如图 2.51 所示的装置做如下实验:小球从左侧斜面的 O 点由静止释放后沿斜面向下运动,并沿右侧斜面上升.斜面上先后铺垫三种粗糙程度逐渐降低的材料时,小球沿右侧斜面上升到的最高位置依次为 1、2、3,根据三次实验结果的对比,可以得到的最直接的结论是(　　).

A.如果斜面光滑,小球将上升到与 O 点等高的位置

B.如果小球不受力,它将一直保持匀速运动或静止状态

C.如果小球受到力的作用,它的运动状态将发生改变

D.小球受到的力一定时,质量越大,它的加速度越小

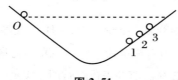

图 2.51

分析与解答　三种材料的粗糙程度逐渐降低时,小球运动中受到的阻力逐渐减小,小球上升的位置越高.可以推测,当材料非常光滑,小球运动中没有阻力时,必定会上升到与 O 点等高的地方.所以 A 正确.其他三个选项都无法从这个实验中得到,因此都错.

例题 2(2003　上海理综)　科学思想和科学方法是我们认识世界的基本手段.在研究和解决问题过程中,不仅需要相应的知识,还要注意运用科学的方法.

理想实验有时更能深刻地反映自然规律.伽利略设想了一个理想实验,如图 2.52 所示,其中有一个是经验事实,其余是推论.

① 减小第二个斜面的倾角,小球在这斜面上仍然要达到原来的高度;

② 两个对接的斜面,让静止的小球沿一个斜面滚下,小球将滚上另一个斜面;

③ 如果没有摩擦,小球将上升到原来释放的高度;

④ 继续减小第二个斜面的倾角,最后使它成水平面,小球要沿水平面做持续的匀速运动.请将上述实验的设想步骤按照正确的顺序排列_____(只要填写序号).在上述的设想步骤中,有的属于可靠事实,有的则是理想化的推论.下列关于事实和推论的分类正确的是(   ).

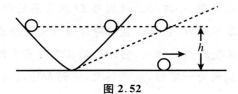

图 2.52

A. ①是事实,②③④是推论 B. ②是事实,①③④是推论
C. ③是事实,①②④是推论 D. ④是事实,①②③是推论

分析与解答 正确的顺序是②③①④.这里②是经验事实.由于现实生活中的斜面不可能没有摩擦,小球在第二个斜面上是无法达到原来高度的,小球在平面上也是无法永远运动下去的,所以①③④都是推论.所以正确的选项是 B.

练习题

(2005 上海) 对"落体运动快慢""力与物体运动关系"等问题,亚里士多德和伽利略存在着不同的观点,请完成表 2.1.

表 2.1

	亚里士多德的观点	伽利略的观点
落体运动快慢	重的物体下落快,轻的物体下落慢	
力与物体运动关系		维持物体运动不需要力

② 牛顿的水桶实验——绝对空间的设想

大家都知道,物体的运动都是相对于确定参考系而言的.牛顿在

2 深刻的抽象思维

总结运动三定律的时候,非常清醒地认识到这个问题——他所总结的运动三定律并不适用于所有参考系.

如图 2.53 所示,在一列沿水平轨道匀速运动的车厢里,一个质量为 m 的小球被弹簧拴着放在光滑的水平桌面上,此时弹簧处于自然状态.当车厢突然向右以加速度 a 做匀加速运动时,车厢里的人会发

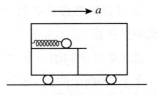

图 2.53 车厢加速时的情况

现弹簧莫名其妙地被压缩变短了.此时小球在水平方向虽然受到弹簧向右的弹力,却仍然处于静止状态,显然违背了牛顿第二定律.可见,牛顿第二定律不适用于加速运动的参考系.

牛顿为了化解运动理论中的这个薄弱环节,设想引入一个客观标准——绝对空间,然后从绝对空间的角度去判断各个物体是处于静止状态、匀速运动状态还是加速运动状态.

那么,什么是"绝对空间"呢?牛顿在《原理》中说:"绝对的空间,就其本性而言,是与外界任何事物无关而永远相同和不动的."

为了给"绝对运动"的存在寻找证据,于是,牛顿精心设计了一个理想实验,这就是著名的"水桶实验".

如图 2.54 所示,将一个盛水的桶挂在一根扭得很紧的绳子上,然后放手,我们可以看到它所发生的情景:

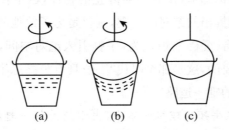

图 2.54 牛顿的水桶实验

① 开始时,桶旋转得很快,水还没有旋转起来,水面是平的.

② 水和桶一起旋转起来,水面变成凹状的抛物面.

③ 使桶突然停止旋转,但桶内的水仍然在旋转,水面仍然保持凹状的抛物面.

把这个现象归纳一下,可以发现:

在①、③两个阶段,水和桶都有相对运动,但①的水面是平的,③的水面呈凹形;

在②、③两个阶段,不管水和桶有无相对运动,水面都是呈凹形.

牛顿认为,这个实验说明了水面的形状与水和桶的相对运动无关,只取决于水在"绝对空间"里的绝对运动.也就是说,桶和水的相对运动不是水面呈凹形的原因,这个现象的根本原因是水相对于绝对空间产生了加速度的缘故.

那么,这个绝对空间究竟在哪里呢?牛顿设想,它在恒星所在的遥远的地方,或许在它们之外更遥远的地方.他假设宇宙中心是不动的,这就是他所想象中的绝对空间.

牛顿的绝对空间当时曾受到同时代的一些人(如惠更斯、莱布尼兹等)的质疑和诘难,但由于牛顿的巨大成就,200多年中一直被人们所普遍接受.

现在,我们都知道,没有绝对静止的物体,也不存在绝对空间和绝对运动.牛顿提出的绝对时空观,主要是为了给他的运动定律建立一个支撑的平台.爱因斯坦认为,牛顿引入绝对空间,对于建立他的力学体系是必要的,这是那个时代"一位具有最高思维能力和创造力的人所能发现的唯一道路".

例题1 在牛顿的理想实验中,当水随着桶一起旋转后,水面为什么会形成凹状的抛物面?

分析与解答 假设桶里的水绕轴转动稳定后的角速度为 ω,取

最低点 O 为坐标原点,建立直角坐标系 xOy,如图 2.55 所示.在液面上坐标为 (x,y) 处,取质量为 m 的一小块液体*.它受到内部液体的弹力 N 和重力 mg 的作用,并由这两个力的合力提供它绕 y 轴旋转的向心力.即

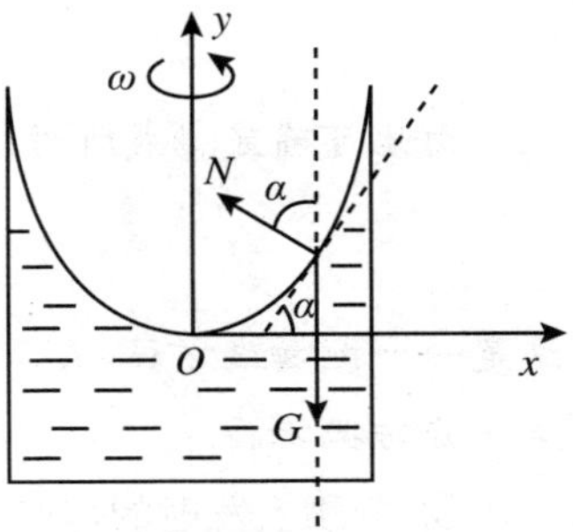

$$N\cos\alpha - mg = 0 \quad \text{①}$$
$$N\sin\alpha = m\omega^2 x \quad \text{②}$$

图 2.55

联立两式,得

$$\tan\alpha = \frac{\omega^2}{g}x$$

上式中 α 为小块液体所在处液面的法线方向与竖直方向间的夹角,它与该处液面的切线方向与水平方向间的夹角相等.由

$$\tan\alpha = \frac{\Delta y}{\Delta x} = \frac{\omega^2}{g}x$$

得

$$\Delta y = \frac{\omega^2}{g}x\Delta x \quad \text{③}$$

因为在数学上,函数 $y = kx^2$ 的增量为

$$\Delta y = k[(x+\Delta x)^2 - x^2] = k[x^2 + 2x\Delta x + (\Delta x)^2 - x^2]$$
$$= k[2x\Delta x + (\Delta x)^2]$$

当 Δx 为一无穷小量时,$(\Delta x)^2 \ll 2x\Delta x$,因此可以忽略平方项,于是上式可简化为

$$\Delta y = 2kx\Delta x \quad \text{④}$$

比较③式与④式,显然具有完全相同的形式.且 k 满足关系式

---

* 本题采用微元法进行分析,有关微元法应用的详细介绍,请读者参阅本丛书《分割与积累》一册.

$$k = \frac{\omega^2}{2g}$$

由此可确定③式所对应的 x 与 y 的函数关系为

$$y = \frac{\omega^2}{2g}x^2 \qquad ⑤$$

这是一个抛物线方程,表示液面在二维空间呈抛物线形,在三维空间呈一旋转抛物面.

③ 山顶上发射的炮弹——揭示了"天上"和"地上"力的一致性

对引力问题的研究,牛顿是从直觉和猜测开始思考的.他从地面物体受到重力会下落(如苹果落地)联想到:这个力为什么不可能达到月球呢?如果可能达到,月球的运动就会受到它的影响,或许月球就是由于这个力作用而保持在它的轨道上的.

他又联系起了抛体运动,在《原理》一书中写道:"……一个抛射体,如果不是由于重力的作用,就不会回到地面,而会沿着直线飞出去;……如果从山顶用弹药以一定速度把一个铅球平射出去,那么它将沿着一条曲线射到两里以外才落到地面;如果能消除空气阻力,而且发射速度增加到两倍或十倍,那么铅球的射程也会增加到两倍或十倍.而且用增加发射速度的办法,我们可以随意增加其射程,并同时减小它所画的曲线的曲率,使它终于在十倍、三十倍或九十倍远的距离处落到地面,或者甚至可以使它落地以前绕地球一周;或者,也可以把它发射到空中,在那里继续运动以至永远也不落到地面."这就是被后人称为在"山顶上发射炮弹"的理想实验(图2.56).

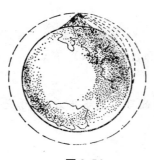

图 2.56

牛顿还设计了另一个类似的理想实验:如果有一个小月亮很靠近地球,以至几乎触及最高的山顶,那么使它保持在轨道上运动的向心力当然就等于它在山顶处所受到的重力.这时如果小月亮突然失去了运动,它就如同山顶处的物体一样以相同的速度下落.

于是,牛顿领悟到了,使月球保持在它轨道上的力,原来就是我们通常称为"重力"的那个力.也就是说,月球绕地球运动的力与使苹果落地的力,它们的性质是一样的.

牛顿有了这个认识后,接着就先解决了行星沿圆轨道运动的引力问题,然后利用微积分的方法,顺利地越过了变速运动的障碍,完善地作出了行星在太阳引力作用下必定沿椭圆轨道运动的证明,并最终得出了万有引力定律.

由此可见,牛顿的这个理想实验,是导致他揭开行星运动之谜过程中很重要的一个思维历程,对他发现万有引力起了不小的作用.

例题1 牛顿理想实验中从山顶上发射的炮弹,相当于一颗近地人造卫星.请依据牛顿的思路,推算出发射这样环绕地球运动的炮弹,需要多大的速度?

分析与解答 假设从山顶上水平向右发射炮弹的速度为 v,则在时间 t 内,炮弹沿水平方向通过的路程为

$$x = vt$$

由于炮弹受到重力作用,它同时会竖直下落,在时间 t 内下落的高度为

$$s = \frac{1}{2}gt^2$$

考虑到这两种运动同时发生,当所取时间 t 很短时,画出的运动路径示意图如图2.57所示*.根据几何中的定理:垂直于直径的半弦,等于被它所分割的直径两部分的比例中项,即有关系式

---

* 本图和下面的计算方法,取自《费恩曼物理学讲义》(第一卷,P70)的文字描述.严格地说,图中的 s 应该沿着半径方向,考虑到所取时间 t 不大(费恩曼的书中 $t=1$ s),因此可以近似如图2.57处理.

$$\frac{x}{s} = \frac{2R-s}{x} \approx \frac{2R}{x}$$

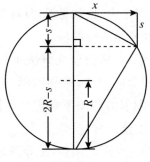

图 2.57

因此,炮弹的发射速度为

$$v = \frac{x}{t} = \frac{\sqrt{2Rs}}{t} = \frac{\sqrt{2R \cdot \frac{1}{2}gt^2}}{t} = \sqrt{Rg}$$

取地球半径 $R = 6370 \times 10^3$ m, $g = 9.8$ m/s², 代入上式后计算得

$$v \approx 7.9 \times 10^3 \text{ m/s}$$

这就是大家所熟知的第一宇宙速度(环绕速度)的大小.

④ 小船上的碰撞——发现弹性碰撞规律

1666 年,有人在英国皇家学会表演了这样一个实验:用两根细线悬挂两个质量相等的钢球,静止时两球恰好互相接触,使其中的一个球 A 偏离某个角度后轻轻放手,撞击另一个球 B,结果 B 球上升到与原来 A 球几乎等高的地方,而 A 球则静止.接着,B 球下落撞击 A 球,结果 B 球静止, A 球升到几乎原来的高度.此后,两球如此交替着,可以往返运动多次才静止(图 2.58).

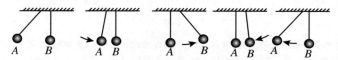

图 2.58 英国皇家学会的悬赏征解实验

由于当时科学界对描述物体运动的量并不清楚*,因此对这个如今高中生都能解释的现象,表现得非常惊讶,无所适从,于是皇家学会把它作为悬赏征文.后来,由荷兰物理学家惠更斯对它作出了圆满的回答.

惠更斯在精心实验的基础上,通过仔细的分析研究,作出了理论上的解释.

1703 年,他在发表的论文《论碰撞作用下物体的运动》中,首先提出三个基本假设:

Ⅰ."运动起来的物体,在未受到阻碍作用时将以不变的速度沿直线继续运动."这就是惯性定律的内容.

Ⅱ."两个相同的物体以相等的速度相向做对心碰撞后,二者将以原来的速度返回."这一条可以作为不证自明的公理.因为既然两个物体的情况相同,就没有理由设想它们碰撞后的运动会有不同.

Ⅲ."……当两个物体相碰时,即使它们还同时参与另一匀速运动,从也参与这一运动的观察者看来,这两个物体的相互作用就像这个共同运动并不存在一样."这就是相对性原理.

这里的第Ⅲ条假设,是惠更斯碰撞理论中所显示的重要特色.为此,他独具匠心地设计了一个巧妙的理想实验:如图 2.59 所示,设想一个人站在以速度 u 做匀速运动的小船上,另一个人站在岸上观察.船上的人两手分别拿着挂有相同质量铁球的两根绳子,使两球所确定的直线与船速平行.现使两球以相对于船同样大小的速度 v 做对心碰撞.

船上的观察者:根据上述假设中的Ⅱ与Ⅲ,两球碰后仍以相同速度 v 分开.

---

* 当时,科学界关于描述物体运动的量有两种不同的观点:以笛卡儿为代表,继承伽利略的说法,主张用质量与速度的乘积(mv)作为量度物体的运动之量;以莱布尼兹为代表,认为应该用 mv^2 量度物体的运动.双方各执一词,争论了 50 多年.

岸上的观察者:两球碰前速度分别为
$$v+u, \quad v-u$$
碰后的速度分别变为
$$v-u, \quad v+u$$
由此可得出这样的结果:质量相同的两球以不同速度发生对心碰撞后,两球将互换速度.

特殊情况下,如一个运动物体去碰撞另一个质量相同的静止物体,则前者静止,后者却以原来运动物体的速度(包括大小和方向)运动.这就是图 2.59 所示的实验结果.

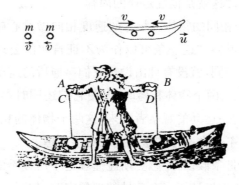

图 2.59 小船上的对心碰撞

这个理想实验,非常令人信服地化解了当时实验条件下较难测量碰撞速度的困难,并由此发现相同的球碰撞互换速度这一重要规律.惠更斯绝妙的构思令人钦佩.

为了更好地认识上面英国皇家学会的悬赏实验和惠更斯论文中的假设,请继续阅读下面的例题,悬赏的奖金你轻而易举就可以拿到了.

例题 1 现在,大家都知道,两个弹性球碰撞应该满足动量守恒和动能守恒,请以两个质量不同的弹性球为例,确定两球发生正碰后速度的一般规律,并由此对惠更斯的基本假设作出验证.

2 深刻的抽象思维

分析与解答 设两个弹性球的质量分别为 m_1 和 m_2,它们碰撞前后的速度分别为 v_1、v_2 和 v_1'、v_2',发生弹性正碰时,根据动量守恒与动能守恒,有

$$m_1 v_1 + m_2 v_2 = m_1 v_1' + m_2 v_2' \quad ①$$

$$\frac{1}{2} m_1 v_1^2 + \frac{1}{2} m_2 v_2^2 = \frac{1}{2} m_1 v_1'^2 + \frac{1}{2} m_2 v_2'^2 \quad ②$$

联立两式,解得

$$v_1' = \frac{(m_1 - m_2) v_1 + 2 m_2 v_2}{m_1 + m_2} \quad ③$$

$$v_2' = \frac{(m_2 - m_1) v_2 + 2 m_1 v_1}{m_1 + m_2} \quad ④$$

若 $m_1 = m_2$,即两球质量相等时,由上式可知碰后速度

$$v_1' = v_2, \quad v_2' = v_1$$

表示两球碰后互换速度.这就是惠更斯假设Ⅲ中理想实验的一个结果.

当 $v_2 = -v_1$,即两球以大小相同的速度做对心碰撞时,就是惠更斯假设Ⅱ的结果.

当 $v_2 = 0$,即原来一个球静止时,则运动球与静止球发生碰撞,互换速度的结果为

$$v_1' = 0, \quad v_2' = v_1$$

这就是当年英国皇家学会悬赏实验的结果.并且,由此可以看到,这个实验中的小球最后会停下来,是由于运动中不可避免的空气阻力等原因,使小球的机械能有所损失的缘故.

说明 通过上面对一般情况的列式计算,可以说对两球的弹性正碰已经认识清楚了.应用中,有几个常见的情况很有意义,应该引起重视:

(i) 若 $v_2 = 0$,$m_1 \gg m_2$,则由③、④两式得两球碰后速度分别为

$$v_1' \approx v_1, \quad v_2' \approx 2 v_1$$

相当于质量很大的铅球去碰撞一个静止的乒乓球,结果铅球仿佛若无其事地照样运动,而乒乓球则以比铅球大的速度离开.

(ii) 若 $v_2 = 0$, $m_1 \ll m_2$,同理由③、④两式得两球碰后速度分别为

$$v_1' = -v_1, \quad v_2' \approx 0$$

相当于用一个乒乓球去撞墙,乒乓球以原速大小反弹,墙壁巍然不动.

(iii) 若两球碰撞后黏合在一起,即发生完全非弹性碰撞,碰后两球有相同的速度,令 $v_1' = v_2' = u$. 由于碰撞过程中有机械能的损失,动能守恒不再成立,动量守恒依然有效,即

$$m_1 v_1 + m_2 v_2 = m_1 v_1' + m_2 v_2' = (m_1 + m_2) u$$

得两球碰后的共同速度

$$u = \frac{m_1 v_1 + m_2 v_2}{m_1 + m_2}$$

碰撞过程中损失的能量为

$$\Delta E = \left(\frac{1}{2} m_1 v_1^2 + \frac{1}{2} m_2 v_2^2\right) - \frac{1}{2}(m_1 + m_2) u^2$$

对于常见的情况 $v_2 = 0$,损失的能量可以表示为

$$\begin{aligned}\Delta E &= \frac{1}{2} m_1 v_1^2 - \frac{1}{2}(m_1 + m_2) u^2 \\ &= \frac{1}{2} m_1 v_1^2 - \frac{1}{2}(m_1 + m_2) \left(\frac{m_1 v_1}{m_1 + m_2}\right)^2 \\ &= \frac{m_2}{m_1 + m_2} \cdot \frac{1}{2} m_1 v_1^2 = \frac{m_2}{m_1 + m_2} E_1\end{aligned}$$

当 E_1 为确定值时,则损失的能量由两球质量比决定.

⑤ 拉普拉斯妖——机械唯物论的一个"智者"

17世纪后半叶,牛顿发现了万有引力定律,统一了天上和地上的运动,构建起一个经典力学的体系.人们借助牛顿和莱布尼兹共同发明的微积分,根据物体在某一时刻的运动状态和所受到的作用力,

2 深刻的抽象思维

就可以准确地确定这个物体未来的运动状态(速度、位置和运动轨迹等).牛顿力学成功地显示了物体受力与运动之间严格的因果关系,但由于时代的局限性,也因此陷入了机械唯物论的泥潭.

牛顿在他的伟大著作《自然哲学的数学原理》一书的序中写道:

"……哲学的全部任务看来就在于从各种运动现象来研究各种自然之力,而后用这些力去论证其他的现象."

"……我希望能用同样的推理方法从力学原理中推导出自然界的其他许多现象;因为有许多理由使我猜想,这些现象都是和某些力相联系着的."

进入18世纪后,哈雷彗星的预言成功等天文学上的许多成就,无疑是对牛顿的力学决定论作了最惊人的证实,人们把牛顿力学看成能够对宇宙间一切现象作出完满解释的最终理论,牛顿的威望也如日中天.法国杰出的数学物理学家拉格朗日把《原理》誉为人类心灵的最高产物,把牛顿看作是人类历史上最大也是最幸运的一位天才,"因为宇宙只有一个,而在世界历史上也只有一个人能做它的定律的解释者".

在这样的背景下,拉普拉斯妖应运而生了.

拉普拉斯是法国著名的数学家、天文学家.据说,拿破仑翻看了他的著作《天体力学》后问道,怎么这本书里没有上帝?拉普拉斯回答说,陛下,上帝是个美丽的假设,但是我不需要这个假设.

拉普拉斯坚信力学的"因果决定论".他在1812年出版的《概率论》一书的引言中设想了一个智慧高超无比的"精灵".他写道:

"让我们想象有个精灵,它知道在一给定时刻作用于自然界的所有力以及构成世界的一切物体的位置;让我们进一步假定,这个精灵有能力对所有这些数据作出数学分析处理.那么,它就会得到这样的结果,即把宇宙中最大的物体和最小的原子的运动包括在同一个公式里.对于这个精灵来说,再没有什么事物是不确定的,过去与未来都会呈现在它的眼前."拉普拉斯这里所说的"精灵",就是后人所称的拉普拉斯妖.

虽然拉普拉斯设想的这个"精灵",其实只是一种方便而形象的比喻,但完全足以表示当时科学家们对牛顿力学因果决定论的信念.乃至到了 1846 年,两位青年天文学家亚当斯和勒维耶,根据牛顿理论,不用看天空一眼,在笔尖下发现了隐藏在太阳系深处的海王星后,牛顿理论达到了辉煌的顶点.机械决定论几乎成为统治整个物理学界的普遍信念.德国物理学家亥姆霍兹在《论力的守恒》中写道,物理学的任务,就在于把物理现象都归结为其强度只与距离有关的引力和斥力;一旦完成了这个归结,科学的任务就算终结了.英国物理学家 W·汤姆孙也认为"自然哲学最基本的学科是动力学,或力的科学".

今天,包括中学生在内的读者一定也能够想象到,随着科学的发展,人类对自然界认识范围的扩大,牛顿式的机械决定论只能具有历史的意义.在微观领域里,从 20 世纪二三十年代发展起来的量子力学的研究中,人们已经完全摈弃了牛顿力学的决定论,拉普拉斯妖也早已逃之夭夭了.

宏观事实也是这样. 1879 年,法国物理学家庞加莱在研究有关三个天体的动力学问题("三体问题"*)时,发现根据它们的初始条件,并不能得到确定的解(结果).也就是说,对于"三体问题"来说,拉普拉斯所谓的"精灵"(拉普拉斯妖)已经无能为力了,牛顿式的机械决定论也自然地失去了地位.后来,庞加莱通过对"三体问题"的进一步研究,从"三体问题"所表现出来的混乱现象,首次在科学中引入"混沌"的概念.

如今,对"混沌"的研究已经成为科学前沿的一个重要课题.因

---

* "三体问题"是指三个可以看成质点的天体,当它们的质量、初始位置和初始速度都为任意值时,研究它们在相互之间万有引力作用下的运动规律问题.后来的研究证明,只有在几种特殊情况下,才能获得精确解.

此,作为机械唯物论的产物,"拉普拉斯妖"也许只是对"混沌"概念的诞生,有着一定的历史功绩.

⑥ 麦克斯韦妖——对热力学第二定律的一次探讨

生活经验已告诉我们:温度不同的两个物体放在一起,热量一定从高温物体传递到低温物体.德国物理学家克劳修斯(R. Clausius)在理论研究基础上首先指出热流的不可逆性是有方向性的,于1850年总结出热力学第二定律:"不可能使热量从低温物体传到高温物体,而不引起其他变化."

从克劳修斯所引入熵的意义上说,热力学第二定律指出了,孤立系统中发生的自然过程总是沿着熵增加的方向进行.这就是著名的熵增原理.在物理学理论的发展中,提出熵的概念具有重大的意义.

从微观上说,热力学第二定律指出了由大量分子组成的系统自发变化时,总是向着无序程度增加的方向发展,至少无序程度不会减少.

当时,虽然有许多物理学家并不同意热力学第二定律的绝对普适性,但一时却苦于没有合适的例子加以反驳.麦克斯韦有着同样的企图,于是精心设计了这个小妖实验(图2.60),提出了一个挑战性的问题.

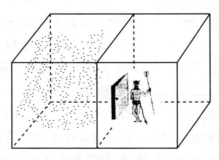

图 2.60 麦克斯韦妖

1871年,麦克斯韦设计了一个理想实验:设想有一个容器,隔成 A、B 两部分.开始时,A 中气体温度比 B 中的高,因此 A 中气体分

子的平均速率比 B 中气体分子的平均速率大. 根据气体分子的速率分布（即麦克斯韦分布）, A 中也有少数速率低于 B 中气体平均速率的分子; B 中也有少数速率高于 A 中气体平均速率的分子. 在 A、B 两部分之间, 有一块质量不计的双向活门, 开启它也无需做功. 一个小妖守在门边. 这个小妖的本领是如此之大, 它能毫不费力地分辨各个分子速率的大小. 当它发现 A 中飞向活门的一个分子, 比 B 中分子平均速率小的时候, 立即打开活门, 让这个分子进入 B（图 2.61(a)）; 当它发现 B 中飞向活门的一个分子, 比 A 中分子平均速率大的时候, 也立即打开活门, 让这个分子进入 A（图 2.61(b)）.

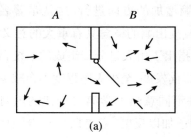
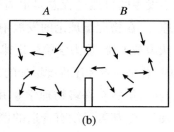

图 2.61

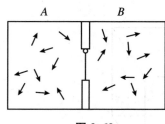

图 2.62

这样, A 中气体分子的平均速率会逐渐增大, B 中气体分子的平均速率就逐渐变小. 虽然始终保持 A、B 两部分的分子数与初始时相同, 但 A 的温度却会逐渐升高, B 中温度逐渐降低（图 2.62）. 于是, 就可以实现热量自动地从温度较低的地方向温度较高的地方转移. 如果从熵的意义上说, 这个小妖没有对热平衡系统做功, 却使系统从无序变得更为有序, 系统的熵降低了. 显然, 它与热力学第二定律矛盾.

麦克斯韦利用这个理想实验的本意, 并非要推翻热力学第二定律, 而是想用它来阐明热力学第二定律并不是绝对的, 只具有统计的意义. 1867 年麦克斯韦给泰特(P. G. Tait)的信中指出:"热力学第二定律只适用于由大量分子组成的系统,而不适用于个别分子." 因为对于大量分子组成的系统,有序排列的可能性虽然是极少的,但并不能说不存在. 正像打扑克牌时,洗牌几次,某一个人抓到 12 张红桃的可能性还是有的. 后人把这个理想实验中的小妖戏称为"麦克斯韦妖"(Maxwell's demon).

麦克斯韦的这个理想实验,一时难倒了许多物理学家. 直到 1929 年,才被匈牙利物理学家西拉德(L. Szilard)破解. 因为小妖要识别分子,必须要获得分子运动的详细信息(速度、位置等),这就需要用一束光照射分子,即输入能量,这一过程会使系统的熵增加;小妖获得有关的信息后,操纵小门,使快慢分子分离,这一过程会使系统的熵减少. 但是,如果把容器内的气体分子、小妖和光源作为一个系统来考虑,显然这个系统的熵总是增加的,因此并没有违背热力学第二定律.

麦克斯韦的小妖之谜虽然被破解了,但这个理想实验在深化和完善热力学第二定律认识上的作用却是不可低估的. 1948 年,信息论创始人香农(C. E. Shannon)定义信息熵为信息量的缺损,即信息量相当于负熵. 因此,麦克斯韦妖为了识别分子,必须获得信息,也就是获得了负熵. 这样,从这个理想实验通过热力学第二定律我们把信息与熵联系起来了.

例题 1 一个学生很好奇地提出问题:假使麦克斯韦不用这样一个小妖去操纵活门,由于分子的无规则运动,是否可能使速率大的分子在一边,速率小的分子在另一边呢?

分析与解答 这是一个很有趣的概率计算问题. 有关概率的计算,平时也会遇到. 上面说过,四个人玩扑克,洗牌后一个人恰好拿到

13 张同花还是可能的,不过机会很小*.对于大量分子的无规则运动来说,上述这种可能性(机会)几乎为零.

假设这个容器里只有 1 个分子,它处于某一边的概率为 $\frac{1}{2}$;假设这个容器里只有 2 个分子,它们都处于某一边的概率为 $\left(\frac{1}{2}\right)^2$.由于通常情况下,容器里的分子数量极大.例如,一个普通大小的教室,通常状况下约有 10^{27} 个分子.要求这些分子都聚集在教室半边时的概率为

$$\left(\frac{1}{2}\right)^{10^{27}} \approx \frac{1}{10^{3\times 10^{26}}}$$

这个概率是如此之小,完全可以认为等于零.也就是说,这个同学的设想是不可能实现的.所以,麦克斯韦为了使分子按速率大小分开,必须设置一个具有超凡本领的小妖.

说明 从上述计算所显示的不可能性,反过来的意思就是说,由于大量分子的无规则运动,它们在容器里一定是均匀分布的.因此,你在生活中用不着担心,房间里的空气分子绝对不会聚集在一个角落,使你感到窒息.

---

* 玩扑克时拿到一手(13 张)同花的概率计算:第 1 张拿到什么花无关紧要,只需考虑后面的 12 张牌是同花的机会.以 52 张扑克牌而言,第 2 张,第 3 张,第 4 张,…显示同花的机会分别是

$$\frac{12}{51}, \frac{11}{50}, \frac{10}{49}, \cdots$$

所以,拿到一手同花的概率是

$$\frac{12}{51} \times \frac{11}{50} \times \frac{10}{49} \times \cdots \times \frac{1}{40} \approx 6.25 \times 10^{-12} = \frac{1}{1.6 \times 10^{11}}$$

这个概率是如此之小,因此在通常不长时间里玩扑克出现的机会可以认为等于零.还必须指出的是,并不是说你玩上 1.6×10^{11} 次,就一定会拿到一次 13 张同花,也许一次也没有拿到,也许幸运地能够拿到 2 次或更多次.只是从统计平均的意义上说,有可能在 1.6×10^{11} 次中拿到一次.

2 深刻的抽象思维

⑦ 爱因斯坦火车——诠释"同时相对性"

人们常说,时间老人最公正,赐予任何人都是同样的 1 秒、1 分、1 天、1 年. 有史以来,有谁对时间产生过怀疑? 偌大世界,亿万苍生,唯独爱因斯坦!

在桑克兰(R. S. Shankland)的《与阿尔伯特·爱因斯坦谈话》一文中写道:"我问爱因斯坦教授,1905 年前他在狭义相对论方面工作了多长时间? 他告诉我,他在 16 岁开始考虑这个问题,共搞了 10 年……在放弃了许多没有效果的尝试后,'我终于认识到时间是值得怀疑的!'"

爱因斯坦究竟对时间提出了怎样的疑问呢? "时间是相对的"——如果某一参考系里的观察者发现两事件是同时的,但在另一参考系里的观察者将发现两事件不是同时的. 这就是爱因斯坦在人们习以为常的经验中所发现的精深博大的底蕴.

"同时相对性"是爱因斯坦对时间概念的全新理解,也是他提出狭义相对论时最难为人们接受的一个概念. 为此,爱因斯坦曾设计了一个著名的理想实验.

设想一列沿平直轨道做匀速直线运动的火车(简称爱因斯坦火车),其速度为 v. 在火车的正中央 O' 处有一强光源,在火车前、后两端各装一面反射镜 A'、B'. 当火车正中央 O' 点与地面上的 O 点重合时,强光源向火车前、后两端各发一个光脉冲信号(图 2.63).

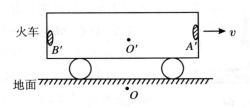

图 2.63 爱因斯坦火车

对火车中的观察者,根据光速不变原理,将看到这两面反射镜因光脉冲同时到达而同时发生闪光.

对地面上的观察者,虽然光脉冲对地面而言向前、向后的传播速度都是 c,但由于火车对地面以速度 v 运动,因此从地面看来,光对 A' 镜的速度为 $c-v$,对 B' 镜的速度为 $c+v$.这样,地面观察者将看到 B' 镜先闪光,A' 镜后闪光.

同样的两个闪光,在火车上的观察者看来是同时发生的,在地面上的观察者却是有先后、不同时的.

由此,爱因斯坦得出了一个结果:对一个惯性系同时发生的两个事件,对另一个惯性系不一定是同时的.这就是爱因斯坦所发现的同时相对性.实际上,这是作为狭义相对论基本前提的光速不变原理的必然结果*.

爱因斯坦的"同时相对性",是对经典的绝对时空观的一次革命.爱因斯坦曾写下一段科学史上闪烁着永恒光辉的话:"……牛顿啊,请原谅我!你所发现的道路在你那个时代,是一位具有最高思维能力和创造力的人所能发现的唯一的道路.你所创造的概念,甚至今天仍然指导着我们的物理学思想,虽然我们现在知道,如果要更加深入地理解各种联系,那就必须用另外一些离直接经验领域较远的概念来代替这些概念."高速领域中的同时相对性正是远离直接经验领域的全新概念之一.

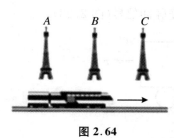

图 2.64

例题 1(2011 江苏) 如图 2.64 所示,沿平直铁路线有间距相等的三座铁塔 A、B 和 C.假想有一列车沿 AC 方向以接近光速行驶,当铁塔 B 发出一个闪光,列车上的观测者测得 A、C 两铁塔被照亮的顺序是(   ).

---

* 狭义相对论的另一个前提是相对性原理——在静止或匀速直线运动的参考系里,自然规律是相同的.

A. 同时被照亮   B. A 先被照亮

C. C 先被照亮   D. 无法判断

分析与解答 闪光从铁塔 B 到 A 和 C 的过程中,对于列车上的观测者来说,认为铁塔 C 在靠近 B,而 A 在远离 B,闪光到达 C 的位移比到达 A 的位移小,而光速不变,因此铁塔 C 先被照亮. 所以,正确的是 C.

⑧ 不确定性原理——揭示微观体系的统计性

学过物理测量后,都知道"误差是不可避免的". 把它表述得更为惊人一些,就是"物理量的真值是无法知道的!". 因为你要理解一个物体的某种性质,无论用什么方法,你都必须同这个物体发生相互作用. 譬如:

你想测出杯中热水的温度,就得把一支温度计插到水中. 可是,温度计是凉的,它插入水中后就会使杯中的水温稍微降低,测到的已不是原来的水温了.

你想测量轮胎中的空气压强,就需使轮胎逸出少量的气体进入压强计,测到的显然会比原来的压强稍有降低.

你想测量电路中通过某个电阻的电流强度或电阻两端的电压,需串联一个电流表或并联一个电压表,实际上已改变了原来的电路结构.

……

总之,由于测量仪器(包括观察者)跟测量对象的相互作用,我们是不可能精确地了解某个事物的.

通常,在宏观领域中,修正了测量误差后,往往认为是可以精确测定的. 并且认为,测量两个不同的物理量时,相互间不存在牵制作用,可以独立地同时测准它们. 譬如,发射出去的一枚导弹,可以准确地同时测出它在某时刻的位置和动量(速度).

不过,微观粒子的情况却不同. 由于它们具有波粒二象性,我们不能用实验手段同时准确地测定一个微观粒子的位置和动量. 1927年,德国物理学家海森伯(W. K. Heisenberg)从理论推导得到:测量一个微观粒子的位置时,如果不确定范围是 Δx,那么同时它的动量也必然有一个不确定范围 Δp_x,且两者的乘积满足条件

$$\Delta x \cdot \Delta p_x \geqslant \frac{h}{4\pi}$$

式中 h 为普朗克常数. 同样也有

$$\Delta y \cdot \Delta p_y \geqslant \frac{h}{4\pi}$$

$$\Delta z \cdot \Delta p_z \geqslant \frac{h}{4\pi}$$

这就是著名的"不确定性原理"(图 2.65). 它表示了同时测定一个微观粒子位置和动量时的精密度限制. 当一个微观粒子的坐标愈确定时(即 Δx 愈小),它的动量就愈不确定(即 Δp_x 愈大);反之亦然.

"不确定性原理"是微观体系波粒二象性的反映,并不仅仅局限于粒子的位置和动量(速度)的测量. 在时间和能量之间需同样满足条件

$$\Delta E \cdot \Delta t \geqslant \frac{h}{4\pi}$$

低频波对粒子速度的干扰甚小

高频波对粒子速度的干扰甚大

用来观察粒子的波长越长,
其位置的不确定性越大

用来观察粒子的波长越短,
其位置的不确定性越小

图 2.65 海森伯的"不确定性原理"

2 深刻的抽象思维

为了进一步说明这种思想,海森伯设计了一个理想实验:如图 2.66 所示,在一个理想的绝对真空室里,有一个可以发射任意波长和任意数目光子的理想光源 S. 壁上有一个可以发射单个电子的理想电子枪 O. M 为理想显微镜. 为了从显微镜中观察到从电子枪 O 中发出的某个电子的运动轨迹并测出它的运动速度,从而得知它在任一时刻的位置和动量,就必须要先照亮这个电子——得有一个光子从这个粒子弹回来,再反射到显微镜里. 由于电子是一个质量极小的微观粒子,光子照射到电子上反弹时必然会改变电子的位置和速度.

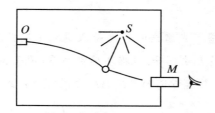

图 2.66 海森伯的理想实验

如果要尽量减少光子对电子运动的干扰,就必须减小照射光子的能量. 根据其能量表达式

$$\varepsilon = h\nu = \frac{hc}{\lambda}$$

必须增大它的波长. 但光的波长越长,由于光的衍射现象,就越无法确定电子的准确位置.

相反,如果改用短波长的光照射电子,电子的位置虽测准了,但由于波长越短的光,光子的能量越大,与电子碰撞时的反冲作用就越强,电子的动量就无法测准了.

所以,根据不确定性原理,海森伯断言,我们所观察到的电子径迹充其量也只是一条边缘模糊的带子,而不会是一条确定的线.

海森伯的不确定性原理,绝对不是由于测量仪器的精度不够所引起的一种表面现象,而是深刻地揭示了量子力学在本质上的统计性,而不是严格的决定论.它和丹麦物理学家玻尔(N. Bohr)的"互补原理"(complementary principle)一起*,构成了量子力学哥本哈根学派诠释的两大支柱.

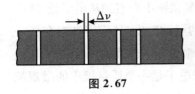

图 2.67

例题 1 根据玻尔理论知道,氢原子在激发态是不稳定的,它从某激发态跃迁到基态时就会辐射一定波长的光谱线.实验中发现,这些光谱线都会有一定的宽度(图 2.67),这是什么道理?

分析与解答 光谱线的宽度是微观粒子波粒二象性的反映,用玻尔的原子理论无法解释.根据不确定关系,原子系统发生显著变化的时间间隔 Δt 与能量不确定度 ΔE 之间有关系式

$$\Delta E \cdot \Delta t \geqslant \frac{h}{4\pi}$$

电子在某个激发态的时间越短,即 Δt 越小,这一激发态的能量范围就越大,即 ΔE 越大.电子由这个激发态跃迁到基态形成的光谱线的频率范围也就越大,对应的光谱线就越宽.反之,光谱线就越细.

例如,假设氢原子处于某激发态的平均寿命 $\Delta t = 10^{-8}$ s,由

$$h \Delta \nu \cdot \Delta t \geqslant \frac{h}{4\pi}$$

即可算出它跃迁到基态时所辐射的光谱线的宽度为

$$\Delta \nu \geqslant \frac{1}{4\pi \Delta t} = \frac{1}{4 \times 3.14 \times 10^{-8}} \text{Hz} = 8 \times 10^6 \text{ Hz}$$

⑨ 爱因斯坦光盒——对不确定原理的一次质疑

---

* 互补原理的意思是,表观上互斥的两个方面的物理图像(如粒子图像和波动图像)、两种可观测的力学量(如位置和动量、时间和能量)等,它们都是互补互斥的,只有"综合起来",才能揭示关于原子客体的明确知识.它与不确定性原理、波函数的概率解释等,一起构成了量子力学的正统解释.

2 深刻的抽象思维

对于量子力学的统计解释和不确定原理,爱因斯坦一直感到不满,认为这是由于系统知识的不完备才引进来的一个临时办法.1926年12月4日,爱因斯坦给德国物理学家玻恩(M. Born)的信中说:"量子力学固然是堂皇的.可是有一种内在的声音告诉我,它还不是那真实的东西.……我无论如何都深信上帝不是在掷骰子."爱因斯坦坚信"有一个离开知觉主体而独立的外在世界,是一切自然科学的基础".

1927年10月,爱因斯坦、玻尔、薛定谔(E. Schrödinger,奥地利)、玻恩、德布罗意(法国)、海森伯、洛伦兹(荷兰)、康普顿(美国)等当时世界最著名的物理学家出席了第5次索尔维会议.这届索尔维会议,可以称为物理学史上乃至科学史上的一次盛况空前的大会,29位与会者中有17位是诺贝尔奖得主(图2.68).

图 2.68 被称为人类历史上最具智慧的人的一张照片*

---

* 第一排(左起):朗缪尔、普朗克、居里夫人、洛伦兹、爱因斯坦、朗之万、古耶(C. E. Guye)、C. T. R. 威尔逊、O. W. 理查德森.

第二排(左起):德拜、马丁·库德森、布拉格、克莱默斯(Hendrik Anthony Kramers)、狄拉克、康普顿、德布罗意、波恩、玻尔.

第三排(左起):皮卡尔德、亨利厄特(E. Henriot)、埃伦费斯特、赫尔岑(Ed Herzen)、顿德尔(Théophile de Donder)、薛定谔、费尔夏费尔德(E. Verschaffelt)、泡利、海森伯、R. H. 福勒、布里渊.

当时,大多数与会者都赞成量子力学几率解释,爱因斯坦独自发表了关于量子力学理论不完备的观点.从此,由本世纪两位最伟大的科学巨人爱因斯坦与玻尔为首挑起了一场科学史上持续最久、争论最激烈、涉及面最广的大论战.

到了 1930 年秋天,第 6 次索尔维会议开幕了.各国科学家都怀着激动的心情,等待着这两位巨人之间的新一轮论战.

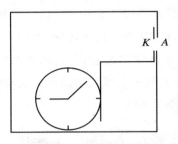

图 2.69 爱因斯坦光盒

爱因斯坦选择"不确定原理"为突破口,精心设计了如图 2.69 所示的一个理想实验.这里有一个盒子,一侧开有小孔 A,它可以通过由钟的机械装置控制的快门 K 来启闭.盒子内装有一定量的辐射物质.这只钟可调节得只在某一时刻使快门开启到刚好放出一个粒子(光子或电子)的时间就关闭.这样,从钟面刻度可精确测定放出粒子的时间,通过测量放出粒子前后盒子的质量,就可以准确测定粒子的质量.根据爱因斯坦质能方程

$$E = mc^2$$

就可以在准确的时间内测出准确的能量变化.于是,不确定原理

$$\Delta E \cdot \Delta t \geq \frac{h}{4\pi}$$

就破产了.这就是著名的爱因斯坦光盒.

概括起来,爱因斯坦理想实验的意思就是说,放出粒子后盒子的重量变化和放出粒子的时间测定,是彼此独立、没有联系的两件事,它们都是可以精确地测定的,因此,不确定原理就不成立了.

玻尔面对爱因斯坦巧妙构思的光盒,感到十分震惊,但没有马上能找出问题的所在.当晚,玻尔和他的同事们一夜没睡.经过紧张的思考,终于找到了反驳爱因斯坦的办法.

第二天上午,会议开始后,玻尔喜气洋洋地走向黑板,也画了一幅图(图 2.70).这个光盒与爱因斯坦光盒不同的地方是,具体地给出了称量小盒的方法:把盒子用弹簧吊起,通过指针在标尺上的位置读出粒子跑出盒子前后的重量.

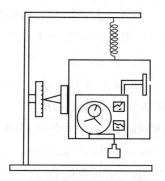

图 2.70 玻尔改进后的光盒

玻尔认为,盒子重量的测量和时间的测量,并非是独立的,彼此间有一定的联系.粒子跑出盒子发生重量变化时,会对盒子产生一个动量,从而引起盒子在引力场中的位移.根据爱因斯坦的广义相对论的等效原理,这样就会使钟的快慢发生变化,于是读出的时间也就会随之改变.玻尔通过计算证明了能量和时间的不确定度仍然满足"不确定原理".

爱因斯坦创立了相对论,在这个理想实验中却疏忽了相对论效应,真是一个天大的遗憾.从此以后,爱因斯坦对测不准关系已不再怀疑了,然而他仍坚持认为量子力学不是微观体系的完备的、最终的描述.他与玻尔之间继续着关于量子力学完备性等一系列理论问题的争论,也促使玻尔及其哥本哈根派的学者们对量子力学理论深入推敲.

值得称颂的是,论战双方都彼此友好并互相尊重.爱因斯坦始终认为玻尔是"我们时代科学领域中最伟大的发现者之一",并且一直与玻尔、玻恩及其他哥本哈根学派的成员保持着诚挚的友谊.玻尔及哥本哈根学派的成员则一直把爱因斯坦的批评作为刺激自己改进理论的最主要因素.直到 1955 年爱因斯坦逝世后,玻尔在心中还在继续着与爱因斯坦的争论.每当他思考一个有争论的理论问题时,总要自问爱因斯坦怎么想.在玻尔停止呼吸的前一天(1962 年 11 月 17 日)傍晚,他工作室的黑板上所画的最后一张图,仍是爱因斯坦光盒的那张草图.

不过,总使人感到遗憾的是,这两位物理大师的思想始终未能互相接近.否则,有可能为人类提出更多振奋人心的新思想!

⑩ 薛定谔猫——对微观体系叠加态的一次质疑

在量子力学中,有一个决定物质波的著名方程——这就是奥地利物理学家薛定谔所创建的薛定谔方程.在这个方程中,用波函数(ψ)描述微观粒子的状态.后来,德国物理学家玻恩进一步对它作出了概率解释,认为波函数振幅的平方$|\psi|^2$就是反映了微观粒子(光子、电子或其他粒子)的概率密度.

例如,根据量子力学的观点,氢原子的核外电子并非仅处于有一定半径的轨道上,而可以处于原子核外的整个空间.在离核不同距离处出现电子的概率(几率),就由波函数振幅的平方$|\psi|^2$决定.波函数$|\psi|^2$的不同取值对应着电子的跃迁,伴随着一定的辐射或吸收.原来传统理论中的核外电子的轨道,只不过是电子出现概率最大的地方.图2.71画出了原子的核外电子轨道和波函数$|\psi|^2$所对应的关系.微观粒子在空间的这种概率分布,举一个浅显的比喻,仿佛"处处不在又处处在",让人有一种"雾里看花"的感觉.

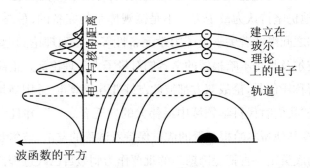

图2.71 原子的核外电子轨道和波函数$|\psi|^2$所对应的关系

对于微观系统的这种量子跃迁概念,物理学巨匠爱因斯坦一直表示不满意.爱因斯坦认为,原子中电子的"跃迁时刻"及其跃迁终态,"都由它的自由意志去选择",而且量子跃迁又无需时间,总感到这里的细节不明确.

让人们感觉吊诡的是,薛定谔创建了描述微观粒子状态的方程,却有着与爱因斯坦一样的看法.他甚至埋怨说:"如果我们不得不去建立这种该诅咒的量子跃迁,那我当初真不该与量子论打交道."在这样的思想背景下,薛定谔猫诞生了,对量子理论提出了质疑.

1935年,薛定谔在他的论文《量子力学的现状》中,设计了一个"杀猫实验":如图2.72所示,把一只猫和一只盛有极毒物质氢氰酸的小瓶置于密闭的钢箱里,箱内还有一个盖革计数器,里面放了少许放射性物质(数量极少,以至1 h内可能只有一个原子核衰变,甚至一个都没有衰变).如果有一个原子核发生了衰变,计数器就会触发相应动作,随即通过继电器操纵小锤击破小瓶,使瓶中的毒气逸出,将猫杀死.如果没有原子衰变,猫始终安然无恙,自在地活着.

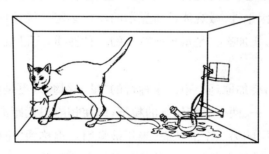

图2.72 "薛定谔的猫"

那么,这个"杀猫"的理想实验,表示了什么意思呢?实际上,薛定谔在这里把猫比喻为一个微观体系,这个微观体系对应着某个波函数.放射性物质的衰变对应着量子跃迁.对这个实验未进行观察时,原子核处于已衰变和未衰变的叠加状态,相当于这只猫能够处于死与活的叠加态.薛定谔说:"这整个体系的波函数将取如下形式:代表活猫的那个部分的波函数和代表死猫的那个部分的波函数相等地混合在一起."换句话说,一个微观体系总的波函数可以代表着猫处于"既死又活"的混合状态.但是,这样的猫处于"既死又活"的状态

(不是"半死不活"或"要么死要么活")是很荒谬的,也是与人们的常识所违背的.

如果 1 h 后打开盒子,自然只能看见猫或是死,或是活,相当于原子核已经发生衰变或者尚未衰变,这是确定无疑的.那么,这个微观体系究竟从什么时候开始不再处于两种不同状态的叠加态,而只取其中的一种状态呢?

显然,由于不能对这只猫所处的状态给出合理的解释,所以这个理想实验对微观体系的叠加态提出了质疑,同样显示出了量子力学本身的不完备.

实际上,在这个理想实验中薛定谔混淆了宏观物体与微观体系的差异.微观体系的量子跃迁是一个非时空过程,从一个量子态跃迁到另一个量子态,无需花费时间,更不会在空间形成运动轨迹,因此,也就无所谓因果性.微观体系所显示的规律必定是统计性的,具有非决定性特征.叠加态正是量子所特有的一种性质,现已成为科学家们的共识了.

如今,由叠加原理引申出来神奇的"量子纠缠",更是激发了人们极大的兴趣——两个互相纠缠的粒子,即使相隔很远距离,一个粒子的行为将会影响另一个的状态.当年被爱因斯坦称为"鬼魅似的远距作用"的量子纠缠,已经成为出现在实验中的现象.由中国科学技术大学潘建伟院士带领的团队,在"多光子纠缠和干涉度量学"上取得了世界领先的成就,荣获 2015 年度国家自然科学一等奖.

多光子纠缠技术是一种极为安全的传输信息的加密技术,今后随着对量子纠缠的进一步研究,可望在物理理论和应用上以及在人类的意识上都会有重大的突破.

薛定谔创建了波动力学著名的方程,却怀疑玻恩赋予波函数的概率解释,在这个"杀猫"的理想实验中,他将宏观物体的决定性移植到了微观体系,于是就闹出了猫"既死又活"处于叠加态的笑话.

2 深刻的抽象思维

虽然"薛定谔猫"并没有难倒以玻尔为首的哥本哈根学派,但这只猫的生动性却引起了人们对观察、测量问题的浓厚兴趣,也促使人们对量子理论作进一步的深入思考.现在,科学家们正积极关注:宏观与微观的界线究竟在哪里?一个体系的尺寸大到什么程度,"薛定谔猫"的状态就不再成立了?

所以,"薛定谔猫"与其他一些理想实验一样,对物理学理论都起着很积极的作用.

3 可贵的直觉思维

> 真正可贵的因素是直觉.
> ——爱因斯坦

直觉,也是人类创造性思维的一个重要组成部分*.

直觉从词义上说,可以有两种意思:一是指人的感官对外界事物的直接感知,即直观感觉;二是指人的思维对客观事物及其内在关系的直接理解和认识——直接把握事物本质的过程,即理智直觉.

下面我们指的主要是后一种——理智直觉.

3.1 直觉思维的特征——直接性、突发性

直觉是人们认识过程中的一种跳跃性的思维形式.它最基本的特征是直接性和突发性.

(1) 直接性

直接性是指对事物的这种理解或认识缺乏思维的逻辑论证程序,不是从其他命题出发通过推理得出的,而是直接针对着目的,结论一下子就出来了.

---

* 思维科学还是一门发展中的科学.我国著名科学家钱学森生前建议将其分为抽象(逻辑)思维、形象(直感)思维和灵感(顿悟)思维.就直觉思维的基本特征而言,也是一种灵感突然降临的顿悟.钱学森说:"外国人不常用 inspiration(灵感),而常用 intuition(直觉)……"根据本丛书的宗旨,不追求思维科学的严格定义,仅从较宽泛、浅显的意义上,侧重于对它的基本特征、产生基础、科学功能以及教学中的指导意义等方面的介绍,因此也不必过分去计较名称、术语.

3 可贵的直觉思维

爱因斯坦很钟情于直觉,也有着许多精辟的见解.爱因斯坦认为,科学家在观察和实验研究的基础上,是凭直觉形成概念和假设的.从经验到概念之间没有"逻辑的桥梁".他曾经这样说过:"没有一种归纳法能够导致物理学的基本概念." 1952 年爱因斯坦在给索罗文的信中,提出了"思维与经验关系"的著名图式(图 3.1),形象地说明了科学原理有赖于直觉思维的直接领悟.

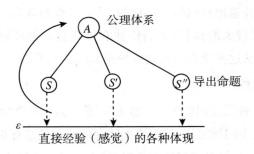

图 3.1　爱因斯坦关于直觉的图式

这个图式包含三个过程:

① 从 ε 到 A——科学基本公理 A 是以经验 ε 为基础的,"但是在 A 同 ε 之间不存在任何必然的逻辑关系,而只是一个非必然的直觉的(心理的)联系".

② 从 A 到 $S(S', S'', \cdots)$——由基本公理推出个别命题 S,则是逻辑的道路.

③ 从 S 到 ε——用经验 ε 验证个别结论 S,又不是逻辑道路,"这一步骤实际上也是属于超逻辑的(直觉的),因为 S 中出现的概念同直接经验 ε 之间不存在必然的逻辑关系".爱因斯坦的图式清楚地指出了直觉的直接性.

因此,爱因斯坦认为只能用直觉去填补那个不能用逻辑来填补的感觉经验与普遍定律之间的鸿沟.他明确地说过:"我相信直觉和灵感."

其他一些著名的科学家同样很欣赏直觉.苏联著名理论物理学

家福克(B. A. Фок)说得更为响亮:"伟大的以及不仅是伟大的发现,都不是按逻辑的法则发现的,而都是由猜测得来的;换句话说,大都是凭创造性的直觉得来的."

事实也是这样,近代物理学有着最鲜明的例证.从20世纪初普朗克提出量子说到20世纪20年代海森伯和薛定谔创立量子力学,近代物理学中的一些基本概念发生了重大的变化.这些新概念的产生,物理学家普遍把它归结为直觉的结果.海森伯认为,科学家"由于大量占有实际现象的材料,从而使他有可能直观地理解现象之间的联系,而不是从这些现象形式地推导出其间的关系".

(2) 突发性

直觉是一种潜意识思维."突然涌现"是它另一显著特点.当人们在认识和思考某个问题时,头脑中原先储存的某些信息在无意识状态下直觉地经过思考、加工而突然沟通时,就产生了认识的飞跃,表现为一个意象、一个概念、一个命题在脑海中的突然出现,对某一问题的突然领悟和突然解决.真似"忽如一夜春风来,千树万树梨花开".

我国清代著名画家郑板桥曾赋诗描述灵感的突然来临:"十日不能下一笔,闭门静坐秋萧瑟,忽然兴至风雨来,笔飞墨走精灵出."

19世纪德国著名哲学家费尔巴哈(L. A. Feuerbach)幽默地说过这样的话:"灵感是不为意志所左右的,是不由钟点来调节的,是不会依照预定的日子和钟点迸发出来的."

许多著名的科学家,从其亲身感受的创造性思维的经验出发,对直觉的突发性有着十分深刻的体会.

爱因斯坦的好友贝索曾叙述过爱因斯坦对狭义相对论创立过程的介绍:"他告诉我,一天晚上,他躺在床上,对于那个折磨着他的谜*,心里充满毫无解答希望的感觉,没有一丝光明.但,突然黑暗里

---

* 这个谜指的是同时相对性问题.

透出了光亮,答案出来了."

德国物理学家亥姆霍兹说,在对问题作了各方面的研究以后"……巧妙的设想不费吹灰之力意外地到来,犹如灵感".

德国著名数学家高斯(C. F. Gauss)说:"像闪电一样,谜一下子解开了.我自己也说不清楚是什么导线把我原先的知识和使我成功的东西连接了起来."

20世纪法国大数学家阿达玛(J. Hadamard)说:"有一次,在一阵突发的喧哗声中,我自己立即毫不费力地发现了问题的解答……根本不在我原先寻找这个解答的地方."

美国著名科学家阿西莫夫(I. Asimov)这样谈到英国科学家瓦特发明新型蒸汽机的情况*:"1765年初的一个星期日,瓦特独自一边思索一边散步.突然,一个想法在他脑海里出现,他不由得站住了.他发现,活塞每上下运动一次,汽缸都要冷却一回,这样蒸汽就被浪费了.因为第二次进入的蒸汽首先要加热汽缸,待汽缸本身的温度升高后,才能推动活塞.想到这里,瓦特急忙回到自己工作的地方,开始制作新型蒸汽机."瓦特发明了冷凝分离器等,对蒸汽机做出了重大的改进.

著名的德国物理学家海森伯在成功地建立了矩阵力学后,一直想用数学公式去描述矩阵力学中根本没有的轨道、径迹之类的概念,总是不成功.有一次,他又冥思苦想到深夜,实在想不出来,就信步走出了哥本哈根的研究所.当夜天气晴朗,星光灿烂,当他走到附近的一个公园时,被寒冬的夜风一吹,突然想起了去年(1926年)春天与爱因斯坦会见时的情景,记起了爱因斯坦对他说的话:"……在原则上,试图单靠可观察量来建立理论,那是完全错误的.实际上,恰恰相反,是理论决定我们能够观察到的东西……只有理论,即只有关于自

---

* 关于蒸汽机的发展过程及瓦特的重大贡献的详细介绍,请读者参阅本丛书《求异》一册.

然规律的知识,才能使我们从感觉印象推论出基本现象."海森伯茅塞顿开,他觉得不应当设法去描述电子径迹,从而使理论适应于观察到的现象,应该是理论本身决定什么东西能被实验观察到.想到这里,他马上返回研究所去进行计算,很快得出了著名的不确定关系式:

$$\Delta x \cdot \Delta p \geqslant \frac{h}{4\pi}$$

3.2 直觉思维的产生

(1) 直觉的基础——经验、知识、整体特性的把握

虽然直到目前为止,产生直觉的机制还有待深入研究,但直觉所显示出来的悟性的突然涌现和直接洞察矛盾症结的本领,实际上不是虚无缥缈、毫无基础的.

直觉是科学家在长期科学实践中培养起来的一种能力的反映,也是必须以大量的观察、实验和已有的科学知识和经验为基础,以对研究对象的整体特性(诸如事实现象、知识背景、疑难所在等)的把握为基础的.套用一句人们常说的名言"机遇偏爱有准备的头脑",也可以这样认为,直觉往往偏爱知识渊博、经验丰富的人,灵感不会无缘无故地产生.

爱因斯坦说:"物理学家的最高使命是要得到那些普遍的基本定律,由此世界体系就能用单纯的演绎法建立起来.要通向这些定律,并没有逻辑的道路;只有通过那种以对经验共鸣的理解为依据的直觉,才能得到这些定律."这里,爱因斯坦明白地告诉人们,虽然从经验到普遍定律的飞跃,不是通过固定的归纳法程序完成的,而是凭借着直觉,但直觉的产生必须以对经验共鸣的理解为依据.

近代美国著名教育心理学家布鲁纳说,直觉思维"总是以熟悉牵涉到的知识领域及其结构为根据,使思维者可以跃进、越级或采取

3 可贵的直觉思维

捷径".

著名的华裔物理学家丁肇中在谈到 J 粒子的发现时,曾经这样说过:"1972 年,我感到很可能存在许多有光的而又比较重的粒子,然而理论上并没有预言这些粒子的存在.我直观上感到没有理由认为这种较重的发光的粒子也一定比质子轻."他为什么会有这样直觉的预感呢?显然跟他的经验、知识是分不开的.丁肇中获得博士学位不久,一直从事着对粒子物理的研究,此时已经有了 10 余年的经验积累和知识储备,于是才能够产生这样的直觉.

美国物理学家、1979 年诺贝尔奖获得者温伯格(S. Weinberg)明确地指出:"科学的直觉是建立在经验之上的."

科学是理性的事业,科学理论是逻辑思维的结晶.在科学发现的探索中,只有积累了丰富的经验、具备了非常厚实的知识基础,才会在某一刻自发地或因意外的触动引起对经验共鸣的理解而突然领悟.

作个通俗的比喻,科学直觉的产生就像许多经验丰富的医生治病一样,面对某个病人的疑难杂症,一时可能束手无策,后来突然从病人的某种症状领悟了,很快就能正确地作出判断、开出治病的良方.也很像一位汽车维修经验非常丰富的技师,由于积累了对成百上千辆汽车各种不同故障的检修经验,因此行车中听到发动机产生的稍微异样的声音时,就知道故障所在了.

很难想象,一个基础知识浅薄、缺乏实际积累、思维能力低下的人,能不断涌现出许多深邃、独特的直觉判断和结论,恐怕更多的是只会得出许多谬误百出的错觉而已.阿达玛风趣地说:"难道一只猴子也能应机遇而打成整部美国宪法吗?"

(2) 闪光的条件——有意识的、持久的思考

茫茫夜色中划破长空的一道闪电,是当两块云聚积了足够的电量,靠近到某个程度时引起的突然爆发.

直觉,就像思维中的一道闪电,只有当具备了足够的实践经验和知识水平,经历了有意识的、持久的、兴奋的思考,才会引发出耀眼的光芒.

从前面所介绍爱因斯坦、亥姆霍兹、海森伯等事例中可以看到,他们为解开某个疑难都作了比较长时间的深入思考和探索.当大脑的功能恰好处于最佳兴奋状态的时候,因某种原因突然间将"研究问题—解决办法"顺利地连接起来,于是一个科学的直觉就产生了.

美国著名教育家兰本达教授在他的《物理学家是怎样工作的?》一书中写道:"理论物理学家,在他们的生活中长达几周甚至几个月,确确实实坐在那里冥思苦想.他们要阅读所有与他们的课题有关的资料,要简明扼要地与实验物理学家交谈,还要和其他理论物理学家进行切磋探讨.经过各方面长期的实践检验,那令人难忘的日子、难忘的时刻终于来到了.在那一瞬间,茅塞顿开,所有的疑点都有了归宿.物理学家们欢欣鼓舞,惊叹不已:'哎呀! 理所应当,多么明显!'但是直到那一瞬间,这一切对世人来讲并不是明显的."兰本达的话,对物理学家们的艰辛工作和突然的领悟作了十分生动的描绘.

法国大数学家阿达玛(J. Hadamard,1865~1963)说:"在我们看来像是自发产生的灵感,其可能性实质上是我们以往的有意识工作的间接结果."

美籍华人物理学家杨振宁教授在谈到灵感时,曾经这样说过:"'灵感'当然不是凭空而来的,往往是经过一番苦思冥想而出现的'顿悟'现象."

这些话,都深刻地道出了直觉的产生、灵感的降临的真谛.

(3) 几个典型的科学直觉事例

下面,我们选取科学史上若干比较典型的事例,可以雄辩地说明直觉产生的基础和闪光的形成.

3 可贵的直觉思维

攸勒加

"攸勒加"是阿基米德在洗澡时获得灵感,冲出浴室时喊出的声音,意即"我想出来了!".

这个故事广为流传,表面看来,阿基米德的灵感得之偶然.事实上,不仅他已长时期思考这个王冠问题,而且就在浴缸里获得灵感时,也是在经过了已有科学知识的指导,进行了迅速而严密的推理后才得到的.本迪克所著《阿基米德》一书中,对阿基米德受到浴缸里溢出的水启发后,作了如下比较合理的推测:

"王冠和金块的重量相等.如果它们都是纯金的,那它们排出的水应该相等.假定说,金匠只用了部分金子,然后掺上银子,那么会怎样呢?"

"银子比金子轻.为了使王冠的重量和金块相等,还要多用些银子.金匠既然多用了银子,那么它占的地方是不是也应该更多一些呢?假使王冠是用金子掺银子制成的,它就会比纯金块大一些,因此它所排出的水也会多一些."

阿基米德推论至此,才茅塞顿开,大彻大悟,高兴得忘了穿衣,口喊"攸勒加"跑到街上去了.

倘若阿基米德没有对金王冠的掺假苦苦思索,倘若阿基米德没有具备足够的知识和经验,只像人们通常洗澡一样,即使整个人体都没入浴缸的水里,也是不会有新的领悟的!

阿基米德一直认为,要获得科学知识,一点也不能离开逻辑推理.他曾指出:纯粹的论证,自始至终根据推理得出的概念,是世界上最美的东西,没有什么能比得上它.

牛顿的故事

物理学巨人牛顿具有惊人的直觉.据继承牛顿进行卢卡锡数学讲座的惠斯顿(W. Whiston)教授说,牛顿在数学上"有时几乎能用直觉去领悟,甚至无需证明".在物理学上,他同样直觉地做出许多正确的判断.如他从物体的惯性对外加力所显示的抵抗特性,一下子认

识到它是由于物质内部存在的本质属性决定的,从而提出惯性质量的概念.他从各个纬度上物体重力的差异,一下子意识到物质内存在同一的本质属性,实际上又提出了引力质量的概念*.然后,他通过水平面上磁力吸引铁块的匀加速运动和重力迫使物体以匀加速运动下降两个同类实验的类比,又一下子意识到惯性质量和引力质量相当,从而建立了牛顿运动第二定律.

牛顿的直觉与他持续地思考是分不开的.

牛顿的朋友本特雷(R. Bentley)说:"伊萨克·牛顿爵士告诉我,他的全部优点是耐心地思考."

1692年12月10日,牛顿在写给本特雷的信中说:"……如果我以这种方法对公众做了任何事情的话,那只是由于勤奋和耐心的思考."

长期以来广为流传的牛顿因看见苹果落地而发现万有引力,只能作为一个美丽的故事.在魏斯特法尔(R. Westfall)所写的《牛顿传》中提到,有人问牛顿是怎样发现万有引力定律的时候,牛顿回答说:"靠持续地思考它."

安德雷得(E. N. da C. Andrade)也提到牛顿告诉一位提问者说,"搞出他的发现是'靠一直思考它们'".

牛顿也曾经这样回答别人的问话:"我持久地把这个课题放在前面,一直等待第一个黎明一点点变得充满着阳光."

显然,如果牛顿不去持久地思考引力问题,即使看见树上掉下一百个、一千个苹果,也不会由此发现万有引力定律.

俄国著名诗人普希金说过这样的话:"灵感是在人们的不断工作中产生的."

俄国著名音乐家柴可夫斯基说得更为明确:"灵感全然不是漂亮地挥着手,而是如犍牛般竭尽全力工作时的心理状态."

---

* 有关惯性质量和引力质量的详细介绍,请读者参阅本丛书《等效》一册.

3 可贵的直觉思维

这些话,正是对牛顿以及其他许多物理学家作出科学发现时,灵感突然降临的写照.

广义相对论——电梯中下落

爱因斯坦的狭义相对论,彻底颠覆了千百年来人们习惯了的牛顿式时空观,代之以新的相对论时空观.不过,爱因斯坦并不满足.因为狭义相对论仅是惯性系之间的一种时空变换,没有涉及加速系统,而且狭义相对论也没有能够解决引力问题.

为此,爱因斯坦对狭义相对论的不足作了苦苦思索,可是总不得要领.后来,灵感突然降临了.

爱因斯坦回忆说:"有一天,转机突然出现了.我坐在伯尔尼专利局的椅子上,突然想到:如果一个人自由落下时,他会感觉不到自身的体重.我很吃惊,这个简单的推理实验对我影响之深,竟把我引向了引力理论.我继续设想一个下落的人处于加速的情况……一个下落的人感觉不到他的体重,是因为在他自身的参考系里有一个新的引力场抵消了地球的引力场.在这加速运动的参考系里,我们需要一个新的引力场."

于是,在这样一个直觉的启发下,他就把做加速运动的参考系,自然地与引力问题联系了起来.进而建立了等效原理,并最终成就了划时代的广义相对论*.

显然,爱因斯坦的这个直觉正是以他的苦苦思索为代价才得来的,是他在长期的思考、思想高度集中过程的某个状态(或表现为休息状态中)才突然迸发出来的.

3.3 直觉思维的科学功能

直觉,是人类科学认识活动中不可缺少的一个重要的组成部分.

---

* 有关等效原理以及广义相对论基本内容的介绍,请读者参阅本丛书《等效》一册.

古今中外的许多哲学家、科学家都对直觉给予了很高的评价.

早在 2000 多年前,古希腊的亚里士多德就说过:"直觉就是科学知识的创始性根源."

17 世纪法国著名哲学家笛卡儿认为:"通过直觉可以发现作为推理的起点."

苏联科学史专家凯德洛夫说:"直觉、直觉醒悟是创造性思维的一个重要组成部分","没有一个创造性行为能够脱离直觉活动".

伊恩·斯图尔特说过这样一句话:"数学的全部力量就在于直觉和严格性巧妙地结合在一起,受控制的精神和富有灵感的逻辑."

德国著名物理学家玻恩说得更为爽快:"实验物理的全部伟大发现都是来源于一些人的直觉."

我国著名科学家钱学森这样说过:"科学技术工作绝不能只限于抽象思维的归纳推理法,即所谓的'科学方法',而必须兼用形象或直觉思维,甚至要得助于灵感或顿悟思维."

直觉在科学认识中的功能,主要体现在这样几个方面:

(1) 创造性阶段提出新思想

科学理论是以广泛的事实材料为依据的,但材料本身并不是一个演绎性理论的出发点.

大家知道,早在 2000 多年前欧几里得创立几何学时,作为其整个体系最基本前提的五个公设,都是来源于直觉*. 因此,后世的科学家伊恩·斯图尔特说:"直觉是真正的数学家赖以生存的东西."

---

* 欧几里得《几何原本》的五个公设:① 两点决定一条直线;② 延伸线段可以得到直线;③ 圆心和半径决定一圆;④ 所有直线皆相等;⑤ 平行公设——假设平面上有两条直线,而且被一直线相截,如果两个内侧角 $\alpha + \beta < 180°$,那么这两条直线延长后一定会在这个方向相交(图 3.2).

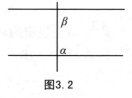

图 3.2

3 可贵的直觉思维

爱因斯坦说:"从经验材料到逻辑性演绎以之为基础的普遍理论,在这两者之间并没有一条逻辑的道路."尤其是在科学发展的初创阶段或各个重要的关键性阶段,面对着已经积累的丰富的材料,要从特性中找到共性,往往需要科学家的直觉,它仿佛起了沟通经验材料和逻辑理论的桥梁作用. 只有有着深邃直觉的科学家才能在这种孕育着创造性契机的阶段上提出新思想、作出新发现.

法国物理学家德布罗意说:"……只有当科学家表现出所谓想象和直觉的能力,也就是摆脱严格推理的桎梏的能力,从而取得冒险的突进时,他才会达致辉煌的成就."

德国著名物理学家,被尊为量子论之父的普朗克在自传中谈到创造性的科学家必备的条件时说:"对新观点的一种活跃的直觉想象力,这些新观点不是演绎得出的,而是通过艺术家一般的创造性想象而得出的."

下面,让我们通过重温爱因斯坦的光量子假设,领会一下直觉在提出创造性思想上的作用.

光量子假设

1887 年,德国物理学家赫兹发现光电效应现象后,在近 20 年时间里,经过不少科学家的研究,积累了许多经验材料,但仅是总结出几条实验规律而已.

后来,在 1900 年,德国物理学家普朗克基于解释热辐射的需要,提出了量子说.

当时,物理学家对量子的观念大多还处于犹豫状态,甚至连普朗克本人也还在量子大门前徘徊——当初,他的量子说仅是为了解决热辐射的疑难.可以这样说,唯有爱因斯坦已经能够直觉地领悟到量子观念的美好情景,领悟到无论是热辐射、电磁辐射还是光辐射等一切辐射都应该是量子化的,因此他非常果断地把它迁移到对光电效应的研究上.

1905年,爱因斯坦创造性地提出了"光量子"的新概念,建立了关于光电效应的方程

$$h\nu = h\nu_0 + \frac{1}{2}mv^2$$

从而迅速驱散了笼罩在光电效应现象上的层层迷雾,建立了关于光电效应正确的逻辑性的理论.

爱因斯坦的光量子假说完全不同于早期牛顿提出的微粒说:光量子的运动不遵守经典力学的规律;光量子与电磁波一样,在真空中有相同的恒定的传播速度;光量子的静质量为零;光量子与物质作用时,能把整个能量传递出去.

爱因斯坦的光量子假说也发展了普朗克所开创的量子理论.普朗克的能量子假说还有不彻底、不完备的地方——普朗克仍坚持电磁波在本质上是连续的,只是假定当电磁波与器壁振子发生能量交换时,电磁能量才显示出量子性.爱因斯坦认为,光不仅在吸收和辐射时是量子化的,光的传播过程也是量子化的,这是爱因斯坦对量子理论的一个重大的推进.

由于在此之前,光的波动理论已发展得非常完善,在理论与实验上都已取得巨大成功,人们对光是一种波已坚信无疑.但当时对于光电效应的实验,实际上还很粗糙、很原始的.美国物理学家密立根谈到爱因斯坦的光电方程时说:"那个时候实际上根本没有任何实验数据能够说明上述电位差(指遏制电压)与频率 ν 的关系是什么性质的,也不能说明在方程中假设的物理量 h 是不是比普朗克常数 h 更大的一个数……"

在这种背景下,爱因斯坦能够超越同时代的科学家,大胆地将解释热辐射的量子说移植到光电效应,并且在自己并没有通过实验验证的情况下,就能直觉地洞察到光的量子性,这是很不容易的.他提出的"光量子假设"无疑是一种"冒险的突进".因此,当时曾遭到包括普朗克在内的不少物理学家的反对.普朗克认为爱因斯坦"在其思辨

中有时走得太远了",并一再告诫物理学家们应以"最谨慎的态度"对待光的量子说.

为什么爱因斯坦有这样的自信呢?的确是让人们猜不透的一个谜.也许,科学家的创新思想、创造性能力的高低,就在这种情况下显露出来了——例如,当普朗克提出量子说后,究竟是通过修修补补继续维护着旧的经典物理理论,还是果断地接受新观念并采用新观念,甚至进一步有所突破呢?

爱因斯坦选择的就是后者.更为难能可贵的是爱因斯坦在提出光量子假设的这篇著名的论文中*,首次将人们还毫无认识的波粒二象性的困难展现了出来——虽然他本人当时尚不清楚如何摆脱这一困难.

可喜的是,后来的历史证明爱因斯坦从直觉得来的这个观点完全正确.美国著名物理学家赛格雷(E. G. Segrè)谈到爱因斯坦的这篇文章时说:"这篇文章是物理学最伟大的著作之一.那个时候,科学家知道光是由电磁波组成的;若说确切无疑,莫过于此了.然而,爱因斯坦却对它产生了怀疑,进而揭示光的双重性、物质的波粒二象性.这一发现和与其相应的物质的二重性,成了20世纪最伟大的成就."

奥地利著名物理学家泡利(W. Pauli)谈到爱因斯坦的光量子假说时说,爱因斯坦仰赖了他那非凡的直觉能力.

(2) 科学研究方向上作出正确的抉择

科学研究有时像下棋、打仗一样,具有重大战略意义的一步固然离不开对整个棋局或战局的分析(包括双方力量对比、当前局势、外界影响以及最高决策者的心理、个性等),但在对各种可能方案无法先尝试一下并难于决定其孰优孰劣的情况下,走出决定性一步相当

---

* 这篇论文指的是《关于光的产生和转化的一个启发性观点》,这是爱因斯坦在1905年发表在德国《物理学纪事》第17卷的文章.光子这个名词,是美国物理学家路易斯(G. N. Lewis,1875～1946)于1936年提出的.

程度上也受着直觉的影响.这种直觉称为"战略直觉力".

科学家也需要依赖这种战略直觉力决定科学研究的发展战略,在研究方向上作出正确的抉择.

法国著名数学家庞加莱说:"……怎样从多种可能中作出优化的抉择呢?经验表明,单单运用逻辑思维,就是按逻辑规则进行推理是没法完成的,而必须依靠直觉."

卢瑟福的选择

卢瑟福通过对α粒子大角度散射的研究提出原子核式结构,与他在战略直觉指导下正确、果断地选择研究方向是分不开的.

1897年,汤姆孙发现电子并提出他的"面包夹葡萄干"的原子模型后,虽然法国科学家佩兰(J. A. Perrin)和日本科学家长冈半太郎(H. Nagaoka)等先后提出过其他原子模型(如佩兰的行星模型、长冈的土星环模型),但都只能算是"作业模型",从未试图或者想过用什么方法去证实他们的模型.当时大家都承认汤姆孙的模型,在1911年召开的第一届索尔维会议上,被物理界公认的物理学权威——荷兰物理学家洛伦兹(H. A. Lorentz)还论述了汤姆孙模型的种种优点.可以说,对于原子的真实结构,还几乎没有物理学家认真地思考过.

卢瑟福却不然,他在1906年发现α粒子的小角度散射现象后,凭着敏锐的直觉,深刻地认识到从粒子的偏离情况可以获得该物质结构的信息.因此在1908年就指示他的助手盖革和马斯顿做大角度散射的实验.1909年盖革和马斯顿果然在实验中发现了α粒子穿透金箔时的大角度散射现象,他们在卢瑟福的授意下写成了论文并提交至英国皇家学会.可是盖革和马斯顿却并不了解自己实验发现的深刻意义,论文发表后,又遗憾地回到对小角度散射的实验研究上去了.

可见,如果没有敏锐的直觉和深邃的思想,对物理现象和实验事实的思考仍然停留在旧的认识框架里,即使真理碰到了鼻尖,也不见得就会有重大的发现.

卢瑟福却不同,他紧紧抓住α粒子的大角度散射现象,把它看作了解原子内部结构与电场的手段,深入探索引起大角度散射的内在原因,终于揭示了原子的有核结构的秘密.

此后,卢瑟福又盯着原子核,做出了其他方面一系列重大的开创性贡献.

回顾这段历史,卢瑟福自己也曾经非常诚挚地表示,他感到大惑不解的是,为什么其他物理学家没有认识到应当去研究原子核.实际上,沿着这条道路可以在最短的时间内做出大量重要的贡献.

这确实令人深思:发现核式结构的不是电子的发现者汤姆孙,不是当时的物理界权威洛伦兹,也不是作为核式结构实验基础、首次发现α粒子大角度散射的盖革和马斯顿.耀眼的桂冠落在卢瑟福的头上,这只能归功于卢瑟福可贵的直觉所作出的正确选择.正如玻尔(N. Bohr)所指出的:"卢瑟福很早就以他深邃的直觉而认识到由复杂原子核的存在及其稳定性所带来的那些奇异的和新颖的问题."

(3) 启迪新的发现、发明

科学上的许多发现和发明,仿佛是科学家在下意识状态中受突然降临的灵感的启迪而作出的.

一杯啤酒与气泡室

前面介绍过威耳逊云室,是让带电粒子通过过饱和气体,使沿途的气体分子电离,过饱和气以这些离子为核心形成雾迹,从而显示出粒子的运动径迹.

气泡室则反其道而行之.它是使带电粒子通过过热液体,在液体中形成气泡,从而显示出粒子的运动径迹.

相映成趣的是,两者都称得上是在一次直觉的突然领悟下的发明——云室是威耳逊从观察云雾中获得灵感并通过研究后发明的,气泡室是格拉泽从观察啤酒杯中的气泡获得灵感并发明的.

1952年,年轻的美国物理学家格拉泽(Donald A. Glaser)正在密歇根大学从事核物理的研究.一天,他工作之余,像往常一样倒了一杯啤酒,不过这次他没有马上喝个精光,似乎觉得很无聊,下意识地凝视着啤酒杯,盯着杯中的气泡.后来,又好玩似地在杯中投入一个小颗粒,发现气泡会追随粒子的运动.这时,他领悟到了一个观察粒子运动的想法,不久就研制成一种新型的径迹检测器——气泡室.

图3.3是气泡室的工作装置示意图.气泡室是一个密闭的容器,容器中充有液体(如液态氢).通常情况下(1 atm),液氢的沸点是20 K.如果将压强增大到5 atm,它的沸点就上升到27 K,因此

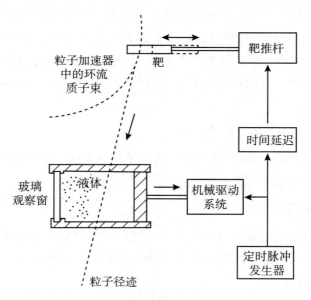

图 3.3 气泡室

气泡室内装有接近沸点的液体,当气泡室压力降低时,液体便处于过热状态.这时,沿带电粒子遗留下来的电离尾迹形成气泡.定时机构把靶移到加速器中的环流质子束中,因此,把粒子导入气泡室,在一刹那间,它对气泡的形成极为敏感.

在 20 K 的温度下就不会沸腾.

当来自加速器中的粒子(如质子)即将注入时,先通过驱动系统,在很短时间(10～20 ms)内使容器内部突然降压(约降到 2 atm),容器中的液氢便处于一种"过热状态",但它还没有沸腾.这种"过热状态"的液体是一种亚稳状态(类似于云室膨胀后的过饱和蒸气),一旦受到扰动,就会产生气泡.

因此,若有一个带电粒子进入气泡室,这个带电粒子在所经过的路径上不断与液体原子发生碰撞,从而形成离子对.这些离子便立刻成为在过热液氢中形成的气泡的中心,并且形成的这些气泡在极短时间内(约 10～100 μs)迅速长大到半径 100 μm 以上.这样,这些气泡就能间接地显示出带电粒子清晰的运动径迹.

气泡室比云室优越.由于液体的密度甚大于气体的密度(如液氢密度为 0.0586×10^3 kg/m^3,云室中空气在标准状况下的密度仅为 0.0013×10^3 kg/m^3),粒子经过时更容易电离,形成的粒子径迹的清晰度高.气泡室中的粒子经过后,压强又恢复至正常高压状态,气泡立即消失.这样一次升、降压的周期较短(不到 40 ms),也比云室的间断性好.

气泡室发明后,立即被全世界的许多实验室使用.1959 年,在基本粒子物理的所有实验研究中有一半以上使用了气泡室.不少基本粒子就是在气泡室中被发现的.格拉泽也因气泡室的发明荣获 1960 年度诺贝尔物理学奖.

来自一杯啤酒中气泡的灵感而使格拉泽走上了举世瞩目的诺贝尔奖的领奖台,这是格拉泽在倒这杯啤酒时绝对没有想到的!

苯环结构

德国著名化学家凯库勒(F. A. Kekule)是原子价键理论创建中的一个中心人物,他提出的苯环结构常被作为直觉的下意识活动中突然领悟的事例,并为人们津津乐道.

据说,碳原子彼此键合成环的念头是凯库勒在旅行中突然想到的.那是一个美好的夏夜,凯库勒乘坐最后一班敞篷马车从伊斯林顿到克拉发莫旅行.途中静寂荒凉,他在颠簸中打起了瞌睡.梦中,他见到原子好像一条条银蛇在眼前跳跃、狂舞,彼此绞合成环.醒来后,他就悟出了碳原子键合成环的图式.之后,便提出了苯环的结构(图 3.4).

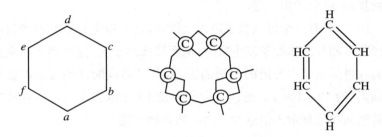

图 3.4 凯库勒关于苯的结构式

1886 年,德国柏林化学家啤酒聚会的日志中,据此还画出了苯环的诙谐图案.如图 3.5 所示,用猴子的手与手、手与脚或尾巴与尾巴相连,形象地表示了单键或双键.

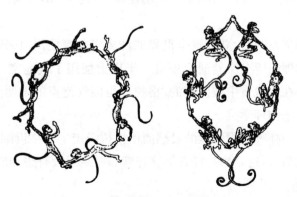

图 3.5 苯环的诙谐图案(示意为单键和双键交替)

凯库勒关于碳原子价键的理论,对有机化学的发展起了很大的推动作用. 1889 年,在凯库勒提出苯环结构学说 25 周年时,伦敦化学会指出:"苯作为一个封闭链式结构的巧妙概念,对于化学理论发展的影响,对于研究这一类及与其相似化合物的衍生物中的异构现象的内在问题所给予的动力,以及对于像煤焦油、燃料这样巨大规模的工业的前导,都已举世公认."

3.4 直觉思维的局限性

由于直觉思维是一种非逻辑思维(或说得柔软些,是一种缺乏逻辑程序的思维活动),直觉的产生离不开个人的经验和知识基础,这就必然会使直觉带有一定的局限性,并非任何直觉思维(无论是直观感觉还是理智感觉)都能洞察事物的本质和规律,由直觉得来的结论也未必都是正确的、可靠的.

譬如,在科学发展的早期,人们对天体运动缺乏全面了解时,站在地面上通过对太阳、月亮等天体的观察,直觉地作出太阳、月亮及天上的星星都绕地球运动的结论是不奇怪的.同样,当对力与运动的关系缺乏足够的认识时,从生活经验直觉地作出"力是维持运动的原因"也是十分自然的.爱因斯坦盛赞伽利略从理想实验得出的惯性概念后接着说:"这个发现告诉我们,根据直接观察所得出的直觉的结论不是常常可靠的,因为它们有时会引到错误的线索上去."

即使是科学技术已十分发达的今天,仍然会由于多种因素导致人们做出错误的或片面的直觉判断.下面,我们先从几个有趣的直观感觉的错误谈起,进而介绍中学物理教学中容易产生的一些错误的理智直觉.

(1) 直观感觉的错误

眼睛的"视错觉"是我们对外界事物直接感知时作出错误直觉的主要原因.这方面的例子收集起来,几乎能够汇编成可观的一册.下面选择几个较明显的例子与读者分享.

哪边长

不用直尺测量,请叫你的 10 位朋友分别判断一下,图 3.6 中的高度与宽度相比,哪边长些?

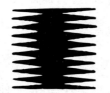

图 3.6　高度与宽度比较,哪个长些?

也许你的每个朋友都会自信地说,显然是高度一边较长些.这就错了!测量告诉我们,两边等长.你的朋友们在判断时,由于无意中把高度一边的各个间隔也加了起来,造成了直觉上的错误.

哪个大

再请你的这 10 位朋友分别判断图 3.7 中 A、B 两个椭圆的大小.这次,他们也许坚信 B 比 A 大些是不会有错了.然而,遗憾的是,你的朋友们又错了.实际上 A、B 两个椭圆是一样大小的,只不过 A 的外面还有一个椭圆围着,从而造成了直觉上的错误.

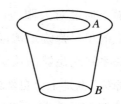

图 3.7　椭圆 A 与 B 相比较,哪个更大些?

是否平行

当让你的这些朋友判断图 3.8(a)和(b)中的横线是否平行时,估计他们从眼睛得来的直觉都会告诉你"不平行".不过,这回他们也许会小心翼翼地用尺去比量一下,从直尺的移动中可以知道,又上了一次"视错觉"的当,这些直线完全平行.

关于"视错觉"的原因,有时是很难解释的.实际上,所有的"视错觉"的责任主要并不在眼睛,而在脑子.大多是由于人们在不知不觉的判断中无意中走入了迷途.生理学家证明"我们不是用眼睛看,而

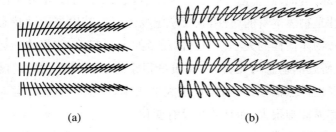

图 3.8

是用脑子看". 2000 多年前古罗马诗人卢克莱修(Titus Lucretius Carus)就曾为眼睛作过辩护:

"我们的眼珠也不认识实在的本性,

所以请别把这心灵的过失归之于眼睛."

(2) 理智直觉的错误

由于知识的局限,对事物的真相缺乏深刻的认识,或面对新的、陌生的事物,仍然沿用人们以往的经验,"想当然",或仅仅看到事物的表面现象,不去作深入、全面的分析,这些都是引起错误的理智直觉的重要原因. 这方面的例子就中学物理知识范畴而言,也不胜枚举.

下面,选择若干比较典型的理智直觉错误事例,通过对这些事例所产生的错误分析,希望有助于加深对有关物理内容的理解.

速度与惯性

这是一个很普遍的直觉,即使学过物理的人,也常常会在潜意识中或在具体事物中反映出来. 例如,观看 100 m 赛跑,跑得快的运动员到达终点时往往冲过比较长的距离才停止,观看的人就说"这是跑得快的人惯性大的缘故";汽车发生了追尾事故,人们又常常会说"后车开得太快,惯性大,刹不住,就撞上去了"……类似这样的现象中,"速度大、惯性大"的说法相当流行.

实际上,惯性与速度完全是两回事,它们之间没有实质性的联系.惯性是物体本身的属性,它反映了物体保持其原来运动状态本领的大小.物体惯性的大小仅与物体质量的大小有关,与物体的运动速度以及所处的物态均无关.一颗质量很小的子弹以极大的速度运动时,其惯性依然很小;一列质量很大的火车,以很小的速度运动或者停着,其惯性却很大,而且始终没有变化.

汽车(或火车)的速度越大,刹车后向前滑行的距离越长,这是由于它所具有的动能大了,反映它能反抗阻力运动通过的路程就越长.假设汽车沿水平路面运动,刚刹车时的速度为 v,滑行时的阻力系数为 μ,根据动能定理,由

$$\frac{1}{2}mv^2 = fs = \mu mgs$$

得刹车后的滑行距离

$$s = \frac{v^2}{2\mu g}$$

或者,也可以这样理解:汽车(或火车)的速度越大,它所具有的动量越大,因此能反抗阻力运动的时间也越长.由动量定理

$$ft = \mu mgt = mv$$

得滑行时间

$$t = \frac{v}{\mu g}$$

把车的滑行过程看成匀减速运动,得滑行距离

$$s = \bar{v}t = \frac{v}{2} \cdot \frac{v}{\mu g} = \frac{v^2}{2\mu g}$$

由此可见,刹车后(或运动员到达百米跑终点)不能立即停下固然是物体具有惯性的表现,但是,滑行距离的长短却不能用惯性来解释,应该用动能或动量的概念来说明.

摩擦力与接触面积

如图3.9所示,用一块长方体木块的不同侧面做接触面,比较它做匀速运动时的摩擦力.

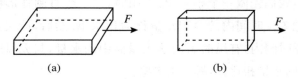

图 3.9

由于摩擦力发生在两个物体的接触面上,在不作物理测量时,人们极容易凭直觉作出判断:接触面越大,摩擦力越大.

18世纪法国物理学家库仑(C. A. Coulomb)在前人的基础上通过实验得出的结论是:摩擦力与作用于摩擦面的垂直力(即正压力)成正比,与外表的接触面积大小无关.这就是常被称为库仑摩擦定律的内容*.

后来,进一步研究指出,如果用高倍显微镜或光的干涉等方法检查物体表面的微观形状,可以发现,即使经过很好磨光的表面,也还存在着许多凹凸不平的"峰"和"谷".两个物体接触时,其实上面的物体只由下面物体的个别突出部分所支撑,绝大部分是不接触的.接触的这部分面积(称为真实接触面积)是异常小的,这部分面积几乎与外表接触面积无关,而与相互之间的正压力成正比.所以,对同一个木块,改用不同侧面放置时,由于正压力不变,真实接触面积不变,相互间的滑动摩擦力的大小也就保持不变了.

---

* 库仑摩擦定律还有两个内容,即摩擦力与滑动速度的大小无关;静摩擦力大于动摩擦力.实际上,早在库仑之前约100年,法国的另一位物理学家、工程师阿蒙顿(G. Amontons,1663~1705)已经基本上确认了这条定律.所以,也有人称它为阿蒙顿-库仑定律.

积水的比较

气象预报中,常常会听到"降雨量"这个词.这是一个气象用语,指的是在一定时间内用专门的仪器(雨量计)承接到的雨水量*.

下面,我们先做一个小实验:下雨时,用一个直圆柱形状的量筒积雨水,把单位时间内的存积水量称为积水率.然后,请大家考虑一下:在同样时间内,有风时斜向落入量筒中的水量,与无风时竖直落入量筒中的水量相比较,哪个更多些?

许多人从直觉得到的结论是:有风时斜向落入量筒中的水量一定比无风时少.这个直觉的结论是否正确呢?我们可以结合运动合成的道理作一次分析.

设量筒的截面积为 S,雨点竖直下落的速度为 v,每单位体积内包含的雨点数为 n.

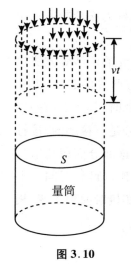

图 3.10

无风时,雨点竖直落入量筒.以量筒截面为底,向上作一个圆柱体,则时间 t 内通过截面 S 的雨点都能落入量筒内(图 3.10).因此,在时间 t 内的积水体积为

$$V = nSvt$$

积水率为

$$\rho = \frac{V}{t} = nSv$$

如果风从水平方向吹来,雨点变成斜向下落,其速度 v' 由雨点的速度 v(竖直向下)和风速($v_风$)所合成.设合速度 v' 与竖直方向间的夹角为 θ(图 3.11),则

---

* 气象学上,通常采用一个直径 20 cm 的圆筒(承雨器)承接降落的雨水,然后把它倒入专用的量杯中,其深度(以 mm 为单位)称为某段时间内的降雨量.并按照 24 h 的降雨量分为小雨、中雨、大雨、暴雨、大暴雨、特大暴雨等级别.

$$v' = \frac{v}{\cos\theta}$$

同样在量筒上方作一个倾角为 θ 的圆柱体,其截面积(积水的有效面积)为

$$S' = S\cos\theta$$

在时间 t' 内落入量筒内的雨水体积为

$$V' = nS'v't' = nS\cos\theta \cdot \frac{v}{\cos\theta} \cdot t'$$
$$= nSvt'$$

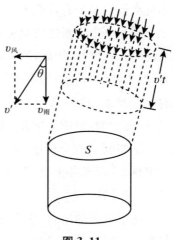

图 3.11

相应的积水率为

$$\rho' = \frac{V'}{t'} = nSv = \rho$$

可见,水平风速对积水率没有影响,也就是说,存积同样体积的雨水,无论有风或无风,所需要的时间都相同.

这个结论完全有悖于直觉的认识.但必须说明的是,上面的计算是在单位体积内雨点数完全相同的理想条件下得到的,实际情况下,由于风的作用往往会使单位体积内的雨点数发生变化,从而使得有风与无风时的积水率不同.

拉纸条实验

如图 3.12 所示是一个很常见的小实验:在水平桌面上用一个盛水的玻璃杯压着一张纸条,用手拉住纸条沿水平方向快速抽出,玻璃杯往往只有很小的位移.

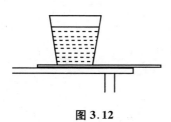

图 3.12

如果抽出纸条的速率相同,杯子压着纸条的位置也相同,仅改变杯中水量的多少,那么,抽出纸条时杯子发生位移的大

小与水量的多少有什么关系?

因为这个实验通常是安排在学习牛顿运动定律时做的,用于说明物体具有惯性.因此,许多同学会形成这样的直觉——杯中的水越多,整个杯(包括水)的质量越大,其惯性也大,也越不容易改变原来的运动状态.这种认识也符合生活中的常识,所以常常会认为杯子(包括其中的水)质量越大,抽出纸条时发生的位移一定越小.

这些同学的分析中,前面的话完全正确,可是最后的结论"位移一定越小"却未必正确.下面,我们利用牛顿第二定律结合运动学公式,定量计算一下:

题中纸条抽出时,它作用于杯子的摩擦力所产生的加速度大小与杯子的质量无关,均为

$$a = \frac{\mu m g}{m} = \mu g$$

式中 μ 为纸条与杯子间的滑动摩擦因数.

由于抽出纸条的速度相同,纸条的摩擦力对不同质量杯子的作用时间 t 相同,纸条抽出时杯子获得的(初)速度和杯子的位移分别为

$$v = at = \mu g t$$

$$x = \overline{v} t = \frac{\mu g t}{2} t = \frac{1}{2} \mu g t^2$$

纸条抽出后,杯子沿桌面做匀减速滑行.设杯子与桌面间的动摩擦因数为 μ',则其加速度为

$$a' = \mu' g$$

杯子在桌面上的滑行时间和位移分别为

$$t' = \frac{v}{a'} = \frac{\mu g t}{\mu' g} = \frac{\mu}{\mu'} t$$

$$x' = \overline{v} t' = \frac{v}{2} t' = \frac{\mu g t}{2} \cdot \frac{\mu}{\mu'} t = \frac{\mu^2}{2\mu'} g t^2$$

因此,在纸条抽出过程中杯子滑行的总位移为

$$X = x + x' = \frac{1}{2}\mu gt^2 + \frac{\mu^2}{2\mu'}gt^2$$

这是一个与杯子质量无关的量,由此可见,只要满足题设条件,无论杯中的水多或少,纸条抽出后它沿桌面的位移都相同.

通过对这个错误直觉的分析,对运用隔离法研究有关牛顿第二定律的问题极为有益.下面这个问题可以认为是对上面错误直觉的进一步探究,请同学们共同研究.

练习题

(2013 江苏) 如图 3.13 所示,将小砝码置于桌面上的薄纸板上,用水平向右的拉力将纸板迅速抽出,砝码的移动很小,几乎观察不到,这就是大家熟悉的

图 3.13

惯性演示实验.若砝码和纸板的质量分别为 m_1 和 m_2,各接触面间的动摩擦因数均为 μ.重力加速度为 g.

(1) 当纸板相对砝码运动时,求纸板所受摩擦力的大小;

(2) 要使纸板相对砝码运动,求所需拉力的大小;

(3) 本实验中,$m_1 = 0.5$ kg,$m_2 = 0.1$ kg,$\mu = 0.2$,砝码与纸板左端的距离 $d = 0.1$ m.取 $g = 10$ m/s^2.若砝码移动的距离超过 $l = 0.002$ m,人眼就能感知,为确保实验成功,纸板所需的拉力至少多大?

参考答案:(1) $f = \mu(2m_1 + m_2)g$;

(2) $F > 2\mu(m_1 + m_2)g$;

(3) $F = 2\mu\left[m_1 + \left(1 + \frac{d}{l}\right)m_2\right]g = 22.4$ N.

凹面下的运动

如图 3.14 中 A、B 两个小球,以相同的速率 v 分别沿着光滑水

平面和光滑凹面运动,哪一个球先到达 C 点?

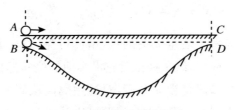

图 3.14　哪个球运动得快?

直觉的经验,一是习惯于从路径长短着眼,二是认为 B 沿凹面前半段的加速作用跟沿凹面后半段的减速爬坡作用相"抵消",剩下的就是路径长短的因素了.于是得出了 A 球比 B 球先到达 C 的结论.

实际上,由于沿两路径运动过程中,根据机械能守恒的原理,它们达到 C 点的速度大小相同.明确了这一点后,接着就可以利用水平分速度或比较平均速率大小的方法进行判断:

由于 B 球在凹面的前半段不断地加速,使它在凹面前半段和后半段的水平分速度都大于 A 球的速度,因此正确的结论应该是 B 球先到达 C 点.

或者,由于 B 球在凹面的前半段不断地加速,使它在凹面前半段和后半段的平均速率都大于 A 球的速率,同样可以得到 B 球先到达 C 点的结论.

这个结论好像有悖于常理,却完全符合物理原理.如果对这种凹面下运动的物理内涵认识清楚后,就不会被表面的"直觉"所欺骗,下面的问题就可迎刃而解了.

例题 1　如图 3.15 所示,ABC 和 AD 是两个高度相等的光滑斜面.ABC 由倾角不同的两部分组成,且 $AB + BC = AD$.两个相同的小球 a、b 从 A 点分别沿两侧斜面由静止滑下.不计转折处的能量损失,则

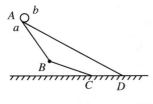

图 3.15

两球运动到底部的先后次序是(　　).

A. a 球先到 　　　　B. b 球先到

C. 两球同时到达 　　　D. 条件不足,无法确定

分析与解答　两球下滑过程中都只有重力做功,机械能守恒.因此两球运动到底端的速度大小一定相等,即

$$v_C = v_D$$

在 AD 上取 $AB' = AB$(图 3.16),由于 AB 部分斜面比 AB' 部分陡些,小球运动到 B 点的速度必定比它运动到 B' 点的速度大些,即

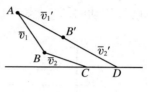

图 3.16

$$v_B > v_B'$$

则两球在 AB 段和 AB' 段,在 BC 段和 $B'D$ 段的平均速度大小必然是

$$\overline{v_1} > \overline{v_1'}, \quad \overline{v_2} > \overline{v_2'}$$

由于对应的斜面长度

$$AB = AB', \quad BC = B'D$$

因此通过它们的时间长短必然是

$$t_{AB} < t_{AB'}, \quad t_{BC} < t_{B'D}$$

所以,沿 ABC 斜面运动的小球先到达底部.

说明　本题也可以定性地画出 v-t 图(图 3.17),更简捷地作出判断.这里的道理请同学们自己体会.

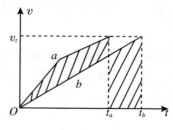

图 3.17

线轮的滚动

取一个缝纫机上使用的线轮,绕上数十圈线,放在水平桌面上.当拉住线头使它在桌面上运动时(图 3.18),线轮是顺时针转动还是逆时针转动?

人们习惯上总把转动看作仅是绕中心轴(OO')的运动,因此根据图 3.18(b)中拉力 F 对转轴 O 的力矩,很容易直觉地得出线轮逆时针转动的结论.实际上,从直觉得来的这个结论是不全面的.

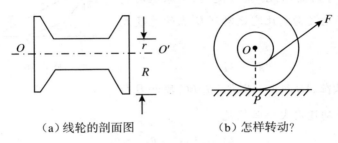

(a)线轮的剖面图　　　　(b)怎样转动?

图 3.18　线轮的滚动

线轮无固定转动轴.纯滚动(不打滑)时,线轮与地面的接触处 P 的瞬时速度为零.P 点称为瞬时转动中心——即线轮的运动可以看成绕通过瞬时转动中心的轴(过 P 平行于中心轴 OO' 的直线)运动.

当拉力 F_1 的作用线与水平地面的交点 A 落在 OP 线左方时(图 3.19),力 F_1 对瞬时转动中心形成顺时针向的力矩,线轮顺时针转动.

当拉力 F_2 的作用线与水平地面的交点落在 OP 线右方时(图 3.20),力 F_2 对瞬时转动中心形成逆时针向的力矩,线轮逆时针转动.

当拉力 F_3 的作用线与水平地面的交点恰落在瞬时转动中心 P 点时,拉力对瞬时转心的力矩等于零,线轮不转动而沿水平面运动(图 3.21).

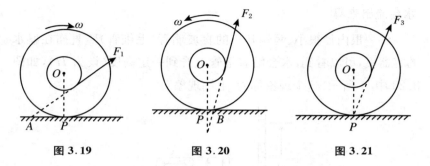

图 3.19　　　　　图 3.20　　　　　图 3.21

所以,这个问题中线轮的运动可以有三种情况.

楼上、楼下的煤气

从同一根管道里、相同孔径的孔中喷出的煤气,楼上的孔中喷得"急",还是楼下的孔中喷得"急"?

许多人会不假思索地回答,楼下的煤气喷得"急".生活中常见的自来水的喷射,使他们"想当然"地得出这个直觉的判断.

可是,正确的答案却正好相反.

从孔中喷出的流体的缓急程度,决定于孔内外压强差的大小.压强差越大,喷射得越"急".如图 3.22 所示的煤气管,上、下出口处 A、B 的内外压强差分别为

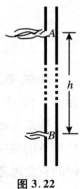

图 3.22

$$\Delta p_A = p_A - p_0$$
$$\Delta p_B = (p_A + \rho g h) - (p_0 + \rho_0 g h) = (p_A - p_0) + g h(\rho - \rho_0)$$

式中 p_0 为外界大气压,认为 A、B 两处相同. ρ 为煤气密度, ρ_0 为空气密度.由于 $\rho < \rho_0$,因此 Δp_B 中的第二项为负值.所以

$$\Delta p_A > \Delta p_B$$

这也就是说,从楼下煤气管道中喷射煤气时,管口内外的压强差反而比楼上管道中喷射煤气时的压强差小,因而楼下火苗反而不如楼上的火苗大.

水会流出来吗

将一根内径很小、两端开口的直玻璃管（毛细管）竖直插在盛水的容器里，可以看到，水会沿着细管上升到一定高度（设为 H），如图 3.23 中 A 所示．这个现象称为"毛细现象"．

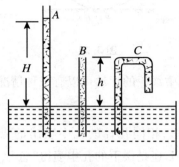

图 3.23

现在，如果在低于水上升高度 H 的地方将玻璃管截断或弯曲，如图 3.23 中 B、C 所示，那么水会不会从管口流出来呢？

许多人都会由直觉形成这样的看法：既然水上升的高度超过 B、C 两管的顶端，那么水当然能够从它们的管口流出来．遗憾的是，这样的直觉思考错了！

有条件的话去做一次实验，就立即可以看到：细管里的水虽然能够上升到 B、C 的管口，并且凸出于管口形成半球形，但是却不会下落．这是什么原因呢？

简单地，可以用一个理想实验判断：如果水能够从管口流出，那么在管的下方安装一个轮子，依靠水滴下落的能量就可以推动轮子转动．由于毛细管里的水会不断地自动上升，于是轮子就可以持续不断地获得动力，一直不停地转动下去，这样岂不就成了永动机？大家知道，永动机早已经历了无数次实验的失败，并且在 19 世纪被能的转化和守恒定律彻底否定了，所以这个理想实验也是不可能实现的．

如果对这个理想实验的判决不满足的话,下面还可以用分子力的微观机理作进一步的分析.

毛细现象实际上是由水对管壁附着层内分子力和液面表面张力的共同作用所引起的.

玻璃管插入水中后,由于水对玻璃是浸润液体,水与管壁接触的附着层内的分子分布较水的内部密,分子斥力占优势,使水沿着管壁扩展(上升),有使水表面积增大的趋势.另一方面,由于水的表面具有收缩趋势,为了尽量减小表面积,必然会使水跟着上升.于是,在附着层内分子力和表面张力的共同作用下,使水沿着管壁扩展——上升,最后稳定在一定的高度.平衡时的宏观条件,就是表面张力向上的拉引作用与上升水柱的重力相等.

设毛细管的内径为 r,水的密度为 ρ,表面张力系数为 σ^*,表面张力与管壁间的夹角(称为接触角)为 θ.当水在毛细管内的上升高度为 h 时,根据液柱的平衡条件,由

$$2\pi r \cdot \sigma \cos\theta = \rho \cdot \pi r^2 h \cdot g$$

得

$$h = \frac{2\sigma \cos\theta}{\rho g r} **$$

若将该毛细管的上部截去一段,如图 3.23 中的管 B 那样.当水上升到管口处,附着层沿管壁已没有扩展余地,表面张力则竭力使液面减小,于是液面的曲率必然减小,使表面张力对管壁的接触角 θ 变大,表面张力的向上合力减小,它和管内液柱在一个新的条件下达到了平衡(图 3.24).既然管口的水面呈凹弯月面,水自然就无法流出来了.

如果把毛细管弯成如图 3.23 中的管 C 那样,在附着层内分子力

---

* 表面张力系数的数值等于作用在表面单位长度分界线上表面张力的大小.

** 当毛细管的内径 $r<1$ mm 时,水对玻璃的接触角 $\theta\approx 0°$,于是上升液柱的高度公式可简化为

$$h = \frac{2\sigma}{\rho g r}$$

和表面张力的共同作用下,水沿着管壁越过最高处,至管口时同样形成向内凹的弯月面,表面张力的合力向下,如图3.25(b)所示.

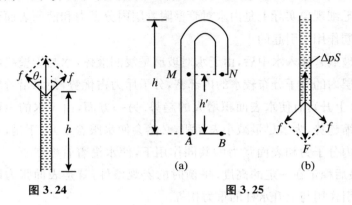

图 3.24　　　　　　图 3.25

设此时管口离水面高 h',大气压为 p_0,在管内和水面处分别取 A、M、B、N 四点(图 3.25(a)),由压强平衡条件可知

$$p_A = p_B = p_0$$
$$p_M = p_N = p_A - \rho g h'$$

则

$$\Delta p = p_A - p_M = p_0 - p_M = \rho g h'$$

当管口表面张力的合力 F 与管内外压强差 Δp 引起的向上压力相等时,管口的弯月面保持一定的曲率,管内的水柱处于平衡状态.由于管口形成向内凹的弯月面,因此管内的水也就不可能流出来了.

"蚌壳"反推器

如图 3.26 所示,坐在小船中的人手拿电风扇对着帆面使劲地吹风,想使帆船前进,有可能吗?

学过中学物理的读者,常由于对牛顿第三定律和动量守恒定律有深刻的印象,会直觉地认为风扇、帆船系统的动量守恒,在内力作用下不会改变系统质心的位置,结论是无法推动帆船前进.

实际上,这个方法是完全可行的.直觉的错误在于没有考虑空气的作用.这里应该把电风扇、帆船、空气分子作为一个系统.

图 3.26 船能前进吗?

设想开始时有一群分子静止在电风扇前.当电风扇的叶片转动时,这群空气分子获得动量 p 向帆面运动,根据动量守恒定律可知,在这群空气分子向帆面运动的过程中,电风扇和帆船得到的动量是 $-p$.

假设空气分子的动量方向垂直帆面,与帆面做完全弹性碰撞,则空气分子与帆面相碰后保持动量大小不变反弹.在这次碰撞中,空气分子的动量变化为

$$\Delta p = -p - p = -2p$$

因此电风扇和帆船获得的动量为 $2p$,方向与空气分子碰前的动量方向相同(图 3.27).

所以,用电风扇对着帆面吹风时,船最终可以获得的动量为

$$\Delta p_2 = 2p - p = p$$

其方向就是吹风的方向.于是,帆船就可以在电风扇的吹动下不停地前进了.

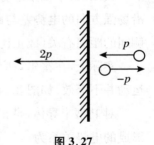

图 3.27

这种动力装置很有价值,美国的波音 737 飞机上的"蚌壳"反推器,就具有类似的特性.

霍尔效应中的判断

我们知道,根据导电机理的不同,半导体可以分为两类:P 型半

导体是空穴导电,相当于由带正电的粒子运动产生电流;N型半导体是电子导电,由带负电的电子运动产生电流.利用霍尔效应很容易进行区分,并可以算出霍尔电势差的大小.

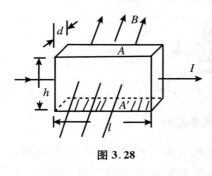

图 3.28

如图 3.28 所示,将一块半导体薄片放在磁感应强度为 B 的匀强磁场中,使磁场垂直薄片从前向后穿过薄片,并在薄片中通以从左向右的恒定电流 I.实验中可以直接测出上下两侧的电势差(即霍尔电势差),并可根据上下两侧电势的高低,判断出导电机理,确定属于哪一类半导体.

这里最容易产生错误的直觉有两方面:

其一,当半导体薄片为 N 型时,一些同学把电子的运动习惯地等效于反方向的正电荷运动.

其二,由于霍尔电势差出现在上下两侧间,常常会套用静电场中沿场强方向的电势差与距离的关系,认为霍尔电势差一定与上下两侧间的距离有关(成正比).

实际上,在霍尔效应中,正电荷向某方向的运动与负电荷的反向运动并不等效.如图 3.28 所示,当通以从左向右的电流时:

对 P 型半导体,带正电荷的空穴受到洛伦兹力作用会向上偏移,形成的电势关系为

$$\varphi_上 > \varphi_下$$

对 N 型半导体,带负电的电子受到洛伦兹力作用也会向上偏移,形成的电势关系为

$$\varphi_上 < \varphi_下$$

更为令人诧异的是,霍尔电势差虽然发生在上下两侧,其大小却

与上下两侧的间距无关,而与沿磁场方向的距离(薄片厚度)有关. 为了揭开这个谜底,假设电流 I 是由电子的定向运动形成的,并设电子的电量为 e,定向运动的速度为 v. 当形成稳定的霍尔电势差 U 时,应该满足条件

$$\frac{eU}{h} = evB$$

得

$$U = hvB$$

设薄片中的自由电子密度(即每单位体积内的电子数)为 n,根据电流强度的定义及其与电子运动的微观关系,有

$$I = \frac{q}{t} = \frac{n \cdot e \cdot Svt}{t} = nev \cdot dh$$

联立两式,得霍尔电势差

$$U = \frac{IB}{ned} = k\frac{IB}{d}$$

式中 $k = \frac{1}{ne}$,称为霍尔系数,它是由材料特性(导电粒子的电量和密度)决定的量.

由此可见,对于确定的材料,当通入的电流和磁场确定后,霍尔电势差的大小仅由薄片沿磁场方向的厚度决定,与形成电势差的薄片宽度无关. 这是一个非常令人意想不到的结果,却是千真万确的事实.

直觉固然十分可贵,它在科学技术史上所发挥的作用,也的确功不可没,但由于从直觉得来的往往只是一种启发性的观点或思想,并且,一些表面现象往往是形成错误直觉的诱因,因此,我们既要珍惜直觉,也要正确对待直觉,最终形成理论或完成发现、发明的大业,还得依靠理论思维. 邦奇说得好:"荒谬的是有人以为对于发明者来说,直觉超越于逻辑之上,如果事先不具备知识,事后不作逻辑加工,则不可能作出科学发现或技术发明."

4 不同思维方式的渗透与互补

前面分别对三种思维方式作了介绍,实际上,人们思考问题时绝不可能单纯地只用某一种思维方式,常常是各种思维方式互相渗透、交织在一起的,不能截然分开.形象思维中包含着抽象思维的因素;抽象思维也离不开形象思维;直觉的顿悟又往往伴随着形象思维和抽象思维的过程随时显露出来.前面提到的卢瑟福行星模型、威耳逊云室等事例,都是在实验或自然现象的形象基础上,激发起科学家的想象力,并经过抽象思维作出合理的检验和创造性的设计才得以完成的.许多理想实验,本身就是形象思维和抽象思维的结晶.它们的诞生和对它们所作出的解释,又都是"长期积累,偶而得之"的结果.

各种思维方式的渗透与互补,可以说是人类思维活动的一大特点.无论是科学研究、创造发明、学习活动还是许多日常问题的处理,我们都很难把它们简单地归结为仅受着某一种思维方式支配的结果.

读者往下阅读时,请注意体会其中不同思维方式的渗透和互补.

4.1 从仿生学谈起——生物原型与新技术的钥匙

仿生学就是模仿生物的科学.在人类文明的进程中,生物所具有的功能早就使人们得到借鉴.从技术角度而言,仿生学是生物学、数学、物理学和工程技术等多种学科交叉的一门崭新的科学.从研究工作的思维着眼,则是形象思维和抽象思维(其中也渗透着直觉思维)的一次完美综合.它通过对生物原型某方面(或某几方面)结构的形象化模仿或功能特性的研究,借助物理原理和数学分析,建立模型,抽象出它们之间的内在联系,然后有目的、有方向地将生物结构和动作原理应用于工程技术上,对旧技术进行改革或形成新的创造和发明.

仿生学有句名言:生物原型——新技术的钥匙.目前,仿生学已在模仿生物的视觉、听觉、嗅觉、通信、定位、计时、造型等方面都有了很大的发展.进入20世纪70年代以来,随着第一台个人桌上电脑开发出来,机器人的研究也有了突飞猛进的发展.至2005年,美国家庭中已经有超过100万的机器人投入了各种不同的工作,而且开发应用的前景越来越宽广.

下面,我们追寻仿生学发展的脚印,通过回顾仿生学从早期的简单模仿,进而发展和剖析某一项仿生技术的研究与应用,共同体会其中处处闪耀的多种思维相互辉映的光华.

(1) 外形和动作形象的模仿

仿生学的起步,可以说是从对生物外形或动作形象的模仿开始的.

例如,我国古代模仿蜻蜓的飞行,制成一种玩具——"竹蜻蜓".它是用竹片或木片削成细长扭曲的薄片,在中间装一根主轴,用双手急搓主轴并迅速松开双手,"竹蜻蜓"就会飞快地旋转上升(图4.1).18世纪传入美国后,发明飞机的莱特兄弟(W. Wright 和 O. Wright)在少年时代曾怀着浓厚的兴趣制作过"竹蜻蜓",可以说这对他们发明飞机起着最初的引导作用.

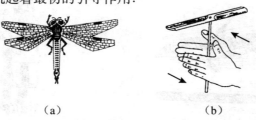

(a)　　　　　　　(b)

图 4.1　中国古代模仿蜻蜓飞行(a)制成的"竹蜻蜓"(b)

据史料记载,我国在1900多年前,就有人用鸟羽绑在一起做成了一对翅膀,能滑翔百步之远.500多年前,意大利多才多艺的达·芬奇,根据对鸟类和蝙蝠的观察和研究,设计了试图用脚的蹬动,从而带动翅膀扑动的扑翼机(图4.2).

游泳技术中的"蛙泳",完全是人们模仿青蛙游泳的姿态创造出来的(图4.3).

图4.2 根据达·芬奇的方案制成的扑翼机模型

图4.3 青蛙的游泳姿势和蛙泳

潜水艇和鱼雷的制造,就是对鱼类的模仿(图4.4);而目前一些机器人的外观造型,则是对人类自身的模仿(图4.5).

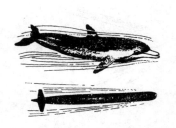

图4.4 海豚和鱼雷

图4.5 典型的机器人

英籍澳大利亚的著名科学家贝弗里奇(W. I. B. Beveridge)说过:"很多人发现,把思想具体化,在脑海中构成形象,能激发想象力."生物外形和功能特性在人类头脑中贮存的形象思维,正是一种激发科学发明想象力的源泉.

(2) 生物体机理的分析

随着科学技术的发展,仿生技术也逐步从对外观形象、动作的模仿,上升到对生物体各种功能机理的理性分析,为进一步的拓展应用提供了极为重要的依据.

例如,鲔鱼和海豚具有特别好的流线型身体,它们在水里都能快速运动.科学家通过对鲔鱼身体的结构比例和运动中的阻力进行测定,发现它的前部相对长度约为 45%,剖面相对厚度仅为 28%(图4.6),根据这样的比例做成的模型,风洞试验表明,能具有最小的运动阻力.海豚身体也具有非常合理的比例结构(图4.7).

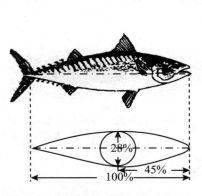 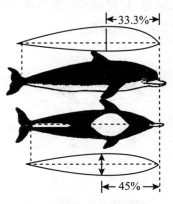

图 4.6 鲔鱼身体的结构比例　　图 4.7 海豚的流线型结构

研究中还发现,这种"游泳高手"的鱼,不仅具有一个理想的流线型体形,它们的皮肤、皮下肌肉还有着特殊的功能.

如图4.8所示为海豚的皮肤结构,明显分为两层.外层薄而富有弹性,下面是乳头层或刺状层,在乳头下面有稠密的胶原纤维和弹性纤维联系,其间充满脂肪.皮肤的这种结构,像一个很好的消音器,可以起到使液流的振动减弱、防止湍流的发展等作用,因而可以使阻力明显减小.

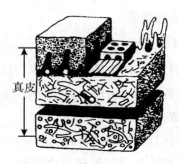

图 4.8

此外,当海豚的运动速度很大时,还可依靠皮下肌肉的波浪式运动,帮助消除高速运动产生的湍流(图 4.9).研究表明,这种湍流形成的阻力,有时竟然需要消耗掉舰船螺旋桨产生推力的 90%,真是人们绝对没有想到的!

(a) 海豚高速运动时表面流线平滑,不起湍流,运动阻力小

(b) 具有流线体型的潜水艇,缺乏海豚皮肤的特殊功能,表面仍然会形成不小的湍流

图 4.9

又如,对会飞的昆虫的翅膀的研究发现,它们在飞行中,翅膀的运动很复杂,迎角(翅膀平面与空气流所成的角)在不断地变化(图 4.10).有的昆虫,翅膀上有一种特殊的对抗颠振的"装置"(图 4.11).有的昆虫在飞行中,翅膀表面会产生一种波,用来增加推力和升力,或者使身体绕自身的对称轴翻转(图 4.12).

4 不同思维方式的渗透与互补

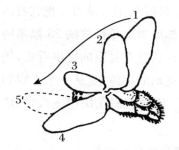 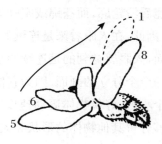

图 4.10　昆虫翅膀在 8 个基本位置上的倾斜度变化
图中箭头表示飞行中翅膀的运动方向,左为落翅时,右为升翅时

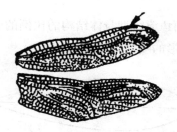

图 4.11　蜻蜓翅膀上的抗颠翅痣

图 4.12　飞行中的小星天蛾翅膀上的波

　　蜻蜓、蜜蜂、苍蝇、象鼻虫等许多昆虫都有复眼,即它们的眼睛都由几十到几千个视觉单位(小眼)组成.这些小眼成蜂窝状聚在一起,它们的中心轴互成 $1°\sim3°$ 的角度.这样,就使它们具有很高的时间分辨率(即时间分辨能力).一个物体放在人眼前,人眼需要 $0.05\ \mathrm{s}$ 时间

才能看清轮廓;而苍蝇或蜜蜂等昆虫,只需 0.01 s 就可以把它看清楚了.因此,在人眼看来是连续的动作(如电影中每秒放映 25 幅单镜头画面,人眼感觉到的是连续的动作),在这些有复眼的昆虫看来,仍然是一个个分立的画面.因为它们观看运动的物体,是从一个小眼到另一个小眼,好像物体运动速度减慢了.所以它们在快速飞行中,依然能够分辨其他物体的形状和大小.

(3) 技术上应用的实例——形象与抽象的结晶

对生物体动作机理的分析,为人们在技术上的应用提供了依据和方向.

例如,根据对鲔鱼流线型身体结构的比例的分析,飞机设计师正在设计一种仿鲔鱼形的喷气式客机(图 4.13).

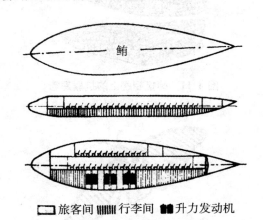

□旅客间 ▥行李间 ■■升力发动机

图 4.13 鲔鱼外形(上)和设想中把机身改成鲔鱼形的内部结构

了解了海豚皮肤结构的奥秘后,人们已研制成人工仿海豚皮(图 4.14).这种皮由三层橡胶组成,总厚度 2.5 mm.外层平滑,厚 0.5 mm,模仿海豚的表皮层;中层有橡胶乳头,它们之间充满黏滞性的硅树脂液体,模仿海豚的真皮和脂肪;下层厚 0.5 mm,它与模型体接触,起着支撑板的作用.

4 不同思维方式的渗透与互补

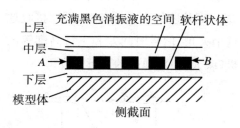
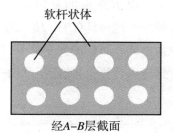

图 4.14　人造海豚皮

当水的压力作用于人造海豚皮时,液体在橡胶乳头之间的流动起了消振器的作用.试验表明,覆以这种人造海豚皮的鱼雷,在水中运动时受到的阻力至少可降低 50%(图 4.15).

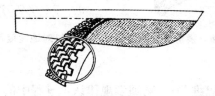

图 4.15　覆盖着人造海豚皮的小艇

通过对蜻蜓翅痣抗颠振作用的研究,已把它应用在飞机制造上.现代飞机机翼末端前缘也有类似的加厚区域或配重,用以消除颠振现象(图 4.16).

根据对昆虫飞行动力学的研究,第一架塑料做的蜻蜓翅膀仿昆虫飞机已经成功地飞上了天空(图 4.17).

图 4.16　带有抗颠振加厚区的飞机　　图 4.17　模仿昆虫的飞机

模仿昆虫的复眼,人们研制出一种测量飞机对地速度的仪器——地速计(图4.18).两个成一定角度的光电接收器,顺序接收地面上同一目标的光学信号,把这个夹角、信号时间差和飞行高度等数据送入计算机,便能指示出飞机(或火箭)对地面的飞行速度.

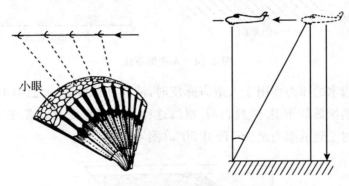

图4.18　模仿象鼻虫复眼(左)的飞机对地速度计(右)

4.2 "螺旋式思维"——物理学规律认识过程中的思维交辉作用

物理规律都是人们总结出来的客观规律.许多物理规律经过了几十年、上百年甚至上千年的认识过程,至今依然在继续不断地深入下去.例如,对物质结构及其运动规律的认识,就是一个最鲜明的事例.

可以这么说,每一条重要的物理规律,在人们漫长的认识过程中,几乎都经历了直观的经验(直觉的认识)—实验探索—理论研究等螺旋式的渐进和多种思维的交辉作用过程.

下面,以中学物理中比较典型的某些规律为例,共同体会一下人们对它们的螺旋式认识过程以及如今的学习过程中多种思维形式的渗透与互补作用.

(1) 对落体运动的认识

在物理学史上,伽利略通过对落体运动的研究所建立的运动理

4 不同思维方式的渗透与互补

论,是为奠定经典力学基础打下的第一根桩.有一位物理学家这样幽默地说过:"请拿起这本书并撒手,这就是物理学! 它研究下落和自然界的一切其他普遍特征."

如今,几百年过去了,亚里士多德的理论早已被人们抛弃.不过,围绕落体运动,在学习中作一些认识上的回顾,依然是十分有意义的.

① 直觉的认识

如果对刚进入高中的学生做一次问卷调查:轻重不同的两个物体,从同样高度放手下落,哪一个物体先落地? 也许会有多数学生认为,重的物体先落地.

千万不要认为他们是受到了亚里士多德"流毒"的影响.因为,亚里士多德何许人也? 这些学生经过了升学的拼搏、暑假的放松,对亚里士多德可能已经淡忘了,更不会知道他的具体说法.这些学生的结论,主要还是来源于他们在生活中的直觉认识.一个铅球与同样大小的另一个泡沫塑料球从同一高度同时放手,总是能看到铅球先落地.我们随手取一本书和一片纸,从等高处同时放手,当听到"啪"的一声书本落地时,纸片还在空中悠悠然飘荡着呢(图 4.19).

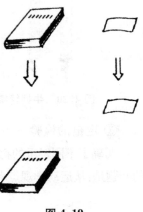

图 4.19

② 形象的显示

从纸片的飘荡中,我们很容易猜测到阻力的影响.为了尽量减小这个外界因素的干扰,可以将纸片捏成纸团重新试验.这一回,可以看到它们几乎同时落地了.这样,已经初步验证了阻力因素的猜想.

接下去,自然会想到这样的问题:如果彻底排除了阻力的影响,让物体在真空里下落,情况会怎样呢?

如图 4.20 所示,就是中学物理中著名的牛顿管(又称钱毛管)实验——抽出管内的空气后,管子倒转时,可以看到羽毛和硬币会同时落下.美国宇航员大卫·斯科特登上月球后,做了一次自由落体运动的实验:将一个锤子和一根猎鹰羽毛从等高处同时放下,两者同时落到了月面上(图4.21).

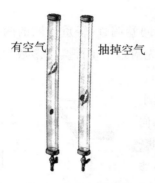

图 4.20　牛顿管实验　　　　图 4.21　月球上的实验

③ 定量的检验

明确了不同轻重的物体不受阻力时都会以同样的快慢下落后,接着的问题是:从运动学观点考虑,落体运动究竟是一种什么性质的运动?

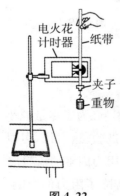

图 4.22

可以做这样的实验:用一条纸带穿过竖直架稳的打点计时器(打点频率 $f = 50$ Hz),下端悬挂一个重物,上端用手拉住(图 4.22).操作时,先开启打点计时器,然后轻轻放手,让重物拖着纸带一起自由下落.这样就可以得到一条留有许多点痕的纸带(图 4.23).从纸带上某一点起,测量连续、相邻的两点位移之差,可以发现它们在实验允许的误差范围内大小都相等,即

$$s_2 - s_1 = s_3 - s_2 = s_4 - s_3 = \cdots = \Delta s$$

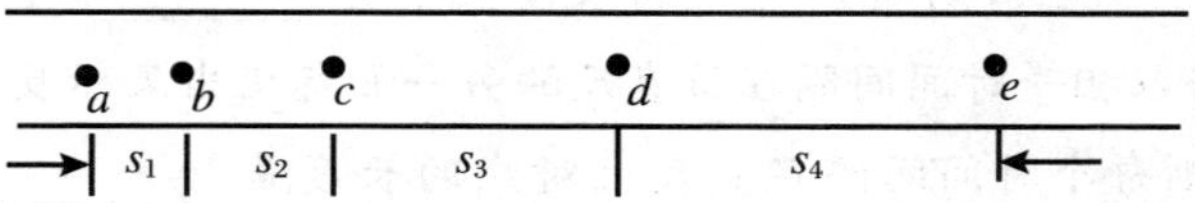

图 4.23

由此可见,自由落体运动是一种初速度为零的匀加速直线运动. 根据运动学公式 $\Delta s = aT^2$,利用上述纸带,立即可以算出自由落体的加速度

$$g = \frac{\Delta s}{T^2} \approx 9.8 \text{ m/s}^2$$

认识了自由落体运动的性质,结合牛顿第二定律,就可以对通常空气中的下落运动作出判断了. 如上面所说的铅球和泡沫塑料球,设它们下落时受到的阻力仅与形状有关,两者受到的阻力相同,均为 f,则下落时的加速度分别为

$$a_{铅} = \frac{m_{铅}g - f}{m_{铅}} = g - \frac{f}{m_{铅}}$$

$$a_{塑} = \frac{m_{塑}g - f}{m_{塑}} = g - \frac{f}{m_{塑}} < a_{铅}$$

这就是大家平时看到重的物体比轻的物体落得快的原因.

根据自由落体运动是一种初速度为零的匀加速运动的特点,可以做一个如下例这样有趣的小实验.

例题 1(2015 重庆) 同学们利用如图 4.24 所示方法估测反应时间. 首先,甲同学捏住直尺上端,使直尺保持竖直状态,直尺零刻度线位于乙同学的两指之间. 当乙看见甲放开直尺时,立即用手指捏直尺. 若捏住位置的刻度读数为 x,则乙同学的反应时间为_____(重力加速度为 g).

图 4.24

基于上述原理,某同学用直尺制作测量反应时间的工具.若测量范围为 $0\sim 0.4$ s,则所用直尺的长度至少为 _____ cm(g 取 10 m/s^2).若以相等时间间隔在该直尺的另一面标记出表示反应时间的刻度线,则每个时间间隔在直尺上对应的长度是 _____ 的(选填"相等"或"不相等").

分析与解答 因为在乙的反应时间内,直尺自由下落的高度是 x,因此下落这段位移的时间就等于乙的反应时间.根据自由落体运动的位移公式,得反应时间

$$t = \sqrt{\frac{2x}{g}}$$

当测量的反应时间恰好为 $t' = 0.4$ s 时,直尺下落位移为

$$x' = \frac{1}{2}gt'^2 = \frac{1}{2} \times 10 \times 0.4^2 \text{ m} = 0.8 \text{ m} = 80 \text{ cm}$$

所以直尺至少长 80 cm.

由于自由落体是匀加速运动,从下落开始每经过相同的时间,下落的位移越来越大(构成 1∶3∶5∶…奇数比),所以每个时间间隔在直尺上对应的长度是不相等的.

④ 深入的探索

上面的打点计时器实验简单易行,非常便于确定自由落体运动性质.为了比较精确地测量自由落体运动的加速度,可以采用"光电门"方法或 DIS 实验系统.

如图 4.25 所示为光电门实验仪.整个仪器可以分为两大部分:自由落体装置和计时器.实验时,先将小钢球用电磁铁吸住,从仪器所附的标尺上读出小钢球到光电门 1 和 2 的距离(设为 s_1、s_2);然后切断电源,让小钢球自由下落,从计时器(图中未画出)读出小

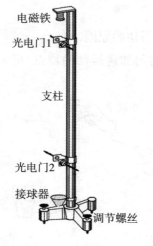

图 4.25

钢球经过上下两光电门之间的时间(设为 t). 由

$$s_1 = \frac{1}{2}gt_1^2, \quad s_2 = \frac{1}{2}gt_2^2$$

则

$$\frac{t_2}{t_1} = \frac{\sqrt{s_2}}{\sqrt{s_1}}$$

或

$$\frac{t_2 - t_1}{t_1} = \frac{\sqrt{s_2} - \sqrt{s_1}}{\sqrt{s_1}}$$

即

$$\frac{t}{\sqrt{\frac{2s_1}{g}}} = \frac{\sqrt{s_2} - \sqrt{s_1}}{\sqrt{s_1}}$$

得

$$g = \frac{2s_1}{t^2}\left(\frac{\sqrt{s_2}}{\sqrt{s_1}} - 1\right)^2$$

通过对自由落体加速度比较准确的测定后,又自然会使人们想到相关的其他许多问题.例如,在地球上同一地区的 g 值是否都相等?如果不同的话,其大小由哪些因素决定?在不同地区的 g 值是否相同?如果不同的话,其大小随纬度变化有什么规律?在同一纬度处高空的 g 值与地面的 g 值大小一样吗?如果不同的话,其大小随离开地面的高度又有什么规律?在月球上、火星上做自由落体运动会有什么结果?……

一个常见的落体运动,经历了这样的"直觉—形象—抽象"的交织认识过程和进一步地"追求",不仅能让我们比较透彻地掌握它的特点,也极大地促进了思维的发展.

(2) 对布朗运动的认识

① 直觉的印象和定性的解释

1827 年,英国植物学家布朗发现悬浮在液体内的固体微粒会始终不停地做着杂乱无章的运动.这种运动后来就被称为"布朗运动".

布朗运动与当时人们所认识的运动完全不同.通常,把一个摆动着的钟摆放在水中,如不加外力推动,它很快就会静止,而布朗粒子所显示出来的竟然是一种永无休止、永不减弱的运动.因此,一时难倒了物理学家.直到 1905 年,爱因斯坦和奥地利的斯莫路霍夫斯基(M. Smoluchowski)发表了他们对布朗运动的理论研究结果,才解开了布朗粒子的运动之谜.

图 4.26　液体分子的碰撞

原来,花粉等物质微粒悬浮在液体中时,会受到它周围液体分子对它的不断撞击.由于布朗粒子非常小(线度约为 10^{-4} cm),使得来自不同方向的碰撞很不均匀,一会儿这边的撞击强些,一会儿那边的撞击强些,于是,物质微粒就在液体分子四面八方对它的撞击作用下,在液体中做着毫无规则的运动(图 4.26).这种运动很像在一个鱼池中投入一小块面包,鱼儿从四面八方追啄面包,结果面包就漂泊不停杂乱无章地运动起来了.并且,人们在实验中还发现,悬浮的物质粒子越小,液体的温度越高,液体分子的运动越激烈,对悬浮微粒撞击的不均匀性越明显,布朗运动越明显.

② 概率方法的初步分析

无论是从观察得来的直观形象,还是通过形象化比喻的定性解释等,毕竟都比较肤浅,也无法形成规律性的结论.那么,对于像布朗粒子这样的完全无规则的运动,怎样对它进行研究呢？这就需要采用不同于牛顿力学的统计方法.

为了更好地理解这个方法,我们先研究前面图 1.11 中作为形象化比喻的"醉鬼走路"问题.

假设有一个醉汉从铺着方石块广场中心的灯柱开始,往这边走几步,接着又往那边走几步,漫无目标,时时变换方向,毫无规则地这

4 不同思维方式的渗透与互补

么走了几百步后,这个醉汉离开灯柱究竟有多远?

我们以广场中心的灯柱为坐标原点 O,沿着方石块的方向建立一个直角坐标系 xOy.

假设醉汉开始沿直线 Oa 走几步到了位置 a,线段 Oa 在两坐标轴上的投影分别为 x_1、y_1,设 a 点离开原点 O 的距离为 R_1(图4.27),则

$$R_1^2 = x_1^2 + y_1^2$$

接着,醉汉转向走到了位置 b,线段 ab 在两坐标轴上的投影分别为 x_2、y_2,设 b 点离开原点 O 的距离为 R_2(图4.28),则

$$R_2^2 = (x_1 + x_2)^2 + (y_1 + y_2)^2$$

由于 ab 在 x 轴的投影沿 x 轴的负方向,式中 x_2 应该取负值.

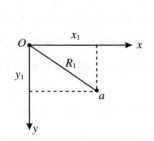
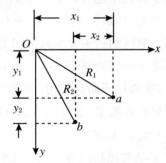

图 4.27　　　图 4.28　醉汉离开原点(灯柱)多远?

假设醉汉在这个过程中沿着各个不同方向走了 N 次,各折线段在 x 轴和 y 轴上的投影依次为 $(x_1, x_2, \cdots, x_N)$ 和 $(y_1, y_2, \cdots, y_N)$,离开坐标原点(灯柱)的距离为 R(图4.29).同理可知,有关系式

$$R^2 = (x_1 + x_2 + x_3 + \cdots + x_N)^2 + (y_1 + y_2 + y_3 + \cdots + y_N)^2$$

图 4.29

式中 x、y 的正负,由醉汉行走方向是沿着坐标轴的正方向还是负方

向决定,也即由醉汉离开灯柱或朝着灯柱走的方向决定.

由于醉汉的运动完全是无规则的,当 N 值很大时,可以认为其中取正值的 x、y 个数与取负值的 x、y 个数大体相同. 根据初等代数的法则,计算上式中括号内各项平方时,应该把括号内每一项自乘,并用其他各项与之相乘,即

$$(x_1 + x_2 + x_3 + \cdots + x_N)^2 = (x_1 + x_2 + \cdots + x_N)(x_1 + x_2 + \cdots + x_N)$$
$$= x_1^2 + x_1 x_2 + x_1 x_3 + \cdots$$
$$+ x_2^2 + x_2 x_1 + x_2 x_3 + \cdots$$
$$+ x_N^2 + x_N x_1 + x_N x_2 + \cdots$$

可见这个算式中包含各个 x 值的平方项 ($x_1^2, x_2^2, \cdots, x_N^2$) 以及每两个 x 值的交叉项(如 $x_1 x_2, x_1 x_3, \cdots$).

因为醉汉的行走完全是随机的,当行走中转身次数很多时,他向着灯柱走一步和离开灯柱走一步的可能性是相同的,所以在所有交叉项中,数值相同而符号相反的项可以认为是"成对"出现的,它们相加的结果正好抵消. 于是,上式就可以写成

$$(x_1 + x_2 + x_3 + \cdots + x_N)^2 = x_1^2 + x_2^2 + x_3^2 + \cdots + x_N^2 = N\overline{x^2}$$

这里的 $\overline{x}$ 是各段折线在 x 轴上投影平方的平均值.

同理,对 y 方向有关系式

$$(y_1 + y_2 + y_3 + \cdots + y_N)^2 = y_1^2 + y_2^2 + y_3^2 + \cdots + y_N^2 = N\overline{y^2}$$

于是,可以得到

$$R^2 = N(\overline{x^2} + \overline{y^2})$$

或

$$R = \sqrt{N} \cdot \sqrt{\overline{x^2} + \overline{y^2}}$$

令上式中 $\sqrt{\overline{x^2} + \overline{y^2}} = l$,则有

$$R = l\sqrt{N}$$

所以,醉汉在经过许多次不规则的转身换向后,虽然我们无法确定其最终的位置,但通过上式可以算出他离开灯柱的最可能的距离.

4 不同思维方式的渗透与互补

这个距离(R)就等于他各次直线行走距离的方均根(l)与其直线行走次数平方根($\sqrt{N}$)的乘积.

现在,我们回到布朗运动中,在显微镜下可以看到悬浮的固体微粒做着完全无规则的运动,微粒所经历的是一条非常复杂、曲折的路径.虽然微粒运动的无规则性甚于醉汉千百倍,从研究方法来说,两者却完全是类似的.根据上面利用统计平均方法的推算,在某段内它离开"老家"的平均距离还是有一定章法的.

爱因斯坦正是运用了这样的统计方法,分析了布朗粒子在 Δt 时间内的位移与碰撞次数的关系,得以在理论上完全弄清了布朗运动产生的原因,并且还推出了测定分子大小的新方法,从而奠定了分子运动论的基础.

显然,能够从这样混乱的运动状态中,得出比较可靠的结果,不能不令人惊叹抽象思维的威力.

③ 精彩的实验验证

爱因斯坦是一位理论物理学家,并不擅长实验,因此他在论文结尾时呼吁:"但愿有一位研究者能够立即成功地解决这里所提出的、对热理论关系重大的这一问题."他的话音刚落下不久,就有一位勇敢的研究者挺身而起,他就是法国物理学家佩兰.

佩兰的实验思路很简单明了,就是盯住几颗微粒,每隔一段时间记录它们移动的精确位置,在实验的误差范围内,检验它跟爱因斯坦的理论值是否一致.但是,要真正地完成这一实验并不容易.其中最困难的是制备微粒,既要求它们大小均匀,以保证它们的质量相同,又要密度适中,能够悬浮在液体中.

佩兰几经周折,终于获得了一种直径的数量级为 $1~\mu m$ 的球状颗粒.然后他从 1908 年到 1910 年,和他的同事一起通过艰苦卓绝的努力,在不同温度、不同介质黏度和不同微粒质量等许多很不相同的条件下进行实验研究,终于出色地完成了对微粒位置和分布规律的测量,证明了实验结果与爱因斯坦理论的一致性.并且,佩兰也第一次通过实验测定了物理、化学中的一个非常重要的基本常数——阿伏伽德罗常数,直接证实了分子和分子运动的真实性,佩兰也因此荣获了1926年诺贝尔物理学奖*.

至此,我们对布朗运动经历了直观的观察——形成形象化的运动图像——定性到半定量的研究——实验的验证,思维的魅力也一次次地得到了升华.

(3) 对反射定律和折射定律的认识

① 对光的反射和折射的直观认识

很早很早以前,人们对光的反射就有了认识.我国古人在三四千年前,已经会利用水面成像了(图4.30).

在我国著名的园林城市苏州郊区,有一个风景优美的景点——灵岩山.山上有一口井(吴王井),相传是春秋战国时代吴国王妃西施每天对着井水梳妆用的.

在西方,古希腊是很早就对光学有研究的文明古国.在那里,至今还流传着一个阿基米德利用光的反射火烧敌人战船的脍炙人口的

图4.30 水镜

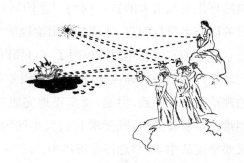
图4.31 阿基米德火烧敌舰

---

* 与布朗运动有关的研究中,先后有爱因斯坦、佩兰、默顿(R. C. Merton)和斯科尔斯(M. S. Scholes)四位科学家获得诺贝尔奖(后两位是1997年经济学奖得主),这恐怕是大家难以想到的事.

故事——阿基米德晚年时,罗马军队入侵叙拉古,据说,他曾指挥叙拉古人民拿出家里的各种"镜子",借助海岸的弧形排列起来,仿佛形成一个巨大的凹面镜,将阳光聚焦到侵犯叙拉古的那条指挥舰的帆面上,使涂过油脂的船帆燃起了熊熊大火,迫使敌人狼狈逃窜.

对于光的折射现象,人们从生活经验中也很早就有了丰富的认识.站在池塘边通过平静清澈的池水望下去,会感觉到池底比实际的深度要浅一些;把一根棍子斜向插入水中,看起来好像折断了似的.古希腊亚里士多德的著作中也曾经描写过光的这种折射现象.

我国古人对光通过透镜的折射现象早就有了应用.在《淮南万毕术》中记载道:"削冰令圆,举以向日,以艾承其影,则火生."这是利用冰透镜取火的一大创举.清代科学家郑复光还做过实验予以证实.20世纪80年代,先后在江苏省扬州的汉墓和南京的东晋墓葬中出土了水晶透镜片,可以将物体放大3～5倍.说明远在公元2世纪以前,我国的古人已经知道利用光的折射现象.

东西方古人在长期生活中所积累的对光的反射和折射的经验都十分珍贵.可是,真正清楚地认识它们的规律,尤其是光的折射规律,却经过了一个很漫长的过程.

② 对光的反射的研究

在科学史上,比较确切地指出光的反射规律,最早可追溯到公元前约330年的欧几里得,在他所著的《反射光学》一书中已经提出了光的反射定律.

稍后,活动于埃及北部亚历山大里亚的希罗(约前150～前75)从"大自然是吝啬的,从不做无用的功"的思想出发,根据光线反射时沿着最短的路程前进的原理,很严密地论证了反射定律:

如图4.32所示,SMS'是按照反射定律画出的光路,$SM'S'$是任意的其他反射光路,S''是S'的对称点.由几何知识知道

$$S''M + MS < S''M' + M'S$$

则

$$S'M + MS < S'M' + M'S$$

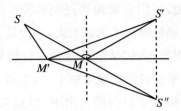

图 4.32 希罗论证反射定律

可见,在一切光路中,沿反射定律的光路最短.

③ 对光的折射研究的四层次

如果从希罗的反射定律的时代开始,到发现并最终理论证明了折射定律,经过了差不多 1600 多年的时间.这里可以分为四个层次.

托勒密的早期探究

最早对光的折射进行实验研究的是古希腊的天文学家托勒密.他采用图 4.33 所示的装置做了实验:在一个圆盘上装有两把能够绕中心 S 旋转的尺子,将圆盘面竖直放置,一半浸入水中,转动两把尺子使它们分别与入射线和折射线重合,然后把圆盘取出,分别按照尺的位置测出入射角和折射角.托勒密用这样的方法得到了一系列对应的数值(表 4.1).

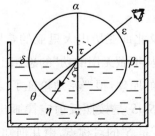

图 4.33 托勒密的实验装置

4 不同思维方式的渗透与互补

表 4.1 托勒密的实验数据

入射角	0°	10°	20°	30°	40°	50°	60°	70°	80°
折射角	0°	8°	15°31′	22°30′	29°	35°	40°30′	45°35′	50°

托勒密根据自己的实验得出一个结论:光发生折射时,折射角和入射角成正比.实际上,这个结论只有在入射角很小的情况下才近似正确.据记载,托勒密当时还求出单位半径的圆中的弧与所对应的弦长数字,并巧妙地用数学方法编制了一个表(相当于现在的正弦函数表),可惜的是,他并没有能够用它发现折射定律.

托勒密所得出的结论,是以实验为依据所作的简单归纳的结果.从思维层次的角度上说,是在形象思维的基础上,用直觉的猜测作出的.

在托勒密以后约 1000 年,有一位阿拉伯学者阿勒·哈增(965～1038)虽然发现托勒密的结论与实际不完全符合,也写过一本讨论光现象的书,不过他没有给出新的结果.

可以这么说,托勒密以后 1000 多年人们对光折射的研究基本上没有什么进展.直到 17 世纪,由于天文学发展的迫切需要,又重新燃起了许多科学家对光折射研究的热情.德国著名的天文学家开普勒通过实验研究光的折射,并从中发现了全反射现象,遗憾的是,开普勒没有能够发现折射定律.最后,由荷兰的数学家斯涅耳于 1621 年揭开了这个谜底.

斯涅耳的实验发现

斯涅耳对于光折射的研究,是在开普勒等前人著作的基础上,从实验现象着手的.

1621 年,他做了一个实验:在一个长方形的玻璃水槽里盛满清水,让一束光线从空气斜向射入水中,沿着入射线方向可以画出一条在水中的虚光线(图 4.34).接着,他就撇开空气中的入射光线,只研究在水中的折射线和虚光线的角度关系.这样,他就把原来在两种介质里的光线,都合并在一种介质里了,使问题大为简化,这是斯涅耳极为高明的一招.然后,他就画出一个单位圆,找出单位圆内折射光线和虚光线的长度关系(图 4.35).

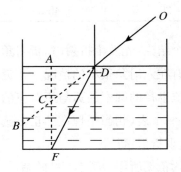

图 4.34 光折射实验　　　　图 4.35 斯涅耳的研究

斯涅耳通过仔细的研究,从这两条光线的长度中发现了入射角和折射角一个关系:

$$\frac{DC}{DF} = \frac{AD/\sin i}{AD/\sin \gamma} = \frac{\csc i}{\csc \gamma} = 常量$$

他把这个结果表述为:在相同的介质里,入射角和折射角余割之比总是保持相同的值.实验的计算结果如表 4.2 所示.

表 4.2　根据斯涅耳实验数据及计算结果的比较

入射角(i)	折射角(γ)	比值 $\dfrac{i}{\gamma}$	比值 $\dfrac{\sin i}{\sin \gamma}$
0°	0°	不确定	
10°	6.7°	1.50	0.147/0.117≈1.49
20°	13.3°	1.50	0.342/0.230≈1.49
30°	19.6°	1.53	0.500/0.336≈1.49
40°	25.2°	1.59	0.643/0.426≈1.51
50°	30.7°	1.63	0.766/0.511≈1.50
60°	35.1°	1.71	0.866/0.575≈1.51
70°	33.6°	1.81	0.940/0.624≈1.50
80°	40.6°	1.97	0.985/0.651≈1.51

4 不同思维方式的渗透与互补

斯涅耳的结论是从实验得到的,他没有给出理论论证.斯涅耳的表述中"在相同的介质里"这句话,实际上是多余的,而且容易引起歧义.更可惜的是,他英年早逝,并没有把研究结果公布于众.直到1662年,由于他的同胞惠更斯和伊萨克·沃斯的努力,在斯涅耳的故纸堆里抢救出了这项令荷兰人骄傲的伟大发现.

笛卡儿的论证表述

斯涅耳的实验,虽然只限于光线在空气和透明介质间发生折射的情况,可贵的是他为后人的研究打开了思路.

在斯涅耳的实验发现以后,法国著名数学家笛卡儿根据光的微粒说,在他所提出的三条假设基础上运用演绎推理的方法推导出了光的折射定律*. 1637 年,他在《屈光学》一书中用正弦函数形式把它表示为

$$\frac{\sin i}{\sin \gamma} = n = 常量$$

这就是说,光从空气(真空)折射入一种透明介质的时候,入射角的正弦和折射角的正弦之比是一个常量(图 4.36).这个常量(n)称为介质对空气(真空)的绝对折射率.

---

* 笛卡儿的三个假设是:① 光速在较密的介质中较大;② 在相同的介质中,光速对各种入射角都有相同的比率;③ 在折射时,平行于折射面的速度分量保持不变.然后,他根据平行于折射面的速度分量不变的假设,得

$$v_i \sin i = v_\gamma \sin \gamma \quad 或 \quad \frac{\sin i}{\sin \gamma} = \frac{v_\gamma}{v_i}$$

即光从空气(真空)射入介质时,入射角的正弦与折射角的正弦之比,与光在它们之间传播的速度成反比.由于光在空气与确定介质中的速度是一定的,因此上式就可以写为

$$\frac{\sin i}{\sin \gamma} = 常数$$

实际上,笛卡儿的①、③两点假设是错误的,但这并不影响他对折射定律所作出的贡献.

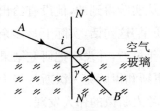

图 4.36　光从空气射入透明介质发生折射

当光线在任意两种透明介质中发生折射时（图 4.37），折射定律可推广表示为

$$\frac{\sin\theta_1}{\sin\theta_2} = \frac{n_2}{n_1} = n_{21}$$

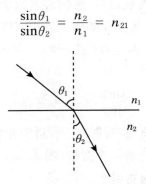

图 4.37　光从透明介质 1 射入介质 2 发生折射

这里的比值 n_{21} 称为介质 2 相对于介质 1 的相对折射率，它等于介质 2 跟介质 1 的绝对折射率之比。为了便于记忆和应用，常把折射定律表示成如下的形式（称为广义斯涅耳公式）：

$$n_1\sin\theta_1 = n_2\sin\theta_2$$

费马的严密证明

1657 年，法国数学家费马提出了"光程最短原理"——光在介质中传播时的光程取极值的原理（后来称为费马原理），从理论上对折射定律作出了严密的证明。

如图 4.38 所示，设光从介质 Ⅰ 折射入介质 Ⅱ 时的入射角为 i，折

射角为 γ，介质 I 的折射率为 1，介质 II 的折射率为 n．光从 A 点到 B 点的光程为

$$L = \frac{a}{\cos i} + \frac{nb}{\cos \gamma} *$$

并且应满足条件：A、B 两点在分界面上投影的长度一定，即

$$a\tan i + b\tan \gamma = 常数 \quad ①$$

对 L 取微分，当光程最小时必须满足条件

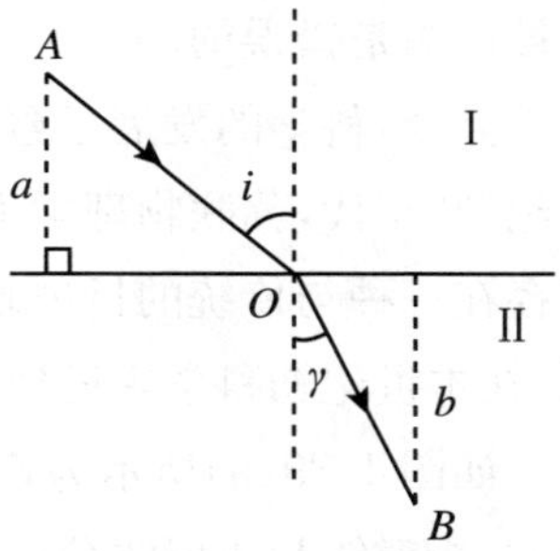

$$\frac{\mathrm{d}L}{\mathrm{d}i} = \frac{a\sin i}{\cos^2 i} + \frac{nb\sin\gamma}{\cos^2\gamma} \cdot \frac{\mathrm{d}\gamma}{\mathrm{d}i} = 0 \quad ②$$

由①式得

$$\frac{a}{\cos^2 i} + \frac{b}{\cos^2 \gamma} \cdot \frac{\mathrm{d}\gamma}{\mathrm{d}i} = 0$$

将它与②式对照，即可得

$$\sin i - n\sin\gamma = 0 \quad 或 \quad n = \frac{\sin i}{\sin\gamma}$$

图 4.38 折射定律的证明

这就是折射定律．

折射定律的发现，是光学发展史上的一件大事，它奠定了几何光学的理论基础，推进了对几何光学的系统研究，同时，也推动了天文望远镜的研制．后人为了纪念斯涅耳，常把折射定律称为"斯涅耳定律"．

④ 对光折射的新认识

从初中物理学习光的折射现象开始，大家就一直牢牢地记住：光在两种透明介质之间发生折射时，入射光和折射光在同一平面内，分居在法线两侧．如果有人说，"入射光和折射光在法线的同侧"，一定

---

* 介质中的光程等于折射率乘以几何路程．费马证明中用到了简单的微分运算，初读如有困难可以跳过数学部分，只需知道折射定律是光程取最短的必然结果．

会被认为是错误的.

如今,科学的发展已经颠覆了原来一成不变的某些认识.在 20 世纪 60 年代,苏联物理学家 V. G. Veselago 首先在理论上指出,可以存在一种与传统的折射现象不同的材料(称为负折射率材料).后来,在本世纪初科学家已经制得了这种新颖的材料.

如图 4.39(a)所示为普通的透明材料,光在两种介质表面发生折射时,折射线与入射线分居法线两侧;图 4.39 中(b)和(c)就是负折射率材料,光在两种介质表面发生折射时,折射线与入射线在法线的同侧.不过,负折射率材料发生折射时,入射角与折射角之间的关系仍然遵循斯涅耳定律.

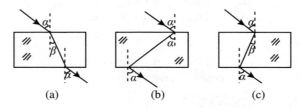

(a)　　　　　(b)　　　　　(c)

图 4.39　普通材料与负折射率材料

负折射率材料在军事工程、航天技术等高端领域中有很多应用.据报道,德国的一个研究小组制成了一种负折射率材料,可能对隐身技术会有突破.因为人们能够看见物体,是由于从物体上发出(或反射)的光到达人眼的结果.如果在物体上涂以某种材料,能够引导着光"转向",使它无法到达观察者的眼睛,人们也就无法看到物体了,仿佛电影《哈里波特》中施了魔法一样.因此,近年来,对负折射率材料的研究已经成为科学界的一个热点,人们期盼着有新的奇迹诞生.

下面两个问题,有助于加深你对负折射率材料的认识,请相互讨论交流.

练习题

1.(2014　北京)　以往,已知材料的折射率都为正值($n>0$).现

4 不同思维方式的渗透与互补

已有针对某些电磁波设计制作的人工材料,其折射率可以为负值($n<0$),成为负折射率材料.位于空气中的这类材料,入射角 i 与折射角 r 依然满足 $\dfrac{\sin i}{\sin r}=n$,但是折射线与入射线位于法线的同一侧(此时折射角取为负值).若该材料对电磁波的折射率 $n=-1$,正确反映电磁波穿过该材料的传播途径的示意图是图 4.40 中的( ).

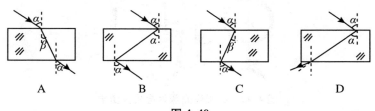

图 4.40

2.*有一种新材料的折射率 $n=-1$,则从空气中一点光源射向这种材料的光路图是图 4.41 中的( ).

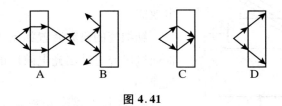

图 4.41

(4) 对光电效应的认识

① 赫兹的发现

1887 年,德国物理学家赫兹在进行电磁波的发射和接收的实验时,无意中发现一些光射到产生电磁波的火花间隙时,也能使间隙之间发生火花.后来,他经过进一步研究后发现,如果用紫外光照射间隙的负极,则更容易放电.

---

* 练习题 2 为 2011 年复旦大学自主招生试题.

如图 4.42 所示,将擦干净的锌板与验电器的小球相连,然后用摩擦起电的方法使锌板带上负电,验电器的金箔会有一个张角.此时若用弧光灯照射锌板,可以看到验电器金箔的张角逐渐减小,最后完全闭合.这个现象说明,锌板受光照射后失去了负电荷——发射电子*.

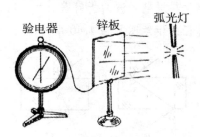

图 4.42　锌板受光照射会失去负电

② 勒纳德的探究

赫兹的发现后来由他的助手勒纳德作了仔细的研究,并首先把金属受光照射后发生的这种现象称为光电效应.

勒纳德的研究装置如图 4.43 所示.他通过研究总结出光电效应的几条实验规律**：

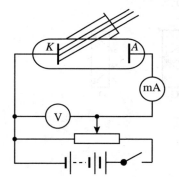

图 4.43　勒纳德的实验研究

a. 只有当光的频率高于某一定值时,才能从某一金属表面打出电子来,被打出的电子的能量(或速度)只与光的频率有关,而与光的强度无关,电子的能量

---

* 当初,人们只知道失去负电荷,直到 1899 年,英国物理学家汤姆孙测定了从锌板放出的电荷的比荷,肯定了它们就是组成阴极射线的这种粒子,也就是现在所说的电子.

** 有时为明确起见,总结为四条规律,还有一条是:当照射光的频率一定时,入射光越强,饱和光电流越大.即一定颜色的光,入射光越强,一定时间内发射光电子的数目越多.

随着光的频率的增高而增大.

b. 打出的电子的数目只与光的强度有关,而与光的频率无关.

c. 一经光照,就立即有电子从金属表面逸出,根本不需要延迟时间(至多为10^{-9} s),即光电效应的发生几乎是瞬时的.

③ 爱因斯坦的新观点

勒纳德总结的光电效应实验规律,无疑使经典物理学陷入了深深的困境.因为按照光的波动理论,光的能量由光的强度决定,而光的强度又是由光波的振幅决定的,跟频率无关.因此,不论光的频率如何,只要光的强度足够大,或照射的时间足够长,都应该有足够的能量产生光电效应.并且,从光照到发射电子应该有一个积累能量的时间,不可能几乎是瞬时的.显然,实验结果完全背离了经典波动理论,仿佛在经典物理学上空飘来了一朵乌云.

那么,这个现象是怎样产生的? 对光的本性又应该有什么新的认识呢? 正当许多物理学家为光电效应的难题一筹莫展时,年轻的爱因斯坦在普朗克量子说的影响下,在1905年提出了一个大胆的新观点——光量子假设.

爱因斯坦认为:光是不连续的,它由一份一份的光量子(光子)组成,每一份光量子的能量为 $\varepsilon = h\nu$(h 是普朗克常数).光量子与物质作用时(如光照射到金属表面),可以把整个能量传递出去.

当光照射到金属表面时,光子的能量被电子吸收后,一部分消耗于逸出金属表面所需要做的功(称为逸出功,用 W_0 表示),余下部分转化为电子的初动能.根据能的转化和守恒定律,有

$$h\nu = W_0 + \frac{1}{2}mv^2$$

或表示为

$$E_k = h\nu - W_0$$

这个式子就是著名的爱因斯坦光电效应方程.

爱因斯坦的光子说,仿佛是早已消亡的粒子说重新又在美丽

的物理学天空中翱翔了.不过,它完全不同于昔日牛顿的光子说,已经得到了"脱胎换骨"的新生,是建立在量子概念上的一种全新的学说.

根据爱因斯坦的光子说和光电效应方程,很容易解释勒纳德从光电效应实验得到的规律:

a. 由于电子逸出金属表面时,必须克服逸出功 W_0,因此每一种金属发生光电效应都有一个最低的频率(极限频率)ν_0,其值为

$$\nu_0 = \frac{W_0}{h}$$

如果入射光的频率低于 ν_0,光子的能量被金属表面的电子吸收后仍不足以克服逸出表面所需要的功 W_0,金属表面就不会发射电子产生光电效应.

b. 由光电效应方程可知,从金属表面逸出的光电子的动能和速度分别为

$$E_k = \frac{1}{2}mv^2 = h\nu - W_0$$

$$v = \sqrt{\frac{2(h\nu - W_0)}{m}}$$

对一定的金属,W_0 是个定值,所以光电子的动能(或速度)只与入射光的频率有关,且随着入射光频率的增大而增大.

c. 入射光频率一定时,光强增大,只表示每单位时间内到达金属表面的光子数增加,但每个光子的能量不变.

d. 由于光子与电子相互作用时,可以整个地传递能量,因此只要满足频率条件,无需经过能量积累的时间过程.

④ 密立根实验的趣事

遗憾的是,当初爱因斯坦的假设并没有被人们所接受.美国著名的实验物理学家密立根也认为爱因斯坦的光量子假设是"粗枝大叶""不可思议"的,并给自己定下了一个工作目标:对爱因斯坦的光电方

程进行彻底检验,试图用实验推翻这个理论.

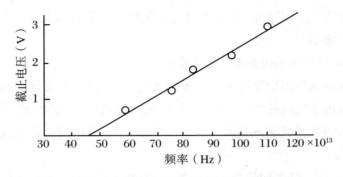

图 4.44 截止电压 U_a 与频率 ν 的关系

根据光电效应实验,截止电压(使光电流等于零时的反向电压,又称遏止电压)与光电子的最大初动能有关,即

$$eU_a = \frac{1}{2}mv^2$$

结合爱因斯坦公式

$$eU_a = h\nu - W_0$$

就可以得到截止电压与入射光频率之间的关系,即

$$U_a = \frac{h}{e}\nu - \frac{W_0}{e}$$

在 U_a-ν 的直角坐标系中画出的是一条直线,其斜率应该等于 $\frac{h}{e}$(e 为电子电量).因此,只需要在实验中得出 U_a-ν 图像后,可以根据其斜率求得普朗克常数,由此就可以检验光电方程及光子理论的正确性了.

不过,由于金属表面氧化膜的影响等因素,要求用实验验证这个看来很简单的关系,难度却很大.为此,密立根花费了约 10 年的时间,克服了许多困难,终于在 1916 年作出了精确的检验.

密立根的初衷是希望用实验推翻爱因斯坦的光量子假设.实验结果却出乎意料地与爱因斯坦的理论一致——截止电压与入射光频

率之间确实是线性关系,并且从实验图像的斜率可以精确测定普朗克常数 h 的值."否定"的初衷变成了有力的验证,这真是物理学史上的一件趣事!

⑤ 从单光子到多光子光电效应

在中学物理中学习的属于表面光电效应,因此非常强调入射光子与光电子之间的"一一对应"关系.也就是说,当满足频率条件时,一个入射光子只能被金属表面的一个传导电子所吸收,从而发出一个光电子.

学习中,许多同学常会发出疑问:如果电子吸收一个光子所获得的能量,还不足以克服金属表面逸出功的话,它为什么不能通过继续吸收第二个、第三个光子逸出呢?

实际上,由于物质粒子始终不停地做着无规则的热运动,当表面附近的传导电子吸收一个光子的能量后无法逸出时,还等不到吸收第二个光子,它吸收光子所获得的能量早已在无规则热运动中消耗掉了.爱因斯坦当年也曾经考虑过多光子吸收的问题,不过他清醒地认识到由于通常的光源很弱,入射光的光子密度很小,是无法实现多光子吸收的.他曾经这样形象地作过比喻:"光电效应中一个电子吸收两个光子的几率,不会大于下雨天两个雨滴同时打在一个蚂蚁身上的几率."*

直到 20 世纪 60 年代激光的发明,乃至超强激光出现以后,多光子光电效应在实验上的研究才成为可能,如今,人们利用超强激光,不仅可以观察到双光子和三光子的光电效应,甚至能观察吸收几十

---

* 我们可以很容易作出估算:如果用一个功率 $P=15$ W 的紫外光源做光电效应实验,用它照射相距 $R=0.5$ m 处的金属板,每两个光子落在金属表面层原子上的时间间隔的数量级约为 10^1 s. 金属内电子无规则运动的碰撞频率的数量级平均达到 $10^{15}/s$,即每两次碰撞时间间隔的数量级仅为 10^{-15} s,它远小于连续两个光子落在原子表面的时间. 因此,通常表面光电效应中是无法实现双光子或多光子吸收的. 类似的具体估算请读者参阅本丛书《猜想与假设》一册.

4 不同思维方式的渗透与互补

个等效光子的实验现象.

下面这个练习题很有意义,请同学们利用爱因斯坦光电效应公式,结合能的转化和守恒加以认识和体会.

练习题

(2013 北京) 以往我们认识的光电效应是单光子光电效应,即一个电子短时间内只能吸收到一个光子而从金属表面逸出.强激光的出现丰富了人们对于光电效应的认识,用强激光照射金属,由于其光子密度极大,一个电子在短时间内吸收多个光子成为可

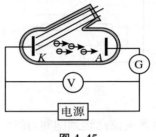

图 4.45

能,从而形成多光子电效应,这已被实验证实.光电效应实验装置示意如图 4.45 所示.用频率为 ν 的普通光源照射阴极 K,没有发生光电效应,换同样频率为 ν 的强激光照射阴极 K,则发生了光电效应.此时,若加上反向电压 U,即将阴极 K 接电源正极,阳极 A 接电源负极,在 K、A 之间就形成了使光电子减速的电场,逐渐增大 U,光电流会逐渐减小;当光电流恰好减小到零时,所加反向电压 U 可能是下列的(其中 W 为逸出功,h 为普朗克常量,e 为电子电量)(　　).

A. $U = \dfrac{h\nu}{e} - \dfrac{W}{e}$ B. $U = \dfrac{2h\nu}{e} - \dfrac{W}{e}$

C. $U = 2h\nu - W$ D. $U = \dfrac{5h\nu}{2e} - \dfrac{W}{e}$

参考答案:B.

通过这个练习,请你再比较一下:多光子光电效应中的极限频率和截止电压与单光子光电效应有什么不同? 为什么在单光子光电效应中需要用紫外线才能做成的光电效应实验,改用强激光后采用绿光或红光也有可能做成功?

⑥ 进行一次有意义的课外活动

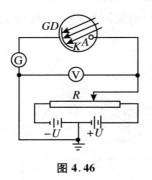

图 4.46

根据学校实验条件,利用图 4.46 的装置*,可以开展一次有意义的课外活动,测定光电效应现象中几个重要的物理量.

Ⅰ.对应于一定入射光强度,测定每秒从光阴极发射的光电子数

保持入射光的强度一定,逐渐增大光电管两端的正向电压(变阻器的滑动头右移),直到电流表的示数不再发生变化,表示光电流已达到饱和,读出电流值 I_{max}(饱和电流),即得光阴极每秒发射的光电子数为

$$N = \frac{I_{max}}{e}$$

式中 $e = 1.6 \times 10^{-19}$ C,为电子电量.

Ⅱ.对应于某种入射光,测定光电子的最大初动能

将变阻器的滑动头左移,在光电管上加以反向电压,并逐渐增大反向电压,直到电流表的示数恰好为零.读出电压表的示数即为截止电压 U_a,则电子的最大初动能为

$$E_{kmax} = \frac{1}{2}mv_{max}^2 = eU_a$$

在这两次测定中,还可以根据实验过程中电流、电压的变化,分别画出它们的图像.如图 4.47 所示,是保持频率不变时饱和电流的一组图像,随着入射光功率(P)的增大,其饱和电流也逐渐增大,截止电压保持不变.图 4.48 是改用不同频率入射光的一组图像,随着入射光频率的增大,截止电压的大小也逐渐增大.

---

* 可以采用 PC—Ⅱ型普朗克常数测定仪,这是验证光电效应规律及测定普朗克常数的专用教学仪器.

4 不同思维方式的渗透与互补

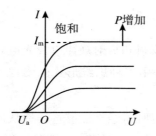 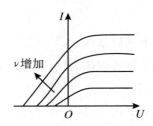

图 4.47 保持频率不变时的 $U-I$ 图像　　图 4.48 不同频率时的 $U-I$ 图像

Ⅲ. 测定普朗克常数

利用两种已知频率的入射光,分别测出光电子的最大初动能(通过截止电压表示),由

$$E_{kmax1} = eU_{a1} = h(\nu_1 - \nu_0)$$
$$E_{kmax2} = eU_{a2} = h(\nu_2 - \nu_0)$$

联立两式,得普朗克常数

$$h = \frac{\Delta E_{kmax}}{\Delta \nu} = \frac{e(U_{a2} - U_{a1})}{\nu_2 - \nu_1}$$

它恰好等于 $E_k - \nu$ 图像的斜率(图 4.49).

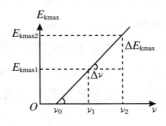

图 4.49　$E_k - \nu$ 图像

Ⅳ. 测定阴极表面金属的逸出功和极限频率

根据已知的入射光频率(ν),利用上面测定的截止电压(U_a)和普朗克常数(h),由爱因斯坦方程可以算出逸出功和极限频率分别为

$$W_0 = h\nu - E_{kmax} = h\nu - eU_a$$

$$\nu_0 = \frac{W_0}{h} = \nu - \frac{eU_a}{h}$$

上面以落体运动、布朗运动、光的反射和折射规律以及光电效应等四个物理规律为例,说明在认识过程中多种思维形式的渗透与交辉作用.

如果在学习中,对一些重要的物理规律,经常能够这样地从历史背景——实验与理论探究——现代进展——学习中专题性的讨论等,进行多方面、多角度的回顾与比较认识,而不是只局限于背诵教材中的定律,或者只是专注于解题,那么不仅非常有利于对物理规律的深入理解,也会极大地丰富视野,提升学习的能力,有利于促进思维的多元化发展.

4.3 关于汽车的一次专题讲座——学习过程中不同思维方式渗透与互补的体现

现在,家庭用汽车非常普遍,同学们对汽车的感性认识已相当丰富,对它的运动特性也往往会产生一些直觉的认识,并且经常会表现出对汽车的浓厚兴趣.许多同学已不满足于常见的有关汽车的追及和通过凸形桥顶、凹形桥底等的一类问题.

实际上,汽车是一个资源非常丰富的宝库,即使在中学物理的范畴内,也有许多可以发挥和利用的素材.下面,我们以中学物理知识范畴为原则,在比较宽广的视野里选取若干有关汽车的问题,作专题性的"理论探究".

这些问题的共同特点是,它们不仅都具有实际的背景,并且有的可以看成是对同学们心中疑问的解释;有的可以看成是学习中问题的延伸和提高;有的可以看成是对中学物理内容的扩展和补充等.

在这些问题的讨论中,实际上都渗透着不同的思维方式.希望通过对这些问题的讨论,不仅能扩展同学们的认识,让大家领悟不同思维方式的互补,也能够进一步提高同学们发现问题、探究问题的兴趣和能力.

(1) 汽车的两种启动方式

在中学物理学习中,常常会遇到这样的问题:一辆汽车从静止起以恒定的功率沿平直路面开始运动;或者,一辆汽车从静止起以恒定的加速度沿平直路面开始运动.这两种启动方式各有什么不同的特点?如果要求达到规定的最大速度值,两者又有什么不同呢?

① 两种不同启动方式的特点

Ⅰ.以恒定功率启动

由于汽车保持额定功率不变($P = P_{额定}$),启动后随着车速的增大,牵引力 F 减小,汽车从静止起做变加速运动.设汽车的质量为 m,运动中受到的阻力恒定为 f,则对应于不同速度下的加速度为

$$a = \frac{\frac{P}{v} - f}{m}$$

随着运动速度 v 的增大,汽车的加速度逐渐减小.当 $a = 0$ 时,$F = f$,汽车的速度达到最大值,有

$$v_{\max} = \frac{P}{F} = \frac{P_{额定}}{f}$$

Ⅱ.以恒定加速度启动

汽车运动中的加速度为

$$a = \frac{F - f}{m}$$

当加速度保持恒定时,意味着汽车的牵引力 F 也恒定,也就是恒力启动.

汽车启动后做匀加速直线运动.随着运动速度 v 的增大,汽车发动机的输出功率 P 也不断增大.当车速达到某个值 v_1 时,达到额定功率 $P = P_{额定} = F_1 v_1$,此时加速度 $a \neq 0$,汽车的速度 v 继续增大.此后,由于发动机的功率受到额定功率(即最大允许功率)$P_{额定}$的限制,

牵引力减小,则加速度也随着减小.直到满足条件 $F=f$ 时,汽车的速度达到最大值,以后就保持该速度匀速运动.显然,恒定加速度启动中,汽车的最大速度同样是

$$v_{\max}=\frac{P_{额定}}{F}=\frac{P_{额定}}{f}$$

② 两种启动方式的比较

两种启动方式最后都可以达到同样的最大速度 $v_{\max}$,但它们的过程不同:

采用恒定功率启动时,汽车始终做着加速度越来越小的变加速运动,在这个运动过程中,汽车运动的 $v-t$ 图像如图 4.50 所示.

采用恒加速度启动时,汽车先做匀加速运动,然后经历一个变速运动的"过渡阶段"——在这个阶段中,汽车的速度继续增大,但加速度却变小,汽车运动的 $v-t$ 图像如图 4.51 所示.

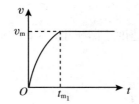

图 4.50 恒功率启动的 $v-t$ 图　　图 4.51 恒加速度启动的 $v-t$ 图

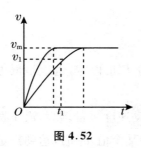

图 4.52

可见,采用这两种启动方式达到最大速度所经历的时间和位移不同.如果把两幅图画在一起(图 4.52),立即可以看出:采用恒定加速度启动时,达到最大速度的时间比恒功率启动的方法长,相应地,需要通过更长的距离.

通过对两种不同启动方式的比较,对于有关汽车的运动问题应该把握这样几个要点:

Ⅰ. 汽车发动机正常工作的最大功率只能是额定功率,汽车的

4 不同思维方式的渗透与互补

牵引力、运动速度与功率之间始终满足条件

$$P = Fv$$

Ⅱ．汽车运动的最大速度条件一定是 $F = f$，最大速度值一定是

$$v_{\max} = \frac{P_{额定}}{f}$$

Ⅲ．在恒定加速度启动时，当功率增大到 $P = P_{额定}$ 时，匀加速过程结束，对应的速度和运动时间分别为

$$v_1 = \frac{P_{额定}}{ma + f}, \quad t_1 = \frac{v_1}{a} = \frac{P_{额定}}{a(ma + f)}$$

在变加速运动过程中的运动时间，一般可采用动能定理进行计算，即

$$P_{额定} t - fs = \frac{1}{2} m v_{\max}^2 - \frac{1}{2} m v_1^2$$

例题 1 排量为 1.3 L 的夏利 N3 型汽车发动机的最大功率 $P = 63$ kW，满载质量为 $m = 1225$ kg，最大速度为 $v_m = 165$ km/h。如果汽车在平直路面行驶，取 $g = 10$ m/s²，当汽车从静止起，以加速度 $a = 1$ m/s² 做匀加速运动，那么这个过程能够维持多长时间？

分析与解答 汽车运动过程中受到的阻力和牵引力分别为

$$f = \frac{P}{v_m}, \quad F = ma + f = ma + \frac{P}{v_m}$$

汽车加速运动的末速度为

$$v_1 = \frac{P}{F} = \frac{P}{ma + \frac{P}{v_m}} = \frac{Pv_m}{mav_m + P}$$

所以汽车维持匀加速运动的时间为

$$t = \frac{v_1}{a} = \frac{Pv_m}{a(mav_m + P)}$$

代入题中数据：$P = 63 \times 10^3$ W，$m = 1225$ kg，$v_m = 165$ km/h $= \frac{165 \times 10^3}{3600}$ m/s，$a = 1$ m/s²，得时间

$$t = 24.3 \text{ s}$$

说明 本题相当于对上述匀加速启动的具体化,可以结合起来认识.通常实际问题的数据往往比较复杂,解题时可列出综合式,统一单位后代入一并计算,中间数据不必算出.

例题 2 一辆质量为 3000 kg 的汽车,发动机的功率为 120 kW,它在平直路面行驶时受到的阻力为车重的 0.1 倍.若它以恒定的功率开始启动,经 1 min 可以达到最大速度,则在这个过程中通过的距离是多少?取 $g = 10 \text{ m/s}^2$.

分析与解答 汽车可以达到的最大速度为

$$v_{\max} = \frac{P}{f} = \frac{P}{0.1mg} = \frac{120 \times 10^3}{0.1 \times 3000 \times 10} \text{ m/s} = 40 \text{ m/s}$$

设汽车达到最大速度经过的距离为 s,则由动能定理,有

$$Pt - fs = \frac{1}{2}mv_{\max}^2 \quad 即 \quad Pt - 0.1mgs = \frac{1}{2}mv_{\max}^2$$

得

$$s = \frac{Pt - \frac{1}{2}mv_{\max}^2}{0.1mg} = \frac{120 \times 10^3 \times 60 - \frac{1}{2} \times 3000 \times 40^2}{0.1 \times 3000 \times 10} \text{ m}$$

$$= 1600 \text{ m}$$

说明 有的同学根据算出的最大速度 $v_{\max}$,接着由平均速度算出汽车通过的距离

$$s = \bar{v}t = \frac{v_{\max}}{2}t = \frac{40}{2} \times 60 \text{ m}$$

$$= 1200 \text{ m}$$

这个结果就错了.因为汽车保持恒定功率启动不是做匀加速运动,而是一种变加速运动,达到最大速度的位移必然比始终做匀加速运动达到最大速度时的位移大(图 4.53).

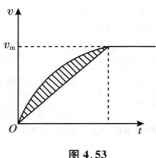

图 4.53

4 不同思维方式的渗透与互补

练习题

一辆汽车的质量为 $m = 1.0 \times 10^4$ kg,发动机的额定功率 $P = 100$ kW,它在水平路面上行驶时受到的阻力为车重的 0.1 倍.取 $g = 10$ m/s^2.试问:

① 若汽车保持恒定的功率运动,运动的最大速度多大?

② 若汽车以 $a = 0.5$ m/s^2 的加速度做匀加速运动,则其做匀加速运动的最长时间是多少?

参考答案:① 10 m/s;② 13.4 s.

(2) 汽车的变速

汽车的变速大家都有很直观的认识.驾驶员脚踩油门或刹车板,就可以使汽车改变速度或停止;更主要的是依靠驾驶员用右手拨动变速杆进行"换挡"——改变齿轮箱内齿轮间的传动速度比,从而达到改变汽车速度的目的.如图 4.54 所示,就是与变速杆相连的某种汽车变速箱内的齿轮结构.

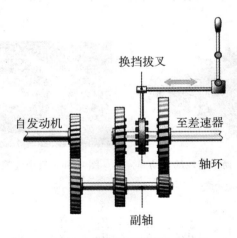

图 4.54 汽车变速箱的齿轮结构

从原理上说,"换挡"变速很简单.如图 4.55 所示,设主动轮 A 和从动轮 B 的半径分别为 R_1、R_2,它们依靠齿轮的啮合传动.不打滑

时，啮合处两轮的线速度应该相等，设两轮转动的角速度分别为 ω_1、ω_2，则有

$$\omega_1 R_1 = \omega_2 R_2$$

当改用转速(每秒转动的次数，单位为 r/s)表示转动的快慢时，若两轮的转速分别为 n_1、n_2，则上式可表示为

$$2\pi n_1 R_1 = 2\pi n_2 R_2$$

所以

$$\frac{n_1}{n_2} = \frac{R_2}{R_1}$$

若 A、B 两轮的齿数分别为 N_1、N_2，由于轮半径与齿数成正比，上式又可表示为

$$\frac{n_1}{n_2} = \frac{N_2}{N_1}$$

所以，利用齿轮传动时各个齿轮的转速与它们的齿数成反比.

如果在 A、B 两轮之间还有一个齿轮 C(图 4.56)，其齿数为 N_C，同理可知

图 4.55　两个齿轮的传动

图 4.56　三个齿轮的传动

$$\frac{n_1}{n_C} = \frac{N_C}{N_1}, \quad \frac{n_C}{n_2} = \frac{N_2}{N_C}$$

联立两式，得

$$\frac{n_1}{n_2} = \frac{N_2}{N_1}$$

这就是说，利用齿轮传动时的转速比，仅取决于始、末两个齿轮的齿数，与中间齿轮的齿数无关.

现在，有许多小型车都采用无级变速器，称为 CVT(Continuously Variable Transmission).它没有明确的具体挡位，速比的变化是连续的.这样就可以避免换挡的突跳感觉，使得动力的传输更为顺畅.技术上，根据无级变速器所采用的传动基本形式，可以形成多种不同的结构.

如图 4.57 所示的结构称为截锥式无级变速器，它通过滚轮把主动轮与从动轮联结起来.滚轮与主动轮、从动轮接触处的线速度大小相等，滚轮移动时，改变了主动轮与从动轮的传动半径比，就可以改变从动轮的转速.

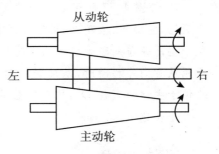

图 4.57 截锥式无级变速器原理

如图 4.58 所示的结构称为滚轮-平盘式无级变速器.它由固定于主动轴上的平盘和可以随从动轴移动的圆柱形滚轮组成.由于平盘与滚轮间的摩擦作用，当平盘转动时，滚轮就会跟随转动.滚轮边缘的线速度与它所接触的平盘处的线速度大小相等，随着滚轮离开平盘的距离不同，从动轴的速度也会跟着发生变化.

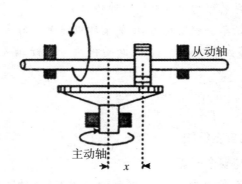

图 4.58 滚轮-平盘式无级变速器原理

此外,还有钢球无级变速器、宽 V 带式无级变速器等.无级变速器相对于齿轮传动的成本较高些,同时还由于受到传动力的限制,一般较适宜于小排量车.

讨论下面的两个问题,可以使你对这种无级变速器的变速原理,进一步形成具体的认识.

练习题

1. 如图 4.57 所示的截锥式无级变速模型,两个锥轮中间有一个滚轮,主动轮、滚轮、从动轮之间靠着彼此之间的静摩擦力带动.当位于主动轮与从动轮之间的滚轮从左向右移动时,从动轮转速降低;滚轮从右向左移动时,从动轮转速增加.假设滚轮不打滑,那么当滚轮位于主动轮直径 D_1、从动轮直径 D_2 的位置上时,主动轮转速 n_1、从动轮转速 n_2 之间的关系是(　　).

A. $n_2 = n_1 \dfrac{D_2}{D_1}$ B. $n_2 = n_1 \dfrac{D_1}{D_2}$

C. $n_2 = n_1 \sqrt{\dfrac{D_1}{D_2}}$ D. $n_2 = n_1 \dfrac{D_1^2}{D_2^2}$

参考答案:B.

2. 如图 4.58 所示的"滚轮-平盘式无级变速器",其中滚轮半径为 r,主动轴的半径为 r_1,从动轴的半径为 r_2,滚轮中心距离主动轴线的距离为 x.假设传动时滚轮不打滑,试问:

① 若主动轴转速为 n_1,则从动轴转速 $n_2 = $ _____ .

② 若从动轴牵引一质量为 m 的重物以速度 v 匀速向上,则滚轮与平盘间的摩擦力 $f = $ _____ .电动机施于主动轴外缘的牵引力的功率 $P = $ _____ .

参考答案:① $\dfrac{n_1 x}{r}$;② $\dfrac{mgr_2}{r}$, mgv.

(3) 汽车的安全行驶

① 安全带与安全气囊

"安全第一",这是乘坐汽车(或其他交通工具)时最为常说的话.

4 不同思维方式的渗透与互补

现代汽车为了保障乘员的安全,有多方面的设计.

安全带就是其中最普遍的一种设施(图 4.59).当高速运动的汽车发生碰撞等事故突然停止时,车中乘员由于惯性仍然会以很大的速度向前运动,因而会与车内的刚性物体发生猛烈的二次碰撞甚至被甩到车外.安全带的结构很巧妙,它的卷收器里面是一个棘轮机构,正常情况下可以自由拉动安全带,一旦车辆急刹车时,棘轮机构会将安全带自动锁死,从而可以将乘员有效地约束在座位上.

图 4.59　安全带　　　　　图 4.60　安全气囊

安全气囊系统是又一种汽车安全性的保护设施(图 4.60),它与座椅安全带配合使用,可以为乘员提供有效的防撞保护.当汽车在行驶过程中发生碰撞事故时,气囊的控制系统会对碰撞的严重程度作出判断,当达到需要展开气囊的条件时,立即会发出信号使气囊展开,这样不仅可以使乘员与车内的刚性物体隔离,并且还起了缓冲作用,有效地延长了乘员与其他物体的碰撞时间(类似于跳高时需要铺垫很厚的海绵垫一样),从而可有效地保护乘员的头部和胸部等部位,使他们免于伤害或减轻伤害程度.

根据有关资料显示,正确使用安全带,在交通事故中可以挽救约 45% 的生命.如果同时使用安全气囊,可以使这个比例提高到 60%.它们对乘员的保护作用是非常显著的.下面这个练习题可以使你对安全带有个具体的认识.

练习题

如图 4.61 所示是某种汽车安全带的控制装置示意图.当汽车处于静止或匀速直线运动时,刹车摆锤竖直悬挂,锁棒水平,棘轮可以自由转动,安全带能被拉动.当汽车突然刹车时,摆锤由于惯性绕轴摆动,使得锁棒锁定棘轮的转动,安全带不能被拉动.若摆锤从图中实线位置摆到虚线位置,汽车的可能运动方向和运动状态是(　　).

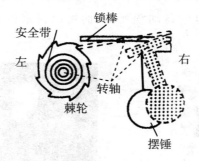

图 4.61　安全带的自动锁扣结构

A.向右行驶,匀速直线运动　　B.向左行驶,匀速直线运动
C.向右行驶,突然刹车　　　　D.向左行驶,突然刹车

参考答案:C.

② 限速行驶

在高速公路上都有限速标志牌,规定不同车辆在该路段行驶的最大车速(图 4.62(a)).不违章超速是驾驶员的基本操守,也是车辆安全行驶的基本保障.

根据物理原理知道,车速越大时,急刹车后滑行至停止所通过的距离也越长.因此,对不同车辆都规定有一定的安全距离.根据《中华人民共和国道路交通安全法》规定:机动车在高速公路上行驶,车速超过 100 km/h 时,安全车距为 100 m 以上.因此在高速公路上每隔一定距离都会设置"车距确认牌",供驾驶员参考对照(图 4.62(b)).

可见,它们都包含着相关的物理知识,真可谓生活中处处有学问.

4 不同思维方式的渗透与互补

通过下面的例题和练习题,希望大家能够对它们有更为具体的认识.

（a）限速标志牌

（b）车距确认牌

图 4.62

例题 1（2014 全国 Ⅰ） 公路上行驶的两辆汽车之间应保持一定的安全距离,当前车突然停止时,后车司机可以采取刹车措施,使汽车在安全距离内停下而不会与前车相碰.通常情况下,人的反应时间和汽车系统的反应时间之和为 1 s,当汽车在晴天干燥沥青路面上以 108 km/h 的速度匀速行驶时,安全距离为 120 m.设雨天时汽车轮胎与沥青路面间的动摩擦因数为晴天的 $\frac{2}{5}$,若要求安全距离仍为 120 m,求汽车在雨天安全行驶的最大速度.

分析与解答 设汽车的质量为 m,匀速行驶时的速度为 v_0,路面干燥和雨天时的动摩擦因数分别为 μ_0 和 μ.司机操纵刹车时在反应时间 t_0 内,汽车做匀速运动,接着,汽车在摩擦力作用下做匀减速运动.晴天时,安全距离为

$$s = v_0 t_0 + \frac{v_0^2}{2a_0} \qquad ①$$

式中

$$a_0 = \frac{\mu_0 mg}{m} = \mu_0 g \qquad ②$$

雨天时,同理有

$$s = v t_0 + \frac{v^2}{2a} \qquad ③$$

式中

$$a = \frac{\mu mg}{m} = \mu g = \frac{2}{5}a_0 \qquad ④$$

联立①、②两式,代入数据 $s=120$ m, $v_0=108$ km/h $=30$ m/s, $t_0=1$ s,得

$$a_0 = 5 \text{ m/s}^2$$

联立③、④两式,同样代入 s、t_0 的数据和 $a_0=5$ m/s^2,化简后得二次方程

$$v^2 + 4v - 480 = 0$$

取合理值,即得雨天的最大车速为

$$v = 20 \text{ m/s} = 72 \text{ km/h}$$

练习题

(1999 全国) 为了安全,在公路上行驶的汽车之间应保持必要的距离.已知某高速公路的最高限速 $v=120$ km/h.假设前方车辆突然停止,后车司机从发现这一情况,经操纵刹车,到汽车开始减速所经历的时间(即反应时间)$t=0.50$ s.刹车时汽车受到阻力的大小 f 为汽车重力的 0.40 倍.该高速公路上汽车的安全距离应为多少? 取重力加速度大小为 $g=10$ m/s^2.

参考答案:160 m.

③ 安全超车

驾车时要求安全超车,除了明确道路的超车条件、掌握一定的超车方法外,还应该了解一次超车所需要的时间和行驶的距离.

如图 4.63 所示,设前车长 l_1,后车长 l_2,两车原来的速度均为 v.在简单的匀速超车情况下,后车将速度提高 Δv,此时与前车相距 Δs,并且完成超车后原来的后车超前距离也为 Δs.

当以前车为参考系时,立即可知完成这次匀速超车所需要的时间为

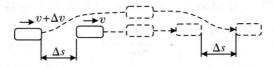

图 4.63

$$t = \frac{2\Delta s + l_1 + l_2}{\Delta v}$$

在这次超车过程中,后车所通过的直线距离为

$$s = (v + \Delta v)t = (v + \Delta v)\frac{2\Delta s + l_1 + l_2}{\Delta v}$$

若以汽车驾驶读本上的数据:$l_1 = l_2 = 8.45$ m(某型号大客车),$v = 30$ km/h,$\Delta v = 10$ km/h,$\Delta s = 20$ m,则完成超车的时间和行驶的距离分别为

$$t = 20.5 \text{ s}, \quad s = 228 \text{ m}$$

(4) 汽车加速和减速中的一个现象

你是否有过这样的体会:当乘坐的小汽车以比较高的速度行驶而急刹车时,车头会微微向下倾.平时以旁观者身份观看影视作品时,可能更容易发现这样的情况.这是由于刹车时,前、后弹簧被压缩的程度不同而产生的.

那么,汽车沿着平直路面行驶刹车时,为什么前后弹簧的压缩量会有不同呢? 这个问题利用中学物理知识同样可以得到解决.

设汽车的质量为 m,质心 C 离开地面的高度为 z,前、后轮中心对质心的水平距离分别为 l_1 和 l_2 (图 4.64).汽车原来沿水平路面向右行驶,急刹车时(假设四个轮子同时刹住)地面对前、后轮的支持力和摩擦力分别为 N_1、f_1 和 N_2、

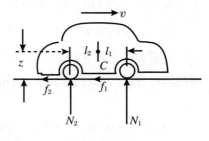

图 4.64

f_2. 根据牛顿第二定律和力矩平衡条件(选取质心 C 的转轴)知

$$f_1 + f_2 = ma$$
$$N_1 + N_2 = mg$$
$$(f_1 + f_2)z + N_2 l_2 = N_1 l_1$$

联立三式,得

$$N_1 = \frac{mgl_2 + maz}{l_1 + l_2}$$

$$N_2 = \frac{mgl_1 - maz}{l_1 + l_2} < N_1$$

取 $m = 2400$ kg, $z = 1$ m, $l_1 = l_2 = 1$ m, 当车以速度 $v = 120$ km/h 前进急刹车时,若要求在时间 $t = 12$ s 内停止,则加速度大小 $a = \frac{25}{9}$ m/s², 取 $g = 10$ m/s², 代入上式可算出前、后轮的支持力大小分别为

$$N_1 = 1.5336 \times 10^4 \text{N}, \quad N_2 = 8.664 \times 10^3 \text{N}$$

由此可见,急刹车时由于地面对前轮的支持力骤增,使得前轮处的弹簧被压缩的程度甚大于后轮处的弹簧被压缩的程度,于是就发生了车头微微俯倾的现象.

汽车加速时的情况则相反,地面对后轮的支持力大于对前轮的支持力,使得后轮处的弹簧被压缩的程度大于前轮处的弹簧被压缩的程度,会产生车头微微向上仰的现象.只是由于通常情况下,启动和加速时的加速度大小远比高速行驶急刹车时的加速度小得多,因此加速时车头微仰的现象不明显.

(5) 汽车的转弯

先研究一个汽车在水平路面上转弯的问题*:汽车沿半径为 R 的圆跑道行驶,设跑道的路面是水平的,路面作用于车的摩擦力的最大值

---

* 这是 1986 年的全国高考物理试题. 必须注意,实际情况下,汽车转弯时所受的向心力往往仅是路面静摩擦力的一部分. 在中学物理中讨论时,通常都如本题这样作了简化处理.

4 不同思维方式的渗透与互补

是车重的 $\frac{1}{10}$，要使汽车不至于冲出圆跑道，车速最大不能超过多少？

由于汽车在水平路面转弯时，它有着沿半径方向"向外甩"的趋势，路面会对车轮产生一个沿半径向里的摩擦力，汽车正是依靠这个摩擦力提供它转弯所需要的向心力的。假设汽车在半径为 R 的圆跑道上转弯时，它所受到的最大静摩擦力全部作为汽车所需要的向心力，相应的最大转弯速度为 v_m，根据题中数据，由

$$F_n = f_{max} = \frac{1}{10}mg = m\frac{v_m^2}{R}$$

得

$$v_m = \sqrt{\frac{f_{max}R}{m}} = \sqrt{\frac{Rg}{10}}$$

可见，在弯道上运动的最大速度受到弯道半径、路面摩擦力等因素的制约。当路面比较湿滑，无法提供足够的摩擦力或转弯半径过小时，必须用较小的速度转弯，否则就容易向外侧滑动，酿成事故。

高速公路转弯处的路面常做成倾斜的（图4.65），目的是可以由汽车的重力和路面支持力的合力提供汽车转弯所需要的向心力。

如图4.66所示，设路面的倾角为 θ，对车轮支持力的合力为 N，则由

$$F = mg\tan\theta = m\frac{v_0^2}{R}$$

图4.65 高速公路转弯处路面

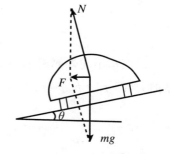

图4.66 汽车转弯的向心力

可得汽车通过弯道的速度

$$v_0 = \sqrt{Rg\tan\theta}$$

此时汽车既无向外滑动的趋势,也无向内滑动的趋势,路面对车的侧向摩擦力为零.这是一种理想的情况,实际驾车时的速度往往会偏离 v_0,从而使路面对车轮产生侧向摩擦力.

① 当车速 $v_1 > v_0 = \sqrt{Rg\tan\theta}$ 时,车有向路面外侧滑行的趋势,路面将对车产生向内的侧向摩擦力 f_1(图 4.67).由

$$f_1\cos\theta + N\sin\theta = m\frac{v_1^2}{R}$$

$$N\cos\theta - f_1\sin\theta - mg = 0$$

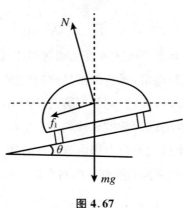

图 4.67

联立得

$$v_1 = \sqrt{\frac{f_1 R + mg\sin\theta}{m\cos\theta}}$$

设汽车不向外侧滑的最大车速为 $v_{\max}$,路面摩擦力达到最大静摩擦力,即 $f_1 = f_{\max} = \mu_0 N$(μ_0 为静摩擦因数),则对应的最大速度为

$$v_{\max} = \sqrt{\frac{Rg(\sin\theta + \mu_0\cos\theta)}{\cos\theta - \mu_0\sin\theta}}$$

② 当车速 $v_2 < v_0 = \sqrt{Rg\tan\theta}$ 时,重力与支持力的合力除提供

4 不同思维方式的渗透与互补

向心力外,还将使车沿路面向内侧滑,路面将对车产生向外的侧向摩擦力 f_2(图 4.68). 由

$$N\sin\theta - f_2\cos\theta = m\frac{v_2^2}{R}$$

$$N\cos\theta + f_2\sin\theta - mg = 0$$

$$f_2 = f_{\max} = \mu_0 N$$

联立得不向内侧滑的最小车速为

$$v_{\min} = \sqrt{\frac{Rg(\sin\theta - \mu_0\cos\theta)}{\cos\theta + \mu_0\sin\theta}}$$

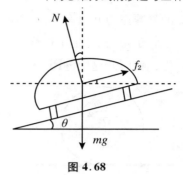

图 4.68

所以,在一定的弯道上汽车转弯的安全速度为

$$\sqrt{\frac{Rg(\sin\theta - \mu_0\cos\theta)}{\cos\theta + \mu_0\sin\theta}} \leqslant v \leqslant \sqrt{\frac{Rg(\sin\theta + \mu_0\cos\theta)}{\cos\theta - \mu_0\sin\theta}} *$$

(6) 汽车牵引力的功率

大家都知道,汽车的牵引力是地面对车轮(主动轮)的摩擦力. 影视作品中常常会看到这样的镜头:汽车的后轮(主动轮)陷入泥坑后,尽管轮子转得飞快,可是车子却无法前进. 此时人们就会在泥坑里填上石块、稻草甚至把衣服等都塞在车轮下,目的是希望增大车轮与地面间的摩擦,从而可使车轮获得足够的摩擦力使车子前进.

当汽车做纯滚动时,车轮与地面接触处的瞬时速度为零,因此地面的牵引力实际上是一个静摩擦力,显然,其瞬时功率也为零.

由于汽车运动过程中每一瞬间静摩擦力的功率均为零,则任何一段运动时间内静摩擦力的功率也为零. 这就是说,作为汽车牵引力

---

* 上面的讨论,虽然比同学们通常接触到的更为深入一些,但必须认识到,它们都是建立在把汽车抽象为质点的前提下进行的,仍然是一种简化的分析. 实际情况下,由于地面摩擦力和地面对车轮的支持力都不通过车的质心,会形成对质心的力矩,从而在一定条件下造成翻车. 考虑这样的力矩作用,可参考本书第 5 章中火车的转弯(P319~P323),作相似的分析.

的静摩擦力并没有对汽车做功.

于是,就产生了这样的问题:使汽车加速运动时的能量从何而来呢?要解开这个谜团,还得从车轮与地面接触处的速度着手.

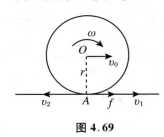

图 4.69

当汽车的车轮做纯滚动的转动时,轮上每一点的运动速度实际上都是由两个运动合成的:一个是随车轴的平动,另一个就是绕车轴的转动.假设车轴的平动速度为 v_0,车轮绕轴转动的角速度为 ω,因此主动轮与地面接触处 A 的瞬时速度等于零,就是由车轴的平动速度(v_1)和绕轴转动的速度(v_2)合成的结果(图 4.69).由于在接触处这两个速度的方向相反,则

$$v_A = v_1 - v_2 = v_0 - \omega r = 0$$

这就是说,车轮做纯滚动时恰好满足条件

$$v_1 = v_2$$

设地面对车轮的静摩擦力为 f,因此其功率为

$$P_A = fv_A = f(v_1 - v_2) = 0$$

或者可以表示为

$$P_A = P_1 + P_2 = 0$$

式中 $P_1 = fv_1$,就是牵引力对汽车的功率,汽车依靠它才能使车的速度增加、能量增大;$P_2 = -fv_2$,是使车轮转动的功率,它是负的,表示需要消耗由发动机提供的能量.

由此可见,汽车启动时(和运动过程中)速度不断增加,车的能量不断增大,归根到底,都是依靠发动机提供能量.在这里,地面的摩擦力仅是起着一个"中介"的作用——通过地面的摩擦力,发电机输出的机械能转化为车的动能.

(7) ABS 作用的认识

汽车急刹车后,刹车片把主动轮(通常是后轮)抱死,使它无法转

动,只能沿着路面滑行.这样就会产生两大严重的后果:

其一,高速运动中紧急刹车后,汽车以很大的速度滑行时与路面剧烈摩擦,会产生大量的热,使轮胎与路面固定的接触部分发软,这部分轮胎与路面间的摩擦因数迅速降低,因此高速行驶的汽车急刹车后,必须滑行很长一段距离才能停止.

其二,轮胎被抱死后,方向盘处于失控状态,路面稍有不平或湿滑,就会使汽车产生侧滑,酿成事故.

为了克服这个弊病,在汽车上设计了一种防抱死制动装置——ABS.它利用传感器和电脑实时采集车轮运动状态的数据,控制车轮在制动过程中可以处于边滑边转的状态,防止车轮一直被"抱死".

如图 4.70 所示为 ABS 装置的工作过程示意图.它依靠在每个车轮上安置的一个转速传感器,将关于各车轮转速的信号输入电子控制装置.在制动过程中,电子控制装置根据车轮转速传感器输入的车轮转速信号,当判定有车轮趋于抱死时,ABS 就进入防抱死制动压力调节过程,使车轮不至于被"抱死".

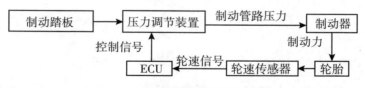

图 4.70　ABS 装置工作过程示意图

由于制动中车轮边滑边滚,依然是车轮各部分轮换着与路面接触,接触部分的摩擦因数不会变小,可以有效地利用滑动摩擦迅速消耗汽车运动的动能,缩短刹车距离,提高安全性能.

下面,我们根据物理原理对它的作用予以进一步说明:

假设小汽车的质量为 m,以速度 v 在平直路面上运动.车轮与地面间的滑动摩擦力为 f,最大静摩擦力为 f_{max}.

设没有 ABS 时,急刹车后车轮被抱死,车身随车轮一起沿路面

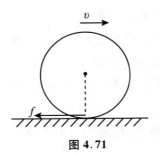

图 4.71

滑行(图 4.71),由动能定理

$$fs_1 = \frac{1}{2}mv^2$$

得滑行距离

$$s = \frac{mv^2}{2f} \qquad ①$$

装有 ABS 时,刹车过程中车轮不会被抱死.假设处于纯滚动状态,则车轮与地面间为静摩擦力,刹车片与轮盘间为滑动摩擦力(设为 f').当 ABS 处于最佳工作状态时,车轮与地面间的静摩擦力恰好达到最大静摩擦力 $f_{\max}$(图 4.72).

由于静摩擦力不做功,此时完全依靠刹车片与轮盘间的滑动摩擦力做功消耗汽车的动能(转化为内能).设在刹车过程中,刹车片与轮盘间的相对位移为 s',则

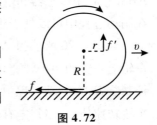

图 4.72

$$f's' = \frac{1}{2}mv^2$$

得

$$s' = \frac{mv^2}{2f'} \qquad ②$$

设车轮半径为 R,刹车片到车轴的距离为 r,当车轮刚好不滑动时,由力矩平衡条件知

$$f'r = f_{\max}R \qquad ③$$

设刹车过程中汽车前进距离为 s_2,它应该等于车轮在地面上滚过的弧长.这段弧长与刹车片对轮盘的相对位移之比,应该等于车轮半径 R 与 r 之比,即

$$\frac{s_2}{s'} = \frac{R}{r} \qquad ④$$

联立②~④式,得

$$s_2 = \frac{R}{r}s' = \frac{R}{r} \cdot \frac{mv^2}{2f'} = \frac{f'}{f_{\max}} \cdot \frac{mv^2}{2f'} = \frac{mv^2}{2f_{\max}} \qquad ⑤$$

比较①式和⑤式,可以看到,车轮被抱死时,刹车后的前进距离与滑动摩擦力有关;装有 ABS 时,刹车过程中的前进距离与最大摩擦力有关.由于 $f_{\max} > f$,则有

$$s_2 < s_1$$

所以装有 ABS 装置可以有效地缩短刹车后的前进距离.

(8) 汽车重心的测定

设汽车的质量为 m,前后轮中心间距为 a,两前轮中心(或后轮中心)宽度为 b,通过三次称重就可以确定汽车的重心位置(质心位置).

如图 4.73 所示,将汽车的两个前轮置于水平地秤上时,若测得支持力的大小为 N_1,设汽车的重心 C 离后轮着地点的距离为 x,当以后轮着地点为转轴时,由力矩平衡方程

$$mg \cdot x = N_1 a$$

得

$$x = \frac{N_1}{mg}a$$

即汽车的重心在离开后轮为 x 处的横截面内.

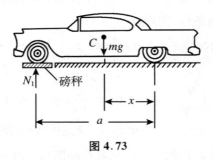

图 4.73

再将汽车右边(或左边)两个轮子置于水平地秤上,设测得地秤

对右轮的支持力大小为 N_2,同理有
$$mg \cdot y = N_2 b$$
得
$$y = \frac{N_2}{mg} b$$
即汽车的重心在离开左边轮为 y 处的纵截面内(图 4.74).

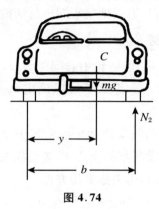

图 4.74

通过这样的两次测量,已经确定了汽车重心所在的平面.接着,需要进一步确定它离开地面的高度.

将汽车停在倾角为 θ 的斜面上,使它的两个前轮置于水平地秤上,设地秤的支持力为 N_3,重心离开底面的高度为 z,如图 4.75 所示.根据力矩平衡条件,同理有
$$mg\cos\theta \cdot x + mg\sin\theta \cdot z = N_3 \cos\theta \cdot a$$
得
$$z = \left(\frac{N_3}{mg} a - x\right)\cot\theta = \frac{a}{mg}(N_3 - N_1)\cot\theta$$

实际工作中,还可以更简单些——称出前轮支持力 N_3,假设后轮抬高时前、后轮的水平距离为 l',后轮抬起的高度为 h(图 4.75),则由
$$N_3 l' = mgx' \implies x' = \frac{N_3}{mg} l'$$

4 不同思维方式的渗透与互补

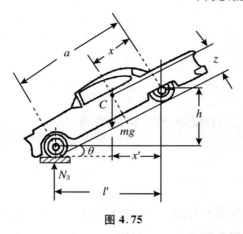

图 4.75

式中 $l' = \sqrt{a^2 - h^2}$,因此

$$x' = \frac{N_3}{mg}\sqrt{a^2 - h^2}$$

然后,距离后轮中心 x' 作竖直线(通过重心),距离后轮中心 x 作垂直斜面的直线,其交点即为重心 C,从图上可以直接量出重心高度 z 的值.

通过这样的测量,就可以求出汽车重心位置的坐标了,而且在技术上已经有足够的准确度了.

上述三方面的具体事例表明,无论是应用技术、科学发现,还是中学物理教学中的问题,各种思维形式总是交叉运用、互相补充的.

其实,人的思维活动(尤其是创造性的思维活动)本来就是十分复杂和灵活的,从来没有单一的、刻板的模式.自觉地重视形象思维的人,他们的抽象思维能力往往也较强.古今中外许多出类拔萃的奇才,往往集科学与艺术才华于一身.达·芬奇既是艺术大师,又是工程师、科学巨匠;科学泰斗爱因斯坦的逻辑思维深奥得叫人难以理解,他的小提琴拉得也极为出众.也许正是由于他们右脑形象思维功能获得了成功的开发,才促使他们左脑的抽象思维功能得以淋漓尽致的发挥.

5 中学物理学习与思维训练

中学物理学习的目的,不仅仅是通过物理学习,逐步认识自然界物质运动变化的本质特征和普遍规律,形成正确的物理观念,还应该结合着知识和技能的学习,树立科学精神和科学态度,了解和掌握科学的思维方法(包括研究方法).这样,通过对物理的学习,才能更好地从前辈科学家思维活动的轨迹中汲取智慧,得到启发,有利于活化自己的灵感,开发潜在的智能.因此,在物理学习中,自觉地重视思维训练具有较为重要的意义.

人的思维能力并非与生俱来的.我国著名科学家钱学森认为,一个有科技创新能力的人,要具备两个能力:一个是逻辑思维的能力,一个是形象思维的能力.这两种能力都需要后天的培养.

著名物理学家丁肇中曾介绍自己在大学学习期间,能打破书本的局限去理解物理现象.他还说:"作为一个科学家,最重要的是不断探寻教科书之外的事物."虽然他的话有一定的针对性,而且我们并非都需要成为科学家,甚至不一定继续系统地接受进一步的教学,但这些话中所折射的思想,对每个同学同样都有指导意义——打破书本的局限,去认识自然、理解自然!

下面,围绕这三种思维方式,就它们在物理教学(学习)中的功能、主要表现及对其的培养与训练,分别提出一些原则性的建议.值得注意的是,绝对不要将这三种思维方式机械地割裂,实际上它们经常是相互渗透、相互影响的,对待具体事物仅是有某些侧重而已.

5.1 以形象思维为入口

人类思维的发展是从具体到抽象逐步上升的,也就是说,人们认识客观世界首先用的就是形象思维,在中学物理学习中(尤其是刚入门的阶段)同样如此,形象思维可以作为进入宏伟的物理学殿堂的入口.

(1) 形象思维的教学功能

① 知识的先导

经验表明,生动直观的事物总是最容易引起人们的注意并激发出求知的兴趣.而一旦引起兴趣,往往就可以转化为自觉学习、克服困难的动力.爱因斯坦说过:"兴趣是最好的老师."

在物理教学中的直观展示,除了语言和图形(或模型)外,最重要的就是物理实验.它能把物理现象(或物理过程)的本质特征鲜明、具体地展现出来.物理实验所产生的形象思维效果也最能激发人们的兴趣.这不仅是因为它所展示的现象生动,更在于它所蕴含的内在的深刻原理是那样的刺激人们,使人们渴望着去探求它的奥秘.例如,如果在研究物体的平衡时,如果展示了美国艺术家 Mike Grab 的叠石艺术作品(图 5.1),大家一定会叹为观止,并留下更深刻的印象.

图 5.1 叠石艺术作品之一

所以,形象思维能起着知识的先导作用.下面的几个实验,一定都在同学们的学习中留下过深刻的印象.

阿基米德的小桶

阿基米德小桶是研究浮力大小与所排开液体关系的精彩实验.其装置如图 5.2 所示.当石块浸入水中后,把从溢水杯中溢出的水,再倒回悬挂着的小桶后,弹簧秤重又恢复原来的示数.令人折服的现象几乎会让你情不自禁地欢呼起来,在进行有关浮力的定量计算前,已经对浮力的大小与其排开的水的重力间的关系,有了一个确定无疑的认识.

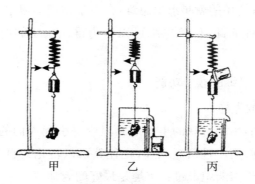

图 5.2　阿基米德的小桶实验

同时落地的小球

图 5.3　同时落体仪

研究平抛运动时,为了说明它在竖直方向的运动性质,通常都会先用"同时落地仪"做一个实验.实验装置如图 5.3 所示,用小锤打击弹簧片,A 球获得初速度水平抛出,原来被夹住的小球 B 竖直下落.可以清晰地听到,两个小球"啪"的一声同时落地.倘若用更大的力打击弹簧片,小球 A 被水平抛出的射程变大,但两球依然同时落地.

如果说,在实验前未曾想到路径不同的两球居然会同时落地的话,那么这个实验就非常直观地显示出来了.

从物理实质上,这个实验非常明确地说明了做平抛运动的物体在竖直方向做着自由落体的运动.

根据这个实验现象,我们马上就可以确定平抛物体在水平方向和竖直方向的运动特性了.即

$$v_x = v_0, \quad x = v_0 t$$

$$v_y = gt, \quad y = \frac{1}{2}gt^2$$

联立两个位移方程,即得

$$y = \frac{g}{2v_0^2}x^2$$

可见平抛物体的运动轨迹是一条抛物线.显然,这个实验作为知识的先导作用是非常显著的.

磁场中的圆运动

对于某些微观现象,由于在日常生活中难以接触,在学习中先形成直观的形象,常常会对进一步的学习起着铺垫作用.

例如,研究带电粒子在匀强磁场中的运动时,如果老师先用"洛伦兹力演示仪"表现一下:当粒子垂直于磁场方向射入时,在洛伦兹力作用下粒子会做圆周运动;当粒子倾斜方向射入磁场时,粒子就会做一种螺旋线形状的运动(图 5.4).

图 5.4 洛伦兹力演示仪(部分)

在这个实验中,粒子所显示的这个令人难忘的美丽轨迹,无疑在你以后学习研究带电粒子在磁场中的运动时,会潜移默化地发挥作用.

压缩空气引火

如图 5.5 所示,在一个厚壁玻璃圆筒的底部放有浸过乙醚的棉花(或硝化纤维),当迅速压下活塞杆时,立即可以透过玻璃筒看到明

亮的闪光.

图 5.5　压缩空气引火仪

这个实验非常鲜明地说明,在密闭容器里的空气受到急剧压缩时,它的温度会升高,当达到燃料的燃点后就会使燃料自动着火.

有了这个实验现象的铺垫,在学习柴油机(狄塞尔内燃机)的点火原理,以及学习汽油机的"压缩比"为什么比柴油机低时,就无须多进行讲解了.

② 抽象的基础

形象思维不仅能以它所引发的兴趣把你领进物理殿堂的大门,还可为你用抽象思维深入探求其中的奥秘打下基础.

无论是引入物理概念、导出物理规律还是利用物理概念和规律进行推理、判断、论证等一系列抽象思维活动,借助直观的形象,可以使思维活动更加明晰,富有成效.请读者一起体会下面的几个事例:

对瞬时速度的理解

瞬时速度是一个很抽象的概念.学习中,除了需要有平均速度的知识基础外,还可以有多方面的形象辅助.例如:

生活体验——乘坐汽车,看到汽车速度计的指针会随着车速的快慢不停地改变位置,表示它指示着不同时刻车速的大小(图 5.6).

图 5.6　速度计

实验测量——利用光电门或打点计时器,测量小车(或滑块)在某段位移 l 内的平均速度,并不断缩短所选用的位移间隔,依次比较它们平均速度的大小. 显然,随着所取位移间隔越来越短,计算出来的平均速度应该越来越趋近于通过位移 l 中某位置(或时刻)的速度(图 5.7).

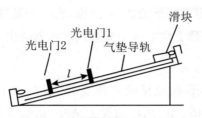

图 5.7　测量瞬时速度的实验

用一个比喻——平均速度相当于计算按身高排列的一群人的平均身高,瞬时速度相当于是其中某个人的身高.显然,用这个人前后少量的几个人计算出来的平均身高,更接近于这个人的实际身高.

画出位移图像——如图 5.8 所示为一个做变速直线运动的物体的位移图像.在时间 $\Delta t = t_2 - t_1$ 内,其位移为 $\Delta s = s_2 - s_1$,这段时间内的平均速度为

$$\overline{v} = \frac{\Delta s}{\Delta t} = \frac{s_2 - s_1}{t_2 - t_1}$$

它对应着图中的割线 AB 的斜率,即

图 5.8　从割线到切线

$$\overline{v} = \tan\alpha$$

当逐渐缩短所取的时间间隔,极限情况下就得到了瞬时速度——变速运动的物体在某个时刻(或某个位置)的瞬时速度,就是包含着这个时刻(或位置)在内、当运动时间趋于零时的极限.用数学式可以表示为

$$v = \lim_{\Delta t \to 0} \frac{\Delta s}{\Delta t}$$

它对应着图 5.8 中切线的斜率.

显然,围绕着这个概念的生活体会、实验测量、比喻和图像等,它们都富有鲜明的形象思维的特征,都能为理解抽象的瞬时速度概念

做铺垫.

如果你在学习的过程中,能自觉地把瞬时速度的概念建立在这样一些具有形象思维特征的实例、图像、实验等基础上,而不是孤立、呆板地背诵条文,那么你对这个概念的理解就会更深刻、更巩固.

三角支架上的力

如图 5.9 所示,是常见的三角支架.当在 A 端悬挂一个重 W 的物体后,关于 AB、AC 两杆的受力情况,初学者往往搞不清楚.如果老师在教学中设计了这样一个实物教具:在斜杆 AB 和水平杆 AC 与竖直墙板连接处开一个孔,分别贴一块橡皮膜.当在 A 端挂上重物 W 后,立即可以看到,斜杆 AB 因压竖直墙板,橡皮膜会向左方突出;水平横杆 AC 因拉竖直墙板,橡皮膜则向右方突出.根据这个直观形象,就很容易判断杆 AB、AC 所受作用力 F_1、F_2 的方向了(图 5.10).

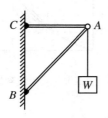

图 5.9 三角支架

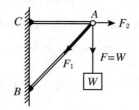

图 5.10 三角支架的受力

于是,一个具体的三角支架受力问题,就可以转化为抽象的力的分解.显然,能形成这样的"具体→抽象"的转化,完全建立在正确判断力 F_1、F_2 方向的基础上.

电容器的结构与原理

打开一台普通的半导体收音机或实验室里的示波器,我们可以看到形形色色各种不同的电容器.它们的大小、外表等看起来差别很大,其实它们的基本结构、原理却是完全一样的.

如图 5.11 所示为"解剖"后的一种纸质电容器,它是在两层导电的锡箔(或铝箔)中间夹一层浸过石蜡的纸卷起来组成的.这两层锡箔(或铝箔)就成为电容器的两个极板,中间的纸就是夹在两板之间的电介质.所以,电容器的符号可以说是"抽象与形象"结合的典范——既是各种不同电容器的抽象概括,也是实际结构的形象化表示.

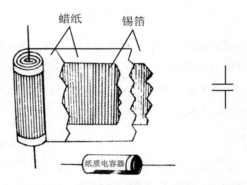

图 5.11　纸质电容器的结构与符号

那么,为什么这样的结构就能够容纳电荷呢?或者说,为什么用两块板,能够比单独一块板在同样条件下容纳更多的电荷?做一个实验是最有效的说明.

如图 5.12 所示,把一块绝缘金属板 A 与静电计相连,用一根与丝绸摩擦过的有机玻璃棒接触金属板 A,使其带上一定量的正电荷(设电量为 Q),静电计指针有一偏角,它指示出金属板 A 与地之间的电势差(设为 U).现再把另一

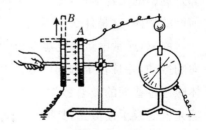

图 5.12　平行板电容器的原理

块不带电的接地金属板 B 靠近金属板 A,由于静电感应,B 板内侧会带上与 A 板内侧等量的电荷,可以看到静电计指示的偏角减小,表示

金属板 A 与地(即与金属板 B)之间的电势差变小了(设变为 U').如果要求指针的偏角恢复原来的大小,势必需要增加极板的带电量.

根据电容器的定义,原来单独一块 A 板的电容量为

$$C = \frac{Q}{U}$$

将 B 板靠近后,A、B 两板构成电容器后的电容量为

$$C' = \frac{Q}{U'} > C \quad (U' < U)$$

这就是说,靠近的两块板构成电容器后的电容量比单独一块板的电容量大,在同样电势差的条件下,就可以容纳更多的电荷.

这个实验非常直观地指出了电容器的结构原理,可以为理解抽象的电容概念打下基础.

神奇的偏振片

学习光的偏振现象时,你用偏振片观看过物体吗?每一片偏振片都是无色、透明的,表面上跟普通的玻璃片没有什么差别.只用一片偏振片去观看旁边同学的脸或其他物体,跟透过普通的玻璃片去观察也没有什么异样.如果你把两片偏振片叠放在一起去观看,并旋转其中的一个偏振片时,奇迹出现了——随着旋转角度的变化,原来都是透明的两片玻璃,却显得不透明了,甚至透过它们会完全看不见前面的物体.这是什么原因呢?

原来,通常电灯等光源发出的都是自然光,它包含着各个可能方向的振动,并且各个方向的强度相同.因此,透过一个偏振片观看物体跟透过普通的玻璃感觉一样.不过,通过一个偏振片后,原来的自然光就变成了偏振光,其振动方向与这个偏振片的透振方向相同,如图 5.13(a)所示.

叠放第二块偏振片后,当两块偏振片的透振方向恰好一致时,仿佛仍然是一块偏振片,透过的光强达到最大值.旋转其中的一块偏振片,两者的透振方向不再相同,透过的光就会减弱,并随着旋转的角

度而变化. 当两者的透振方向互相垂直时,光就完全无法通过了,如图 5.13(b)所示.

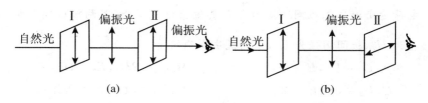

图 5.13 用偏振片进行观察

由于光的偏振现象很少出现在平时生活实际中,大家一般都缺乏直接的经验,如果先亲身经历了这样的实验,具备了形象的观察基础后,对现象的原因也就能够更自觉地接受了.

在物理学习中,类似上面这样的事例,可以说俯拾皆是. 如果先通过形象思维能够建立相应的直观认识,势必会为进一步的抽象分析打下极为坚实的基础.

经验表明,如果在脑海中可以被取用的形象性材料很多,常常可以用它们重新组合成新的形象,或者由一个形象跳跃到另一个形象,从而为信息的加工提供有用的平台,或者,能够迅速地从整体上把握住问题的实质.

美国著名物理学家格拉肖说:"对世界或人类活动中的事物形象掌握得越多,越有利于抽象思维."

③ 解题的助手

形象思维起着解题助手的作用,这可能是形象思维在平时物理学习中最显著的表现. 解题时,一般都需要先画个示意图. 这样,分析时仿佛可以有所"依托",避免"空对空",摸不着头绪,不仅便于找到解题的线索,有时还可以直接利用示意图求解. 例如,电场线的直观形象不仅可以用其切线方向表示场强的方向,用电场线的疏密程度比较场强的大小,有时也能作某些量化的研究.

例题 1(2011 天津) 板间距为 d 的平行板电容器所带电荷量为 Q 时,两极板间的电势差为 U_1,板间场强为 E_1. 现将电容器所带电荷量变为 $2Q$,板间距变为 $\frac{1}{2}d$,其他条件不变,这时两极板间电势差为 U_2,板间场强为 E_2,下列说法正确的是( ).

A. $U_2 = U_1, E_2 = E_1$ B. $U_2 = 2U_1, E_2 = 4E_1$

C. $U_2 = U_1, E_2 = 2E_1$ D. $U_2 = 2U_1, E_2 = 2E_1$

分析与解答 画出平行板间匀强电场的电场线,它是由板上的电荷所产生,并且两板的正负电荷一一对应. 当两板的正对面积不变,电量增加为原来的 2 倍时,电场线的密度也变为原来的 2 倍,所以场强为原来的 2 倍(图 5.14),即

$$E_2 = 2E_1$$

两板的电势差变为

$$U_2 = E_2 d_2 = 2E_1 \cdot \frac{1}{2}d_1 = E_1 d_1 = U_1$$

所以,正确的是 C.

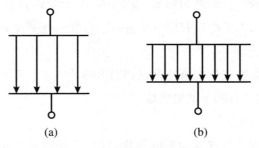

图 5.14 用电场线密度反映场强

说明 一些同学对解答中直接根据电场线的疏密确定场强大小的关系,不是那么"放心". 下面,我们可以进一步指出它的理论依据.

设平行板电容器的电容量为 C,正对面积为 S,间距为 d,每板的电量为 Q,当两板间电压为 U 时,板间电场强度为

$$E = \frac{U}{d} = \frac{\frac{Q}{C}}{d} = \frac{Q}{\frac{\varepsilon S}{4\pi k d} \cdot d} = \frac{4\pi k}{\varepsilon} \cdot \frac{Q}{S} = \frac{4\pi k}{\varepsilon} \sigma$$

式中 $\sigma = \frac{Q}{S}$，称为电荷的面密度，数值上等于平行板电容器极板上每单位面积的电量. 式中 $\frac{4\pi k}{\varepsilon}$ 为一个常量，因此上式表示：平行板电容器两板间的电场强度，与极板上的电荷密度成正比，也就是与电场线的密度成正比. 这正是我们可以直接用电场线密度表示场强大小的依据.

例题 2 两个相同的电容器 A 和 B 如图 5.15 连接，它们的极板均水平放置. 当它们都带有一定电荷并处于静电平衡时，电容器 A 中的带电粒子恰好静止. 现将电容器 B 的两极板沿水平方向移动使两极板错开，移动后两极板仍然处于水平位置，且两极板的间距不变. 已知这时带电粒子的加速度大小为 $\frac{g}{2}$，不考虑边缘效应，那么 B 板错开后正对着的面积与原来极板面积之比为（　　）.

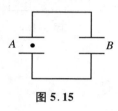

图 5.15

A. $\frac{1}{2}$　　　B. $\frac{1}{3}$　　　C. $\frac{1}{4}$　　　D. $\frac{2}{3}$

分析与解答 图中两电容器为并联关系，当 B 的两板平行错开后，相当于总的正对面积减小，总电容减小，由于电量不变，因此两板间的电压一定增大. 设原来电容器的电压为 U，后来为 U'，则
$$U' > U$$

设 A 中粒子的电量为 q，原来处于静止状态，电容器 B 的两板错开后，粒子向上加速运动. 粒子的运动方程分别为

$$q\frac{U}{d} - mg = 0$$

$$q\frac{U'}{d} - mg = m \cdot \frac{g}{2}$$

联立两式,得板间电压为

$$U' = \frac{3}{2}U$$

或板间场强为

$$E' = \frac{3}{2}E$$

也就是说,后来电容器两极板的电荷密度变为原来的 $\frac{3}{2}$ 倍(图 5.16).

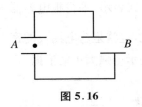

图 5.16

设原来每个电容器的正对面积为 S_0,电容器 B 的两板错开后正对面积为 S_x,即

$$\frac{Q}{S_0 + S_x} = \frac{3}{2} \cdot \frac{Q}{2S_0}$$

得

$$S_x = \frac{1}{3}S_0$$

表示 B 板错开后的正对面积与原极板面积之比为 $\frac{1}{3}$.所以,正确的是 B.

说明 本题由 2012 年北约自主招生试题改编.虽然表面上涉及并联电容器的连接,但由于错开时极板的间距不变,完全可以仅从极板面积的变化考虑,无需应用并联电容器公式进行计算.并且,这里同样可以把电场强度与电场线的密度(对应着电荷密度)结合起来,并由此确定电容器 B 的面积变化.

(2) 发展形象思维的五朵金花

在中学物理学习中建立形象思维的途径,其实与科学研究中并无多大的差别,主要都是通过观察、实验、图形、比喻以及想象等手段.它们仿佛是五朵金花,各有不同的特点,依靠它们的通力配合,可以使形象思维得到最佳的发挥.

① 观察

观察被称为"思维的触角".科学的观察与单纯的感觉和知觉不同,

它是通过感官和辅助仪器(如显微镜、望远镜、分光镜、示波器、加速器、云室等)有目的、有意识地去认识各种自然现象的发生、演变的一种方法.

观察不仅是获得研究对象原始材料的重要手段,也是作出科学发现的支柱.俄国生理学家巴甫洛夫说:"事实就是科学家的空气.你们如果不凭借事实,就永远也不能飞腾起来."

为了通过观察,形成自然的客观形象,在中学物理学习中需要着重注意观察两个方面:

Ⅰ.观察对象

观察什么?也就是说首先要明确所关注或跟踪的研究对象.这里既可以是静态的研究对象,也可以是动态的研究对象.

例如,对水沸腾现象的观察就是一个动态过程.可以这么说,在学习物理前,几乎没有同学认真观察过家中习以为常的"烧开水"的全过程.实际上,沸腾是一个很有趣的现象,这个过程中的热力学分析也很复杂.在中学阶段的学习中,对沸腾现象主要观察的是从开始加热到沸腾的全过程中气泡的变化——加热后,器壁产生小气泡;沸腾前,气泡在上升过程中体积逐渐缩小,最后湮灭(图5.17(a));加热至沸点时,气泡上升过程中体积增大,至液面破裂,放出大量水气,就称为沸腾了(图5.17(b)).

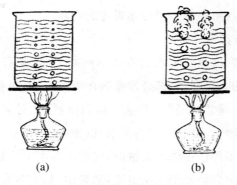

图 5.17 水的沸腾现象

对于类似这样的动态研究对象,观察中特别需要注意它的某些变化特征.当年伽利略在教堂里看见吊灯的摆动时,他关注的是吊灯来回摆动的时间.

在日常生活中,可以有许多观察的对象,它们都与相应的物理知识有关.例如:

学习力的分解后,可以观察一下家庭厨房里菜刀的刀刃.它的前面部分比较薄,后面部分比较厚.这是根据通常的使用要求制作的——前面部分主要用于切青菜、肉片等容易切开的食品;后面部分常用于斩鸡、鸭等的细骨头等,要求强度比较大.

学习动量定理时,可以观察一下装运玻璃器皿的纸箱,它们的内壁都贴有瓦楞纸,这是为了在运输中器皿碰撞时起到缓冲作用,与跳高时铺上厚厚的海绵垫的作用是一样的——延缓碰撞时间,减小碰撞中的作用力.

每个手机充电器都有标号,如输出 DC 5 V 500 mA,输出 DC 5 V 1000 mA,它们表示什么意思?这里的不同标号有什么差别?可以相互混用吗?

……

如果你稍加注意,可以在日常生活中观察到与力、热、电、光等物理知识有关的现象中许多值得你思考的问题.

Ⅱ.观察方法

怎样观察?这是一个观察方法的问题.无论是直接观察还是借助仪器、工具的间接观察,都必须掌握正确的方法(包括仪器、工具的调整、使用等).通常,不同的测量工具和仪器,针对某个具体的观测现象或被测物理量,都有一定的要求.例如:

用物理天平测量物体的质量前,先要通过调节底脚螺母,通过观察气泡水准确定底板处于水平位置;测量中,只需观察指针偏离中央红线两边的距离差不多即可,不必花费很长时间等待指针静止.

用电流表、电压表测量电流、电压，观看读数的视线方向应该与面板垂直．对某些装有反射镜的电表，观察时应该使表针与其在镜中的像重合．

用示波器显示交流电的波形时，为了能在荧光屏上观察到稳定的波形，必须要求扫描电压的周期是输入信号电压周期的整数倍（图 5.18）．如果两者的周期之间不能保持恒定的倍数关系，就会呈现缓慢移动或一片混乱、无法分辨的波形．

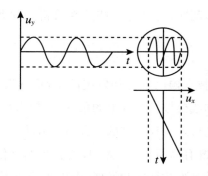

图 5.18　显示稳定波形的条件

用游标卡尺观察直丝灯泡发光的衍射图样，应该使卡尺的两个测脚间形成的狭缝较细，并使狭缝和灯丝平行．

用显微镜观察细小物体时，应该把物体放在物镜焦点外很靠近焦点的地方，并调节镜筒长度（目镜位置），使从目镜中观察到的放大像成于明视距离处．

……

通过观察形成的对自然事物的认识，许多情况下往往还跟观察者的知识素养、经验积累等有关．一块石头，一般人只能从外表看到它的形状、颜色，矿物学家却可"看"出这块石头是长石、石英还是云母；同一张 X 光的病灶照片，不同的医生作出的判断有时会差异很大．

因此，只有通过不断的实践，才能使得从观察中得来的自然形象更加正确、完善，也才能从观察到的自然形象中发现深藏着的内涵．

所以,"观察什么"和"怎样观察"不仅是一个具体方法的问题,也在一定程度上折射出观察者学识和思维的灵活性与深刻性.

爱因斯坦在《自述》里说过这样的话:"我在不久就学会了识别那种能导致深邃知识的东西,而把许多东西撇开不管,把许多充塞头脑并使我偏离主要目标的东西撇开不管."这也就是说,观察时必须要懂得抓住"要害".爱因斯坦的话也正是我们在观察中需要努力追求的目标.

在物理学习中,通过观察不仅常常可以为进一步分析、判断奠定基础,而且有许多问题(尤其是某些定性分析的问题)都可以直接从观察中获得结果.

② 实验

实验是科学技术赖以生存和发展的"生命线".它是根据一定的目的,在人为控制或模拟自然现象的条件下,使自然现象或物理过程以纯粹的、典型的形式表现出来的一种研究方法.

实验和观察既有联系,又有区别,两者是相互依存的.观察是实验的前提,实验是观察的证实和发展.由于实验能更好地发挥人的主观能动性,因此它优于观察,也更为重要.

巴甫洛夫说:"观察是搜集自然现象所提供的东西,而实验则是从自然现象中提取它所愿望的东西."

实验的直观性也是建立形象思维的重要依靠.在物理学习过程中,有时遇到一些比较抽象的概念或难以说清楚的原理,借助于实验往往可以达到事半功倍的效果.我国著名物理教育家朱正元教授直白地说过:"千言万语说不清,一看实验就分明."

下面这两个实验中鲜明的形象,也许都曾经为你展开抽象分析、更好地认识物理内涵提供过帮助,请你重新体会一下.

物体间的作用与反作用

牛顿第三定律表面上很简单,有的同学甚至认为好像没有什么用.实际上,它一直伴随在生活生产实践和物理问题中,但是真正心悦诚服地认识它却并不容易.例如,学习中对下面两个问题常常会心存疑惑.

Ⅰ.加速运动中的反作用力

许多同学对处于相互作用并达到平衡状态的两物体之间的相互作用力大小相等,都能自觉地接受.但是,当相互作用的两物体处于加速运动中时,就会对第三定律信心不足了.例如汽车拉着挂车加速前进,总认为汽车拉挂车的力大于挂车对汽车的反作用力.对于运动物体之间相互作用力的大小关系的判断,最好的办法就是用实验事实说话.

在一辆电动玩具车和一个木盒之间夹入力的传感器,当小车接通电源拉着木盒运动的过程中,在屏上显示出来表示两者彼此拉力的大小,虽然有着复杂的变化,但图像始终是上下对称的——证明加速运动的状态中,无论相互之间的作用力发生了怎样的变化,物体间的相互作用力始终大小相等、方向相反(图5.19).

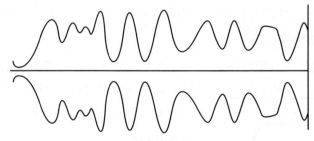

图5.19 作用力与反作用力的图示

一个实验事实,赛过喋喋不休的一打语言,令人无可置疑地信服牛顿第三定律.

Ⅱ.浮力的反作用

放在水中的物体,由于它对水的反作用表现比较隐蔽,因此往往会对浮力的反作用认识不足.为此,同样可以用实验作直观的展示.

如图5.20所示,在托盘秤上放一个盛水的杯子,读出托盘秤的示数 F_1.另外在铁台架上挂一个弹簧秤,下面悬挂一个重球,读出弹簧秤的示数 F_2.然后把铁台架上悬挂的重球逐渐浸入水杯中.可以看到:弹簧秤的示数变小,托盘秤的示数变大.并且,在误差范围内,弹簧秤减小的数值恰好等于托盘秤增加的数值.表示浸在水中的小球受到浮力时,同样会对水产生一个大小相等、方向相反的反作用力.

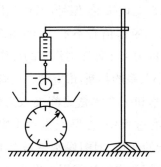

图 5.20 浮力反作用实验

可见,牛顿第三定律不仅适用于固体之间,也适用于固体与液体间、固体与气体间等任何两个相互作用的物体,是一个普遍的规律.

电源电动势的认识

电动势是直流电路中的一个重要概念.那么,它究竟表示什么意义呢?如果在学习过程中,用图 5.21 所示的装置做了实验,无疑会加深对电动势物理意义的认识.

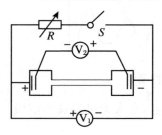

图 5.21 测量内、外电压

实验时,先打开 S,读出电压表 V_1 的示数,得电动势 E. 然后闭合 S,改变电阻值 R,依次读出电压表 V_1 和 V_2 的一组示数 $U_外$ 和 $U_内$,填入表5.1.

表 5.1 电源电动势和内、外电路的电压

E					
$U_内$					
$U_外$					

通过对测量数据的分析,可以得到关系
$$E = U_内 + U_外$$
或
$$E = Ir + IR$$
式中 $U_内 = Ir$ 表示内电路上的电压(电势降落),$U_外 = IR$ 表示外电路上的电压(电势降落),两者之和等于电源电动势的大小.

根据电压与电场力做功的物理意义,电场力移动单位正电荷在内、外电路上所做的功(需要消耗的电能),正好等于在电源内部依靠"电源的作用"移动这个电荷所获得的能量. 于是,内、外电路上产生的电势降落,被"电源的作用"引起的电势升高所平衡,从而保证在内、外电路中形成恒定的电流*. 这种"电源的作用"必然是非静电性质的,通常称为非静电力.

所以电源的作用,从"力"的角度上说,就是依靠非静电力在电源内部搬运电荷;从能的角度上说,就是把其他形式的能量转化为电能的装置. 电动势的大小,等于在电源内部从负极到正极搬运 1 C 正电荷时,非静电力所做的功.

从实验中得到的这个直观的结果,就是闭合电路欧姆定律的表达式. 由此可见,电动势是反映电源特性的一个量,通常情况下它有着确定的大小,不会随着外电阻的变化或电路结构的变化而发生变化.

电动势的概念很抽象,但通过这个实验,可以对抽象的概念形成具体的认识. 抓住这个实验结果,不仅有利于根据闭合电路欧姆定律正确地进行电路分析,也便于进一步理解其能量意义. 例如,将上面

---

* 对于蓄电池和干电池等化学电池来说,"电源的作用"体现在两极附近由于化学作用产生的电势跃升,电源电动势的大小就等于在两极附近依靠化学作用形成的非静电力,移动 1 C 电量时所做的功. 为便于理解,可以从等效的意义上把内、外电阻合并,将两个电极的作用也合并起来考虑.

的结果乘以 I 或 It，分别得

$$IE = I^2r + I^2R$$
$$IEt = I^2rt + I^2Rt$$

它们分别表示了电源的总功率或电源的电能在内、外电路上的转化．

中学物理中的许多实验现象都十分生动、直观，都可以很有效地帮助展开形象思维．并且，绝大多数情况下，同学们都应该尽量使自己成为实验的参与者，不应该只是袖手旁观的"观众"．

做一把纸游标卡尺

除了上述这样参与性的实验外，有些时候，还可以自己动手设计、制作．例如：

学习游标卡尺的使用时，每个同学可以自己制作一支"纸游标卡尺"＊．制作方法如下：

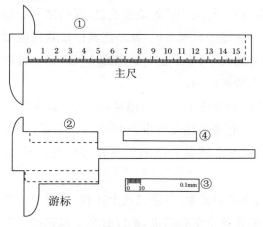

图 5.22　纸游标卡尺的制作

＊　纸游标卡尺的制作，一直是本人以往教学中的一个"保留节目"．同学们不仅兴趣盎然，而且很有创意，会各显神通，制作出不同特色的卡尺．教学中还可以用同学们的作品作一次展览，让同学们相互观摩．这项制作活动不仅化解了游标卡尺读数的困难，也锻炼了同学们的动手能力，极为有益．

a. 按照图 5.22 所示,用硬纸板剪一个主尺①和游标②.

b. 以主尺上某位置作为零刻度,用毫米刻度尺对主尺分度(或直接复印刻度后贴在主尺上).

c. 剪一个长方形纸板作为游标尺面刻度③,要求游标上 10 小格的长度等于 9 mm,然后把尺面刻度粘贴在游标②的虚线部分,使游标能沿主尺滑移,游标和主尺的测量爪密合时,它们的零刻度对齐.

d. 剪一个滑移片④,把它粘贴在游标上方的虚线部分,使它卡住主尺能沿游标滑移.

e. 在主尺尾部粘贴一小片纸板,让深度尺穿过其中.

纸游标卡尺的制作,其好处是很显然的.它不仅有助于比较透彻地理解游标卡尺的原理,熟练测量方法,还可以激发兴趣,进一步认识和探讨有关游标卡尺的一些问题.例如:

当游标卡尺的左、右两个测脚并拢时,若游标的零刻度线与主尺的零刻度线不重合(称为零误差),读数时应该怎样修正?

若游标上 20 小格的长度相当于主尺 19 mm,其准确度为多少?若游标上 50 小格的长度相当于主尺 49 mm,其准确度为多少?

③ 图形

图形也是一种直观方法.无论是物理图示还是物理图像,它们的形象功能都是不言自明的.图的形象功能可以概括为三方面:

Ⅰ.突出物理本质

如图 5.23 所示,一把质量为 m 的匀质直尺,与水平桌面间的动摩擦因数为 μ,现用水平力使它沿桌面运动,当伸出桌面的长度为全长的 $\dfrac{1}{3}$ 时,试问尺所受到的摩擦力多大?

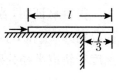

图 5.23

如果你正在为这个摩擦力的大小究竟应该是

$$f = \mu \cdot \dfrac{2}{3}mg$$

还是

图 5.24

$$f = \mu mg$$

捉摸不定,相信你看了图 5.24 立即会有所领悟——只要尺的重心落在水平桌面上,它对桌面的正压力恒等于重力,这就是现象的本质. 因此尺所受的摩擦力应该为

$$f = \mu mg$$

值得注意的是,虽然中学物理学习中的图像大多数为示意图,但是画的时候也不能太随意,应该基本上符合物理原理.

例如,进入如图 5.25 所示的回旋加速器中的带电粒子,若画出如图 5.26 所示的轨迹就不妥当了,因为粒子在回旋加速器中的轨道半径并非均匀变化(增加)的.

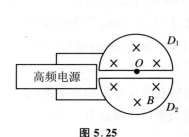

图 5.25

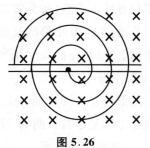

图 5.26

很容易证明,若粒子经第 1 次加速进入下半盒的速度和轨道半径分别为 v_1 和 R_1,则它第 2 次进入下半盒已经过 3 次加速,相应的速度和轨道半径分别为

$$v_3 = \sqrt{3}\,v_1, \quad R_3 = \sqrt{3}\,R_1$$

同理可推知,它第 5 次、第 7 次,…进入下半盒后的轨道半径依次为

$$R_5 = \sqrt{5}\,R_1, \quad R_7 = \sqrt{7}\,R_1, \quad \cdots$$

每两条轨道的间距是不相等的,也就是说,其轨道半径不是均匀变化的*.

在物理学习中,特别要认识清楚图形以及与图形相关联的问题的实质,不要被表面现象所迷惑.

Ⅱ. 显示动态特性

苏联杰出的物理学家朗道介绍玻尔的讲课特点时说,玻尔经常会把研究的动态过程搬到课堂里,搬到黑板上. 物理大师讲课的这个特点对我们很有启发,物理学习中的图形,虽然都是静态的,但也应该努力使它能反映出现象或过程的动态特征.

如图 5.27 所示是一幅沿斜面(斜坡)向下运动的"漫画",自然地显示了石头加速运动的动态形象.

如图 5.28(a)所示,在一根 U 形管中灌以水银,开口向上竖直放置. 当封闭其左端并使左端上部空气升温,两臂中水银面会形成高度差. 如果在封

图 5.27 加速运动的石头

口升温后的图上画出原来液面的基准线(图 5.28(b)),并把两图并列在一起,我们仿佛可以感受到随着左管温度的升高,水银面下降,最后达到稳定过程中的这种动荡.

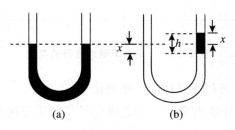

图 5.28 并列放置的 U 形管

---

* 具体计算请参阅王溢然、张善贤、高云昭所著《高中物理常见错误例析》(河南教育出版社,1986).

这样的图形相当于把动态过程搬到了课堂上,让它们走进我们的学习过程中,效果无疑是非常明显的.

物理图像可以反映两个参量之间的函数关系,它给予人们的动感就更为强烈了.

例如,利用如图 5.29 所示的电路研究电源的输出功率与外电阻的关系,从图像显示的动态特性非常明显:开始时,随着外电阻的增大,电源的输出功率增大;至某个值时,输出功率达到最大;以后则随着外电阻的增大,输出功率会逐渐减小.电源的输出功率随外电阻的变化是非线性的(图 5.30).

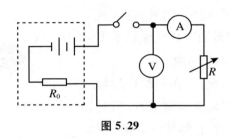

图 5.29

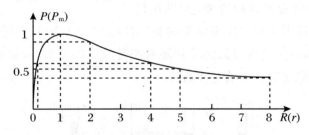

图 5.30 输出功率随外电阻的变化

Ⅲ.显示立体感和立体图形平面化

物理中的图形,尽管远不如艺术作品那样讲究比例、透视、明暗、色彩等,但同样能从平面上使我们得到空间的立体形象.

例如,用图 5.31 表示地球上某处物体所受的引力 F 与它的两个分力——重力 G 和向心力 F_n 之间的关系,用图 5.32 表示穿过平面

S 的磁通量,它们的立体感都很强.

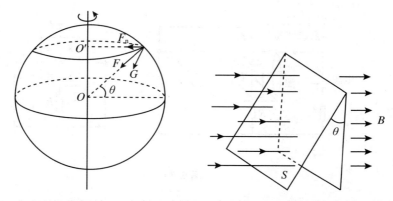

图 5.31 地面物体受到的引力及其分力　　图 5.32 穿过平面的磁通量

在学习中,不仅要求平面图形有立体感,也要求能够将立体图形平面化.尤其是涉及某些仪器及设施的具体描述时,题目中往往给出立体装置图.为了便于分析求解,首先应该画出它们(或取其中的某部分)相应的平面图(如正视图、侧视图等).这样的图形转化,往往可以成为求解的一块敲门砖.

例如,图 5.33(a)所示为磁流体发电机的原理示意图.如果我们从右向左观察,画出它的侧视图(图 5.33(b)),解题时就方便了.

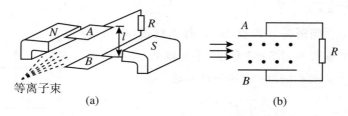

图 5.33　磁流体发电机的结构原理图与侧视图

如图 5.34(a)*所示,题中给出的是有关霍尔元件的立体图,如

---

* 图 5.34(a)为 2014 年江苏高考物理试题示意图.

果画出如图 5.34(b)所示的侧视图,同样会带来许多方便.

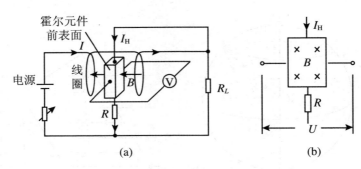

图 5.34

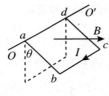

图 5.35

例题 1(2014 上海) 如图 5.35 所示,在磁感应强度为 B 的匀强磁场中,面积为 S 的矩形刚性导线框 $abcd$ 可绕过 ad 边的固定轴 OO' 转动,磁场方向与线框平面垂直,在线框中通以电流强度为 I 的稳恒电流,并使线框与竖直平面成 θ 角,此时 bc 边受到相对 OO' 轴的安培力力矩大小为( ).

A. $BIS\sin\theta$ B. $BIS\cos\theta$

C. $\dfrac{BIS}{\sin\theta}$ D. $\dfrac{BIS}{\cos\theta}$

分析与解答 画出 bc 边的正视图(即从前向后观察),如图 5.36 所示. 导线框的 ab、cd 所受的力互相平衡,bc 边所受的安培力为

$$F = BI \cdot bc$$

它对 OO' 产生的力矩大小为

$$M = F \cdot ab\sin\theta = BI \cdot bc \cdot ab\sin\theta = BIS\sin\theta$$

所以正确的是 A.

说明 在磁场中的通电导线受到的安培力始终垂直于由磁场方

向和导线所决定的平面,因此就会形成空间关系,画出投影图,将空间图形平面化,比较容易确定方向以及它对某个轴的力臂,便于磁力矩的计算.

④ 比喻

语言是一种特殊的形象化手段,绝不是诗人用于抒情或作家用于描写的"专利".在物理学中,无论是幽默含蓄的还是绘声绘色的语言,都可以对形象思维起到推波助澜的作用.

在学习瞬时速度时,大家都听过费恩曼书中的一个笑话:坐在汽车里的一位老太太在某地点被警察拦住了,警察走过来对她说:"太太,你刚才的车速是 60 km/h!"她反驳说:"先生,这是不可能的,我刚才只开了 7 min.这真是天大的笑话!我开车还没有到 1 h,怎么可能走 60 km 呢?"

接着,费恩曼还为警察的解释和老太太的辩解作了设想:

警察:"太太,我们的意思是,如果你继续像现在这样开车,在下一个小时里你将开过 60 km."

老太太:"哦,我的脚已经离开油门,汽车已经慢了下来,所以如果我继续这样开下去,不会超过 60 km 的."

这段幽默的对话,无疑为我们理解瞬时速度起着极好的铺垫作用.

比喻能够用人们熟悉的、浅近的事物比拟陌生的、深奥的事物,几乎可以说能达到使用语言登峰造极的地步.人们通过比喻的形象思维效果,往往能使许多不易理解或难以说清的概念变得通俗、易懂,并能获得直观的印象.

古希腊哲学家德谟克利特提出构成物质的微粒不是静止的而是运动的思想时,曾用了一个非常生动的、含义深刻的比喻:一大群羊在山坡上争食青草,奔跑跳跃,嬉戏角逐.我们在很远处观看时,好像在沉静的青山上点缀着许多小小的白点.这正像我们平时看到整块的物质是静止的一样.其实构成物质的微粒就像在山坡上的羊儿,它们一直在极其活跃地运动着.在2000多年前,德谟克利特能够如此形象地说明他的原子论,确实难能可贵.

在前面介绍形象思维时,我们用醉鬼走路比喻粒子的布朗运动;用白人白马和黑人黑马比喻对称变换中的CP联合变换;用恶狗抢骨头比喻核子之间的"交换力"等等,都是非常生动形象的比喻.

在中学物理的学习过程中,无论是老师的课堂教学还是一些课外读物或科普作品,都经常会有许多非常精彩的比喻.例如:

说明金属导电的微观机理时,可用节日游行队伍中扭秧歌的演员比喻电子.演员们前后左右不停地跳动,好像电子的无规则热运动;演员们随整个队伍的缓缓前行,好像在电压作用下电子的定向移动.金属导电时电子在无规则运动的基础上叠加一个缓慢的定向移动,正像这些跳舞的演员们边跳边随着队伍徐徐前进一样.

为了说明振动图像和波动图像的不同意义,可把振动图像比喻为用摄像机对准一个独舞演员的连续拍摄,放映出来的是一个演员在不同时刻的不同舞姿,正像振动图像反映的是同一个质点在不同时刻的位移,即 $y-t$ 的关系(图5.37);而波动图像则像用照相机对准一组集体舞演员的一次拍摄,得到的是同一个时刻、不同演员的不同舞姿,正像波动图像反映的是同一个时刻不同质点的位移一样,即 $y-x$ 的关系(图5.38).

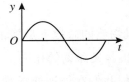

图5.37 振动图像

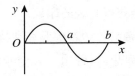

图5.38 波动图像

一个生动、幽默、含蓄的比喻,也是一种创造性的思维活动,它常常可以胜过喋喋不休的一打语言,会给人以长久的快乐的回忆.它所赋予人们的形象思维力量是不可估量的.

⑤ 想象

想象是一种高级的形象思维活动.无论是自然科学还是社会科学、文学艺术都离不开想象.人们常说"张开想象的翅膀",意味着在想象中可以无拘无束地自由飞翔,因此想象力就成为一种创造性思维的源泉.图 5.39 中所展示的,是厄瓜多尔插画家 Javier Perez 利用身边随手可得的小物品,添加寥寥几笔,勾勒出的充满生活情趣的各种"艺术品",可谓想象力、创造性发挥到了极致.俄国文豪高尔基说:"想象在其本质上也是对于世界的思维,但主要的是用形象来思想,是一种'艺术'的思维."贝弗里奇说:"事实和设想本身是死的东西,是想象力赋予它们生命."这些真知灼见,可以说已经被 Javier Perez 的作品作了展示.

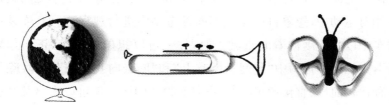

图 5.39 Javier Perez 的作品

夹心饼干——地球仪;回形针——小号;可乐拉环——蝴蝶翅膀

在自然科学中,想象常常是在头脑中沟通新、旧知识的联系,将科学概念进行加工和重新组合,建立新形象的过程.想象中的这种组合,对科学技术的发展有着较为重要的意义.英国物理学家丁铎尔(J. Tyndall)论述想象的科学地位时说:"有了精确的实验和观测作为研究的依据,想象力便成为自然科学理论的设计师."因此,想象常常同时具有形象性、新颖性和创造性等特点.

在中学物理学习中,同样离不开想象.它可以在自己的思想空间自由驰骋,它所具有的教学功能,可以概括为两方面:

Ⅰ.活跃思维——在学习过程中针对不同的内容展开各种想象,可以使人的思路更加活跃、开阔.有时,对同一个问题从不同的角度进行想象,可以形成多样化的方法.

Ⅱ.突破疑难——对于一些直接求解比较困难(或在中学知识范围内无法求解)的问题,根据题设条件作某种想象(设想),可以使求解显得比较容易;或者需要通过想象进行某种转化,便于运用中学物理知识顺利求解.

请你回顾下面的问题并对照一下,自己是否曾有过类似的或其他方面的想象.

地面的不同想象

我们通常都把脚下的地面(地球)看成静止的平面.其实,根据处理问题的需要,还可以对它有多种不同的设想(想象).最常见的就是在相对运动中,想象自己站在不同参考系中进行观察.例如,你乘在列车中以高速度向着北京驶去时,你也可以想象着"北京正向你靠近",正如文学描写中"我迎着困难上"和"困难向我扑来"一样.除了这种比较简单、直接的想象外,有时对物体的运动还可以作出某些更为深刻的想象.

Ⅰ.让地面变成桥

汽车过凸形桥顶(或凹形桥底)的运动是圆周运动的一部分.当车的重力恰好全部作为越顶的向心力时,由

$$mg = m\frac{v^2}{R}$$

得越过最高点的速度

$$v = \sqrt{Rg}$$

此时的汽车表面上贴着桥顶运动,实际上凌空飞越,桥面对车没

有任何支撑作用.那么,如果我们把地球设想成一座大的凸形桥,用同样的方法就可以算出物体绕地球表面运动的速度了——这就是人造卫星的环绕速度.即

$$v = \sqrt{R_{地}g}$$

Ⅱ.让地面向下运动

节日的烟花,在空中爆炸后向各个方向发射的微粒的初速度大小可以认为相等,微粒在空中做着竖直上抛、平抛、下抛、斜上抛、斜下抛等各种不同的运动.如果我们让地面动起来——想象地面以加速度 $a = g$ 竖直向下做匀加速运动(或者想象你随着焰火中心向下做自由落体运动),由于微粒也具有 $a = g$ 的向下加速运动,因此我们只能看到微粒从爆炸点向各个不同方向的匀速直线运动,它们在同一时刻都分布在以爆炸点为球心的球面上.这也就是焰火爆炸后,呈现出美丽圆球状的原因.

Ⅲ.让地面向上运动

体育课上,如果从离开地面高 h 处、以初速度 v_0 朝斜上方推出一个铅球,要求研究铅球可能达到的最大射程时,从地面参考系列式,数学运算比较麻烦.如果我们让地面动起来——想象地面以加速度 $a = g$ 向上做匀加速运动,经时间 t 后可列出两个方程:

$$x^2 + y^2 = (v_0 t)^2$$

$$y = \frac{1}{2}gt^2 - h$$

这两个方程的交点就是铅球的落地点.然后再对它进行配方求极值,会显得方便得多*.

用"高天平"感知引力的变化

许多人都认为,只有当物体从地面移到高空时,才能感知地球引

---

* 该题的详细解答,请读者参阅本丛书《等效》一册.

力的变化.其实,并非如此——只要设计一架很高的天平就可以办到了.

如图 5.40 所示为一架等臂天平,它的两端上下各有两个盘子,相距 $l = 1$ m.当在下面两个盘中各放一个质量 $m = 1$ kg 的砝码时,天平平衡.现在把右边下盘中的砝码移到上盘中去,会产生什么结果呢?

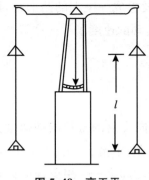

图 5.40　高天平

设原来天平的下盘离开地心距离为 R,砝码移动前后受到地球的引力(重力)分别为

$$F_1 = G\frac{Mm}{R^2}$$

$$F_2 = G\frac{Mm}{(R+l)^2}$$

两者之差为

$$\Delta F = F_1 - F_2 = GMm\left[\frac{1}{R^2} - \frac{1}{(R+l)^2}\right]$$

$$\approx GMm\frac{2l}{R^3}$$

代入有关数据:$G = 6.67\times 10^{-11}$ N·m^2/kg^2,$M = 6\times 10^{24}$ kg,$R = 6.37\times 10^6$ m,$m = 1$ kg,$l = 1$ m,得

$$\Delta F = 3.1\times 10^{-4} \text{ N}$$

相当于一个质量 $\Delta m = 0.31$ mg 的砝码所受到的重力.

因此,如果这架天平的感量为 0.1 mg 的话(实验室里比较精确的天平都能达到),砝码的移动就能感知到了,也就是说,我们在实验室里从天平的平衡与否就可以感知地球对砝码的引力(重力)的变化了.

这架天平虽然是想象的,正如其他许多理想实验一样,都是想象的结果.但是从这个想象中得到的结论却非常有意义——相当于在实验室里间接地检验了万有引力理论.这个,恐怕你是没有想到的.

对斜抛运动的不同想象

对斜抛物体的运动,通常把它看成沿抛出方向的匀速直线运动和自由落体运动的合运动,或者,把它看成沿水平方向的匀速直线运动和竖直上抛运动,此外还可以根据实际情况有多种不同的想象.

例题 1 以初速度 $v_0 = 200$ m/s,射角 $\theta = 30°$ 发射一颗炮弹,落入离水平地面深 $h = 50$ m 的一个凹坑中(图 5.41),则炮弹从发射到落地的时间及其水平射程各为多少?

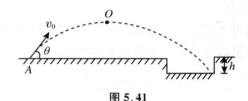

图 5.41

分析与解答 想象从轨迹的最高点 O 把炮弹的运动分成两部分:炮弹从发射到最高点做斜抛运动,从最高点落至坑底做平抛运动.设前后两段的运动时间分别为 t_1 和 t_2,则

$$t_1 = \frac{v_0 \sin\theta}{g} = \frac{200\sin 30°}{10}\text{s} = 10 \text{ s}$$

炮弹的射高

$$H = \frac{(v_0\sin\theta)^2}{2g} = \frac{(200\sin 30°)^2}{2\times 10}\text{ m} = 500 \text{ m}$$

则

$$t_2 = \sqrt{\frac{2(H+h)}{g}} = \sqrt{\frac{2(500+50)}{10}}\text{s} = 10.5 \text{ s}$$

所以,炮弹的水平射程为

$$x = v_0\cos\theta(t_1 + t_2) = 200\cos 30°\times(10+10.5)\text{ m} = 3550.6 \text{ m}$$

说明 对这颗炮弹的运动还可以有其他的想象.例如:

Ⅰ. 想象落地处没有凹坑，则炮弹落在同一水平面上的时间为

$$t_1' = 2\frac{v_0\sin\theta}{g}$$

以后炮弹向凹坑落下，做斜下抛运动，其竖直分速度的大小等于发射时的竖直分速度 $v_0\sin\theta$，运动时间设为 t_2'，于是由

$$h = v_0\sin\theta \cdot t_2' + \frac{1}{2}gt_2'^2$$

可得 t_2'. 炮弹的整个运动时间为

$$t = t_1' + t_2'$$

这样就可算出射程.

Ⅱ. 从竖直方向的分运动去想象——炮弹在恒定的重力作用下做匀减速运动，最后落至抛出点的下方. 因此由

$$-h = v_0\sin\theta t - \frac{1}{2}gt^2$$

即

$$-50 = 200\sin 30° t - \frac{1}{2}gt^2$$

立即可解出运动时间 t，从而算出射程 x.

Ⅲ. 想象从最高点 O 把它分成左右两个平抛运动. 根据炮弹的射高

$$H = \frac{(v_0\sin\theta)^2}{2g} = \frac{(200\sin 30°)^2}{2\times 10}\ \text{m} = 500\ \text{m}$$

得左右两个平抛运动的时间分别为

$$t_左 = \sqrt{\frac{2H}{g}},\quad t_右 = \sqrt{\frac{2(H+h)}{g}}$$

所以炮弹的射程为

$$x = v_0\cos\theta(t_左 + t_右)$$

一个带电粒子的电流

关于洛伦兹力的大小，通常根据安培力是导体内自由电子所受

到的洛伦兹力的宏观表现,通过建立一个柱体模型推导出来的.实际上,可以把这样的思想方法处理得更简单些.

根据氢原子核外一个电子的运动形成等效电流的道理,我们可以想象,有一段垂直放置在磁感应强度为 B 的磁场中长为 l 的直导线,只有一个电量为 q 的带电粒子以速度 v 运动形成了电流.这个电子通过导线的时间和形成的电流分别为

$$t = \frac{l}{v}, \quad I = \frac{q}{t}$$

这根导线受到的安培力也就是一个运动电荷受到的力,它的大小为

$$F = BIl$$

联立上述三式得

$$F = qvB$$

这就是洛伦兹力公式.

这个想象非常巧妙,推导过程比常规的方法简便得多.类似于这样的想象,如果我们令光子一个一个地通过双缝,那么又会产生怎样奇妙的结果呢?

学习过程中,应该尽量多方面地进行想象——可以想象一些理想化的条件,想象一些形象化的物理情景,还可以进行一些创造性的想象和科学幻想——如想象一个没有摩擦力的世界;想象在月球上或其他天体上去做某些实验;根据上面所说的一个电子产生电流的道理,可以想象在不久的将来也许还能够制造出单电子(或微电流)控制的电子器件,这样一来,电子器件的体积、耗能等将大大减小,其功能也会有所变化,整个电子技术也许就会发生翻天覆地的革命了……

希望我们从学生时代开始,绝对不要把自己的思想局限在"既定"的模式里,而是应该在科学的天空自由翱翔.

想象不仅常常能使知识得到升华,也能把一些想象转化为毕生的追求.爱因斯坦说他在 16 岁时就想象过,如果他以光速去追赶一

束光,将会看到什么? 也许正是这个想象,引导他走上了创立相对论的康庄大道.

所以,从更深层的意义上说,想象并不仅只是建立形象思维的一种途径.爱因斯坦说:"想象力比知识更重要,因为知识是有限的,而想象力概括着世界上的一切,推动着进步,并且是知识进化的源泉.严格地说,想象力是科学研究中的实在因素."

有人认为客观事实和知识好比空气,想象力就是翅膀.只有两方面结合,智力才能如矫健的雄鹰,翱翔万里,去探索广阔无垠的宇宙,搜索一切知识宝库.

5.2 以抽象思维为核心

形象思维以它所激发的兴趣把你引入物理学殿堂,但要真正认识其中的奥秘,主要还得依赖抽象思维.在目前的科学发展水平上,中学物理学习中的思维训练也还是以抽象思维为主,形象思维则是起着辅助、补充和强化的作用.

(1) 抽象思维的基本要求

抽象思维有多种方式,在中学物理学习中对抽象思维的最基本要求,可以认为有两个主要方面,即抽象概括和分析推理,它们的基础就是分析能力.

① 抽象概括

抽象就是把研究对象和过程进行合理的简化,摈弃或忽略它们次要的、非本质的因素,突出对象的本质特征的一种思维过程.

中学物理中研究的都是理想模型(如质点、刚体、弹性球、单摆、理想气体、点电荷、纯电阻、薄透镜等)在理想条件(如没有阻力、温度不变、匀强电场或磁场、均匀介质、近轴光线等)下发生的物理现象或过程.如质点沿光滑平面的匀速直线运动、自由落体、简谐运动、等温过程、等容过程等,这种理想模型和纯粹的过程,都是从实际物体的现实运动过程中抽象出来的,它们只是实际的近似.

例如,我们从各种不同形状、不同大小的电容器中,可以概括出它们的基本结构和带电特征——都由两块相互绝缘的导体构成,相对的两面都带上等量异号电荷.认识了这个特征后,我们就可以用最简单的平行板电容器研究电容器的电容与其带电量、电势差之间的相互关系了(参见图 5.12 的实验).显然,这样的关系同样适用于其他各种不同的电容器.

学会抽象,不仅要求懂得从现实原型中提取本质成分作出合理的简化,并且还要求能够与理想的典型问题联系起来,根据理想条件下的原理指导现实问题或作出符合实际的分析与解释.

例如,在列车编组站里车厢的挂接——设质量为 M 的机车以一定速度 v 通过碰撞挂接一辆静止的、质量为 m 的车厢,然后两者一起运动.由于在这个挂接过程中相互之间的撞击力很大,且挂接时间(即从撞上开始到一起运动的时间)很短,因此可忽略轨道摩擦力冲量这个次要因素的作用,把机车与车厢的挂接抽象为一次完全非弹性碰撞.于是由

$$Mv = (M + m)u$$

立即可得挂接后一起运动的速度

$$u = \frac{M}{M + m}v$$

懂得了这样的抽象后,对于许多节车厢挂接时的更复杂的情况(参见本节下文中"火车的启动与挂接"),也具备了分析、研究的基础.

概括就是把抽象出来的事物间共同的、本质的属性联结起来的思维过程.抽象是概括的基础,概括是抽象的结果,抽象与概括是紧密联系在一起的.例如,前面所说的对电容器的认识,就是抽象与概括的统一结果.

在物理学习中所接触到的各种概念、规律,都是在实验和思维基础上通过抽象后概括出来的.

例如,从推车、拉犁、升旗、提水等一系列活动中,找出它们共同的特征:有力的作用,都会在力的方向上发生一段位移.于是,我们就可以把这些活动抽象化,并从中概括出"功"的概念.

例如,能的转化和守恒规律,从18世纪末算起有着许多实验事实的铺垫:

1798~1799年伦福德的炮筒实验和戴维的冰块摩擦实验,为机械运动向热运动的转化提供了实验证据.

1800年伏打电堆的发明,提供了化学运动转化为电运动的证据.

1820年奥斯特发现电流的磁效应,揭示了电与磁的联系.

1821年塞贝克首先发现了"温差电"现象——有温度差会产生电流,13年后帕尔帖又发现了它的逆效应——电流既可以生热,也可以制冷,实现了热与电之间的转化.

1831年法拉第发现了电磁感应现象,以及他在1821年制成的"电磁旋转器",实现了电运动和机械运动之间的转化.

……

通过这一系列实验中揭示出来的各种自然现象之间的联系和相互转化,最后才概括出能的转化和守恒规律.

学会概括,要求懂得物理学概念、规律的形式和发现(或导出)的过程,要求能从具体的同类事物或现象中概括出它们的普遍性或普遍规律(如对各种不同的电磁感应现象能够概括出产生感应电流的条件等);另一方面,从宽泛的意义上说,也体现在能够对知识进行概括和整理.

20世纪60年代,我国著名数学家华罗庚教授与青年学生谈论学习时,说过两句极有影响的话:"从薄到厚,从厚到薄."这就是说,在学习知识的开始阶段,要做好补充、扩展、论证等充实工作,使得看起来很薄的一页、一节内容顿然变得厚起来了;接着,就要进行归纳、整理,提纲挈领地把握其最重要的核心内容,使原来很厚的一章、一篇的内容又变薄了.

例如,通过高中物理学习并结合许多具体问题的研究,对力学部分的内容可以概括如下:

力学,就是研究力与物体的运动变化关系的一门学问.沟通力与运动之间联系的有三条线索,包括五条基本规律,如图 5.42 所示(其中包含着机械能守恒和动量守恒两定律).

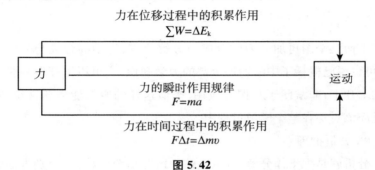

图 5.42

其中的力和运动又可以分别概括如图 5.43、图 5.44 所示.

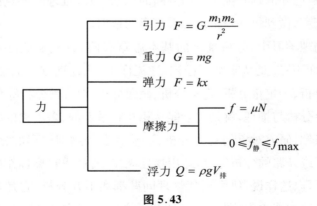

图 5.43

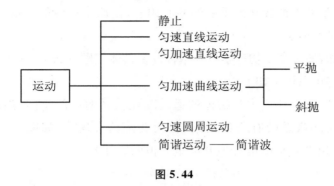

图 5.44

上面三个图再加上力的合成与分解原理、运动的合成与分解原理,可以说已概括了中学物理全部的力学知识.它可以浓缩在一张小小的卡片上,非常便于掌握和应用.类似这样的概括能力非常重要,并且应该贯穿在整个学习过程中.

② 分析推理

分析就是把整体分解,或从整体中区分出个别特征、个别方面的思维过程.分析的要点是找出各个部分的物理实质.推理则是以分析为前提,从已知的判断推出新的判断的思维过程.推理的要点则必须"步步为营",做到每一步推理都有可靠的依据.

在物理学习中,分析推理的基本思路有两条:一是从已知到未知,顺流而下;二是从未知到已知,逆流而上.从处理方法上说,可以有定性分析、半定量分析、定量分析、微元分析、对称性分析等*.

学会分析与推理,就是要求能从相互联系着的、多因素的物理问题中,通过对研究对象的受力分析、运动状态和物理过程的分析、电路的分析或光路的分析等等,运用物理规律,通过逻辑推理作出正确的结论.可以这样说,研究任何物理问题都离不开分析,它是众多抽象思维方法和能力中,居于核心地位的方法和能力.因此,有关分析

---

* 有关微元分析、对称性分析等,请读者参阅本丛书《分割与积累》与《对称》两册.

推理问题的资源非常丰富,遍布整个中学物理内容.

下面,我们分为三个方面,仅选取极少量的几个问题,共同体会一下分析推理在具体问题中的应用.

Ⅰ.选择题中的分析推理

选择题中的分析与推理,大多属于定性与半定量的范畴.对于每个选项,必须根据物理原理的分析、推理,真正认识清楚其正确或错误的原因,才能理直气壮、心中有底.

例题 1(2008 北京) 有一些问题你可能不会求解,但是仍有可能对这些问题的解是否合理进行分析和判断.例如从解的物理单位,解随某些量变化的趋势,解在一些特殊条件下的结果等方面进行分析,并与预期结果、实验结论等进行比较,从而判断解的合理性或正确性.

举例如下:如图 5.45 所示,质量为 M、倾角为 θ 的滑块 A 放于水平地面上,把质量为 m 的滑块 B 放在 A 的斜面上,忽略一切摩擦,有人求得 B 相对地面的加速度 $a = \dfrac{M+m}{M+m\sin^2\theta}g\sin\theta$,式中 g 为重力加速度.

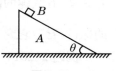

图 5.45

对于上述解,某同学首先分析了等号右侧量的单位,没发现问题.他进一步利用特殊条件对该解做了四项分析和判断,所得结论都是"解可能是对的".但是,其中有一项是错误的.请你指出该项:(   ).

A. 当 $\theta = 0°$ 时,该解给出 $a = 0$,这符合常识,说明该解可能是对的

B. 当 $\theta = 90°$ 时,该解给出 $a = g$,这符合实验结论,说明该解可能是对的

C. 当 $M \gg m$ 时,该解给出 $a = g\sin\theta$,这符合预期的结果,说明该解可能是对的

D. 当 $m \gg M$ 时,该解给出 $a = \dfrac{g}{\sin\theta}$,这符合预期的结果,说明该解可能是对的

分析与解答 当 $\theta = 0°$ 时,相当于将滑块 B 放在水平面上处于平衡(静止)状态,$a = 0$;当 $\theta = 90°$ 时,相当于使滑块 B 自由下落,$a = g$;当 $M \gg m$ 时,相当于滑块 B 沿着固定的光滑斜面下滑,$a = g\sin\theta$;因此这三项都是正确的.

当 $m \gg M$ 时,该解给出的加速度 $a = \dfrac{g}{\sin\theta} > g$,即使滑块 B 没有任何物体依托,它自由落下时,其加速度最大为 $a = g$,也不可能大于 g.此结果显然与实际情况不符合,因此 D 错.

说明 本题是一种比较新的题型,考查了分析、推理的能力,很有意义.有兴趣的同学可以对题中的 $a = \dfrac{M + m}{M + m\sin^2\theta}g\sin\theta$ 作进一步的探讨,看看它究竟是怎样得出来的.

例题 2(2014 全国Ⅰ) 太阳系各行星几乎在同一平面内沿同一方向绕太阳做圆周运动.地球恰好运行到某地外行星和太阳之间,且三者几乎排成一条直线的现象,天文学称之为"行星冲日".据报道,2014 年各行星冲日的时间分别为:1 月 6 日木星冲日;5 月 11 日土星冲日;8 月 29 日海王星冲日;10 月 8 日天王星冲日.已知地球及各地外行星绕太阳运动的轨道半径如表 5.2 所示,则下列判断正确的是(   ).

表 5.2

行星	地球	火星	木星	土星	天王星	海王星
轨道半径(AU)	1.0	1.5	5.2	9.5	19	30

A. 各地外行星每年都会出现冲日现象

B. 在 2015 年内一定会出现木星冲日

C. 天王星相邻两次冲日的时间间隔为土星的一半

D. 地外行星中,海王星相邻两次冲日的时间间隔最短

分析与解答 认识了冲日的含义后,本题就类似于研究地球上空不同高度处卫星的"相遇"(即距离最近,如图 5.46 所示)——某一时刻相遇后,试问"何日君再来"?

最简情况下,只需使地球和地外行星经时间 t 后转过的角度之差等于 2π,即

$$\Delta \theta = \omega_1 t - \omega_2 t = 2\pi$$

得所需时间

$$t = \frac{2\pi}{\omega_1 - \omega_2} = \frac{2\pi}{\omega_d - \omega_x} \quad \text{①}$$

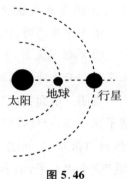

图 5.46

式中 ω_d 表示地球的角速度(地球相比于其他五颗行星离太阳最近,角速度最大),ω_x 表示其他行星的角速度.

根据万有引力公式,有

$$G\frac{Mm}{r^2} = m\omega^2 r \quad \text{②}$$

联立①、②两式,得

$$t = \frac{2\pi}{\sqrt{\frac{GM}{r_d^3}} - \sqrt{\frac{GM}{r_x^3}}} \quad \text{③}$$

由于题中各行星离开太阳的距离都表示为地-日距离(r_d)的倍数,因此令 $r_x = kr_d$,代入③式得满足冲日的时间条件为

$$t = \frac{2\pi}{\sqrt{\frac{GM}{r_d^3}} - \sqrt{\frac{GM}{k^3 r_d^3}}} = \frac{2\pi}{\sqrt{\frac{GM}{r_d^3}}} \cdot \frac{\sqrt{k^3}}{\sqrt{k^3 - 1}} = b\frac{\sqrt{k^3}}{\sqrt{k^3 - 1}} \quad \text{④}$$

式中 $b = \dfrac{2\pi}{\sqrt{\dfrac{GM}{r_d^3}}} = 1\text{ y}$(1 年——地球绕太阳的公转周期).根据④式

可知:

由于 t 与各个行星离开太阳的距离有关,不可能每年都发生冲日,A 错.

木星的 $k=5.2$, $\dfrac{\sqrt{5.2^3}}{\sqrt{5.2^3}-1}\approx 1.09$,从 2014 年 1 月 6 日算起,可以在 2015 年内发生冲日,B 正确.

由于冲日的时间条件并非与间距成简单的反比关系,C 错.

当 k 值越大时,t 越接近 b,当 $k\to\infty$ 时,$t\approx b$,即地外行星中,海王星相邻两次冲日的时间间隔最短,D 正确.

说明 前面指出"分析"的要点就是要找出问题的物理实质,看透了这一点,也就找到了解题的突破口——如本题,实质上就是一个"何日君再来"的问题. 如果再能联系熟悉的情景,这样就把新命题的"底"完全揭开了,加上点数学运算,问题就可立即得解.

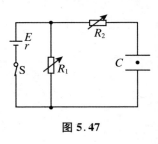

图 5.47

例题 3(2014 天津) 如图 5.47 所示,电路中 R_1、R_2 均为可变电阻,电源内阻不能忽略,平行板电容器 C 的极板水平放置. 闭合电键 S,电路达到稳定时,带电油滴悬浮在两板之间静止不动. 如果仅改变下列某一个条件,油滴仍能静止不动的是(   ).

A. 增大 R_1 的阻值 B. 增大 R_2 的阻值
C. 增大两板间的距离 D. 断开电键 S

分析与解答 油滴静止不动,表示电容器两极板间的电场强度不变. 上述动作产生的影响,推理结果如下:

R_1 增大 → R_1 两端电压增大 → 电容器的电压增大,场强增大,A 错.

因为电容器两板间的电压等于 R_1 上分得的电压,增大 R_2 的阻值,对电容器两极板间的电压没有影响,场强不变,B 正确.

增大两板间的距离,当电容器两端电压不变时,由 $E=\dfrac{U}{d}$ 知,场强减小,C 错.

断开电键 S,电容器两端电压变为零,极板上的电荷通过 R_1、R_2 全部中和,极板间的场强为零,D 错.

说明 前面指出,推理的要点是"步步为营",也就是说每一步推理要经得起推敲,把理由说明白,结论就充满信心了.

例题 4 如图 5.48 所示电路,当可变电阻 R_3 的滑动头下移时,各个电表的示数如何变化?

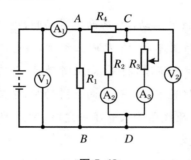

图 5.48

分析与解答 这样的问题在学习恒定电路时是很常见的.判断时,首先要认识电路的结构,明确各个元件的串并联关系,然后从滑动头下移引起的直接变化开始,依次通过推理作出判断:

滑动头下移 $\longrightarrow R_3 \downarrow \longrightarrow R_{CD} \downarrow \longrightarrow R_总 \downarrow \longrightarrow I_总 \uparrow$(表 A_1 的示数增大) $\longrightarrow U_{AB}(=E-Ir) \downarrow$(表 V_1 的示数减小) $\longrightarrow I_1 \left(=\dfrac{U_{AB}}{R_1}\right) \downarrow \longrightarrow I_{R_4}(=I_总-I_1) \uparrow \longrightarrow U_{R_4}(=I_{R_4}R_4) \uparrow \longrightarrow U_{CD}(=U_{AB}-U_{R_4}) \downarrow \longrightarrow I_{R_2}\left(=\dfrac{U_{CD}}{R_2}\right) \downarrow$(表 A_2 的示数减小) $\longrightarrow I_{R_3}(=I_{R_4}-I_{R_2}) \uparrow$(表 A_3 的示数增大).

说明 在闭合电路中,任何一个元件的变化都会引起全电路中各部分电流、电压的变化,可谓"牵一发而动全身".如果不懂得作全电路的分析推理,仅从局部的变化去进行判断,往往难以作出正确判断或容易导致错误.下面类似的问题请自行研究.

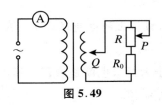

图 5.49

例题 5(2015 天津) 如图 5.49 所示,理想变压器的原线圈连接一只理想交流电流表,副线圈匝数可以通过滑动触头 Q 来调节.在副线圈两端连接了定值电阻 R_0 和滑动变阻器 R,P 为滑动变阻器的滑动触头.在原线圈上加一电压为 U 的正弦交流电,则( ).

A.保持 Q 的位置不动,将 P 向上滑动时,电流表读数变大

B.保持 Q 的位置不动,将 P 向上滑动时,电流表读数变小

C.保持 P 的位置不动,将 Q 向上滑动时,电流表读数变大

D.保持 P 的位置不动,将 Q 向上滑动时,电流表读数变小

分析与解答 原线圈输入电压一定时,副线圈的输出电压由原、副线圈的匝数比决定.

保持 Q 的位置不动→输出电压不变→P 上滑时 R 增大,副线圈负载的电流减小→副线圈输出功率减小→原线圈的电流减小,电流表读数减小.B 正确.

保持 P 的位置不变→副线圈负载不变→Q 上滑使输出电压增大→副线圈电流增大,输出功率增大→原线圈的电流增大,电流表读数增大.C 正确.

说明 变压器的原副线圈,表面上彼此绝缘,实际上通过磁通紧密地联系在一起.副线圈各部分电路的变化,必然会反馈到原线圈中,并引起原线圈的输入电流和功率的变化.

作为副线圈电路中电流变化对原线圈电路反馈作用的一个重要应用——漏电保护器,就是根据这种反馈作用的原理设计制作的.

如图 5.50 所示为家庭电路中一种漏电保护器*,在这个漏电保护器铁芯的 a 侧有两个形状、绕向和匝数都完全相同的线圈(图中分别用实线和虚线表示),它们分别将用电器和火线、零线串联起来.输入的 220 V 交流电通过继电器在 $M-N-O-$(负载)$-Q-R-K$ 之间流通.铁芯的 b 侧有一个线圈与电磁继电器 J 的线圈(图中未画出)并联.当室内电路正常工作时,由于 a 侧的两线圈中的电流大小相等、方向相反,它们产生的磁场互相抵消,b 侧线圈中的磁通量变化为零,不会产生感应电流,继电器 J 保持导通状态.当站在地上的人不小心接触火线时,火线中有一部分电流经人体—大地流回电源,a 侧的两线圈中的电流大小不再相等,它们产生的磁场不再互相抵消,b 侧线圈中的发生了磁通变化,产生感应电流,推动继电器 J 切断用电器的电路,从而可防止事故产生.

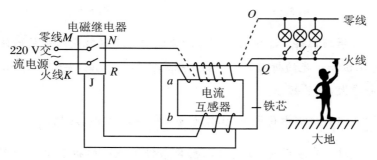

图 5.50　漏电保护器的原理

例题 6(2015　天津)　中国古人对许多自然现象都有深刻认识.唐人张志和在《玄真子·涛之灵》中写道:"雨色映日而为虹."从物理学角度看,虹是太阳光经过雨滴的两次折射和一次反射形成的.图 5.51 是虹的成因的简化示意图,其中 a、b 是两种不同频率的单色光,则两光(　　).

---

* 有关漏电保护器的问题,请读者参阅 2012 年江苏高考物理试题.

A. 在同种玻璃中传播，a 光的传播速度一定大于 b 光

B. 以相同角度斜射到同一玻璃板透过平行表面后，b 光侧移量大

C. 分别照射同一光电管，若 b 光能引起光电效应，a 光也一定能

D. 以相同的入射角从水中射入空气，在空气中只能看到一种光时，一定是 a 光

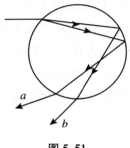

图 5.51

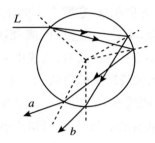

图 5.52

分析与解答　连接入射点与雨滴球心的半径就是入射处的法线（图 5.52）. a 光的折射角小 → 由折射定律知，a 光的折射率大 → a 光的频率大，波长短.

在同种玻璃中传播时，由速度 $v = \dfrac{c}{n} \to v_a < v_b$，A 错.

透过平行表面时，在同样入射角条件下 → a 的折射角小 → 侧移大，B 错.

照射同一光电管时，频率小的 b 光能引起光电效应，a 光也一定能，C 正确.

以相同的入射角从水中射入空气，由于 a 光折射率大，在空气中对应的折射角也大，将首先满足全反射的条件，即当 a 光在空气中的折射角等于 90°时，b 光的折射角仍然小于 90°，空气中只剩下 b 光，D 错.

说明　本题概括了光学中的折射、全反射以及光电效应等主要

规律,通过一个问题,相当于对这些知识的全面回顾,很有意义.解答中,为了避免产生混淆,判断时画出大致的示意图,也就是借助于直观的形象功能是十分有用的——如判断 B、D 两选项时,可画出如图 5.53 所示的光路图.

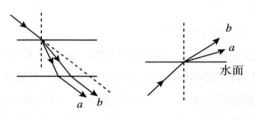

图 5.53

上述选择题中这样的推理分析方法,在判断电路故障、进行电路检测以及确定黑盒内部的结构等问题中,显得非常有用.

例题 7 如图 5.54 所示为一个简单直接放大式晶体管高频放大器的电路.调试中发现在 3AG 的集电极上测不到信号电流,应该如何进行快速的检查?

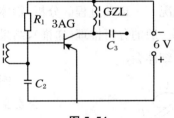

图 5.54

分析与解答 在电源正常的情况下,可能原因是电源开关未闭合或电池两端接触不良,或者是高频扼流圈 GZL 断路、调谐电路次级线圈断路、偏流电阻 R_1 过大、晶体管各个脚或偏流电阻以及连接线等处出现虚焊,也可能是晶体管已经损坏等原因.

为此,可以采用电压测量法,其测量与推理顺序如下:

测电源电压(正常时为 5~6 V)→测高频扼流圈 GZL 上端对地电压(正常时等于电源输出)→测 3AG 集电极对地电压(正常时接近电源电压)→测 3AG 的发射极和基极间的电压 U_{eb}(正常时为 0.2~0.3 V)→检查 R_1 是否虚焊或阻值过大,调谐电路次级是否断开→

用判断管脚、估测 β 值的方法检查晶体管是否完好.

按照这样的顺序,就可以较快地找出故障所在.

说明 本题以简单的放大电路为例,介绍了故障判断中通过电压测量的逐点判断法.这种电压测量方法对直流电路中的故障判断,同样可以借鉴.

Ⅱ.一般问题的分析推理

前面说过,分析是研究物理问题的核心方法,称得上是各种抽象思维方法的灵魂.面对实际问题,无论采用什么方法,都离不开"分析".解题时,一些同学能够迅速找到入口,并能正确求解,清楚地指出问题中可能存在(或出现)的各种情况等,另有一些同学却只是徘徊在问题的大门口,显得迷茫、无所适从,或者对一些可能情况缺乏了解等,他们很重要的一个差别在于其对问题的分析是否透彻、正确、全面.

下面选择若干例题,它们包含着分析推理中所涉及的一些基本情况——运动过程的分析,物体的受力变化,临界状态分析和从个别到一般的分析推理(递推),结果产生的可能情况及条件的分析等,请仔细体会.

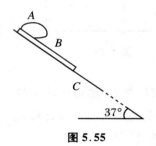

图 5.55

例题 1(2015 全国Ⅱ) 下暴雨时,有时会发生山体滑坡或泥石流等地质灾害.某地有一倾角为 $\theta = 37°(\sin 37° = 0.6)$ 的山坡 C,上面有一质量为 m 的石板 B,其上下表面与斜坡平行,B 上有一碎石堆 A(含有大量泥土),A 和 B 均处于静止状态,如图 5.55 所示.假设某次暴雨中,A 浸透雨水后总质量也为 m(可视为质量不变的滑块),在极短时间内,A、B 的动摩擦因数 μ_1 减小为 0.6,B、C 间的动摩擦因数 μ_2 减小为 0.5.A、B 开始运动,此时刻为计时起点;在第 2 s 末,B 的上表面突然变为光滑,μ_2 保持不变.已知 A 开始运动时,A 离 B 下边缘的距离 $l = 27$ m,C 足够长,设最大静摩擦力等于滑动摩擦力.取重力加速度大小 $g = 10 \text{ m/s}^2$. 求：

(1) 在 $0 \sim 2 \text{ s}$ 时间内 A 和 B 加速度的大小.

(2) A 在 B 上总的运动时间.

分析与解答 (1) 在 $0 \sim 2 \text{ s}$，A、B 两者间发生相对滑动,画出它们隔离体的受力图,如图 5.56 所示.根据牛顿第二定律和摩擦力与正压力的关系,可知：

对 A 有关系式

$$mg\sin\theta - f_1 = ma_1 \qquad ①$$
$$f_1 = \mu_1 N_1 = \mu_1 mg\cos\theta \qquad ②$$

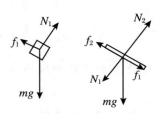

图 5.56

对 B 有关系式

$$mg\sin\theta + f_1 - f_2 = ma_2 \qquad ③$$
$$f_2 = \mu_2 N_2 = \mu_2 (N_1 + mg\cos\theta) \qquad ④$$

联立①、②两式和③、④两式,得 A 和 B 的加速度,代入数据后分别为

$$a_1 = g(\sin\theta - \mu_1 \cos\theta) = 3 \text{ m/s}^2$$
$$a_2 = g(\sin\theta + \mu_1 \cos\theta - 2\mu_2 \cos\theta) = 1 \text{ m/s}^2$$

(2) 至 $t_1 = 2 \text{ s}$ 时,A、B 两者的速度分别为

$$v_1 = a_1 t_1 = 6 \text{ m/s}, \quad v_2 = a_2 t_1 = 2 \text{ m/s}$$

由于 f_1 突然消失,A、B 两者的加速度分别变为

$$a_1' = g\sin\theta = 6 \text{ m/s}^2$$
$$a_2' = g(\sin\theta - 2\mu_2 \cos\theta) = -2 \text{ m/s}^2$$

可见,从 $t_1 = 2 \text{ s}$ 时起,A 继续做着加速运动,B 做着减速运动.设再经过时间 t_2,B 的速度减为零.由

$$v_2 + a_2' t_2 = 0$$

得

$$t_2 = -\frac{v_2}{a_2'} = 1 \text{ s}$$

从开始运动至 B 的速度减为零的整个时间内,A 和 B 的位移分别为

$$s_A = \frac{1}{2}a_1 t_1^2 + v_1 t_2 + \frac{1}{2}a_1' t_2^2 = 15 \text{ m}$$

$$s_B = \frac{1}{2}a_2 t_1^2 + v_2 t_2 + \frac{1}{2}a_2' t_2^2 = 3 \text{ m}$$

则 A 相对于 B 的位移为

$$\Delta s = s_A - s_B = 12 \text{ m} < 27 \text{ m}$$

此时 A 的速度达到

$$v_1' = v_1 + a_1' t_2 = 12 \text{ m/s}$$

以后,B 静止在斜面上,A 以 v_1' 为初速度、以 a_1' 为加速度继续沿 B 下滑. 设 A 经过时间 t_3 后离开 B,则有

$$L - \Delta s = v_1' t_3 + \frac{1}{2} a_1' t_3^2$$

代入数据,化简后有

$$t_3^2 + 4t_3 - 5 = 0$$

取合理值

$$t_3 = 1 \text{ s}$$

所以,A 在 B 上总的运动时间为

$$T = t_1 + t_2 + t_3 = 4 \text{ s}$$

说明 本题考查的知识点虽然仅是牛顿第二定律和运动学的规律,但过程比较复杂,求解的关键是分析清楚 A、B 运动过程的几个阶段:在 $0 \sim 2$ s,A、B 以不同的加速度做着相对运动;从 $t_1 = 2$ s 时起,A 继续做着加速运动,B 做着减速运动;当 B 的速度减为零后,A 继续加速运动. 认识了每个阶段的运动特点后,就不难算出每个阶段的位移和运动时间了. 有兴趣的同学,还可以画出题中 A、B 两者的 v-t 图像,有助于进一步直观地认识这里的运动过程.

例题 2 学习牛顿第二定律时,常常会采用如图 5.57 所示的装置研究加速度与力、质量之间的关系.设实验中车的质量为 M,盘子与砝码的质量为 m,板的倾角为 θ,试回答以下问题:

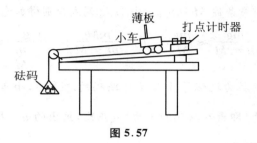

图 5.57

(1) 实验中怎样平衡摩擦力?为什么需要满足质量条件 $M \gg m$?

(2) 如果仅满足质量条件 $M \gg m$,忘记了平衡摩擦力的步骤,将得到怎样的 $a-F$、$a-\dfrac{1}{M}$ 图像?

(3) 如果仅做了平衡摩擦力的步骤,没有满足质量条件 $M \gg m$,将得到怎样的 $a-F$、$a-\dfrac{1}{M}$ 图像?

分析与解答 设对盘子的拉力为 T,小车与木板间的动摩擦因数为 μ,列出整个系统和盘子的牛顿第二定律方程

$$mg + Mg\sin\theta - \mu Mg\cos\theta = (m + M)a$$

$$T = mg - ma$$

得加速度和拉力分别为

$$a = \frac{mg + Mg\sin\theta - \mu Mg\cos\theta}{m + M} \qquad ①$$

$$T = \frac{mMg(1 - \sin\theta + \mu\cos\theta)}{m + M} \qquad ②$$

(1) 由①式知,为了平衡摩擦力,需满足条件

$$Mg\sin\theta = \mu Mg\cos\theta \quad \text{或} \quad \theta = \arctan\mu$$

实验中,需稍稍垫高木板的一端,然后轻推小车,直到小车看上去能沿木板匀速滑行,意味着小车重力沿木板的分力恰好等于小车受到的摩擦力.

当满足质量条件 $M \gg m$ 后,由①、②两式分别得加速度和拉力为

$$a = \frac{mg}{m+M} \approx \frac{mg}{M}, \quad T = \frac{mMg}{m+M} = \frac{mg}{1+\frac{m}{M}} \approx mg$$

表示对小车的拉力近似等于盘子与砝码的总重力,小车的加速度与它受到的拉力(即盘和砝码的重力)成正比,画出的 $a-F$ 图和 $a-\frac{1}{M}$ 图如图 5.58 所示.

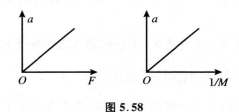

图 5.58

(2) 如果仅满足质量条件 $M \gg m$,忘记了平衡摩擦力的步骤,即木板的一端没有垫高($\theta = 0°$),由①式知,小车的加速度为

$$a = \frac{mg - \mu Mg}{m+M} = \frac{mg}{m+M} - \frac{\mu Mg}{m+M} \approx \frac{mg}{M} - \mu g$$

表示小车的加速度并不与它受到的拉力(即盘和砝码的重力)成正比,画出的 $a-F$ 图和 $a-\frac{1}{M}$ 图如图 5.59 所示.

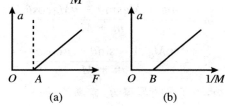

图 5.59

(3) 如果仅做了平衡摩擦力的步骤,没有满足质量条件 $M \gg m$,由①式知,小车的加速度为

$$a = \frac{mg}{m+M} = \frac{g}{1+\dfrac{M}{m}}$$

表示当小车质量 M 一定时,系统的加速度会随着盘中砝码质量的增大而增大;当砝码盘的质量 m 一定时,系统的加速度会随着小车质量 M 的减小而增大.但是,它们之间都是一种非线性关系,画出的 a-F 图和 a-$\dfrac{1}{M}$ 图如图 5.60 所示.

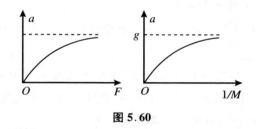

图 5.60

说明 上面通过对"小车-砝码盘"的一般运动情况作了理论分析,指出了可能出现的一些基本情况,可以更好地认识牛顿第二定律实验中图像的意义.在画出的图 5.59 中,A、B 两点反映了什么物理意义,请思考.

牛顿第二定律是一个重要的实验,下面的练习会有助于你进一步提高认识.

练习题

(2015 全国新课标) 某同学利用如图 5.61(a)所示实验装置及数字化信息系统获得了小车加速度 a 与砝码的质量 m 的对应关系图,如图 5.61(b)所示.实验中小车(含发射器)的质量为 200 g,实验时选择了不可伸长的轻质细绳和轻定滑轮,小车的加速度由位移传感器及与之相连的计算机得到.回答下列问题:

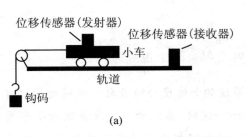
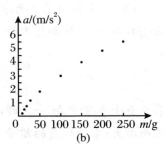

图 5.61

(1) 根据该同学的结果,小车的加速度与砝码的质量成_____(填"线性"或"非线性")关系.

(2) 由图(b)可知,a-m 图线不经过原点,可能的原因是_____.

(3) 若利用本实验装置来验证"在小车质量不变的情况下,小车的加速度与作用力成正比"的结论,并直接以砝码所受重力 mg 作为小车受到的合外力,则实验中应采取的改进措施是_____,砝码的质量应该满足的条件是_____.

参考答案:(1) 非线性;(2) 存在摩擦力;(3) 调节轨道的倾斜角以平衡摩擦力,远小于小车的质量.

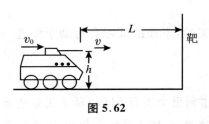

图 5.62

例题 3(2014 浙江) 如图 5.62 所示,装甲车在水平地面上以速度 $v_0 = 20$ m/s 沿直线前进,车上机枪的枪管水平,距地面高为 $h = 1.8$ m. 在车正前方竖立一块高为 2 m 的长方形靶,其底边与地面接触. 枪口与靶的距离为 L 时,机枪手正对靶射出第一发子弹,子弹相对于枪口的初速度为 $v = 800$ m/s. 在子弹射出的同时,装甲车开始做匀减速运动,行进 $s = 90$ m 后停下. 装甲车停下后,机枪手以相同方式射出第二发子弹(不计空气阻力,子弹看成质点,重力加速度取 $g = 10 \text{ m/s}^2$).

(1) 求装甲车匀减速运动时的加速度大小;

(2) 当 $L = 410 \text{ m}$ 时,求第一发子弹的弹孔离地的高度,并计算两个弹孔之间的距离;

(3) 若靶上只有一个弹孔,求 L 的范围.

分析与解答 (1) 装甲车从第一发子弹射出起,在 $s = 90 \text{ m}$ 内速度从 $v_0 = 20 \text{ m/s}$ 减小到零,则其加速度大小为

$$a = \frac{v_0^2}{2s} = \frac{20 \times 20}{2 \times 90} \text{ m/s}^2 = \frac{20}{9} \text{ m/s}^2$$

(2) 第一发子弹射出时对地的速度、运动时间和下落高度分别为

$$v_1 = v_0 + v = 820 \text{ m/s}$$

$$t_1 = \frac{L}{v_1} = \frac{410}{820} \text{ s} = 0.5 \text{ s}$$

$$h_1 = \frac{1}{2} g t_1^2 = \frac{1}{2} \times 10 \times 0.5^2 \text{ m} = 1.25 \text{ m}$$

第二发子弹从静止的装甲车上射出,其运动时间和下落高度分别为

$$t_2 = \frac{L - s}{v} = \frac{410 - 90}{800} \text{ s} = 0.4 \text{ s}$$

$$h_2 = \frac{1}{2} g t_2^2 = \frac{1}{2} \times 10 \times 0.4^2 \text{ m} = 0.8 \text{ m}$$

因此两个弹孔之间的距离为

$$\Delta h = h_1 - h_2 = 0.45 \text{ m}$$

(3) 由于两次发射的方式相同,当靶上只有一个弹孔时,只能是第二颗子弹所留下的.

第一颗子弹没有打到靶上或者恰好打到靶的底边位置(临界情况),对应其临界情况的水平距离为

$$s_1 = v_1\sqrt{\frac{2h}{g}} = 820\sqrt{\frac{2\times 1.8}{10}}\ \text{m} = 492\ \text{m}$$

第二颗子弹一定能够打到靶上,其临界情况也是刚好落在靶的底边位置,对应的水平距离为 s_2,则由

$$s_2 = s + v\sqrt{\frac{2h}{g}} = 90\ \text{m} + 800\sqrt{\frac{2\times 1.8}{10}}\ \text{m} = 570\ \text{m}$$

所以,当靶上只有一个弹孔时,枪口与靶的距离 L 的范围为

$$492\ \text{m} < L \leqslant 570\ \text{m}$$

说明 平抛运动中结合着相对运动和确定有关范围的问题并不鲜见.例如,在山上用平射炮打击逃窜的敌舰;排球运动员跳起时水平发球,要求确定不擦网和不出界的速度范围等.本题在一个新的情景下将它们糅合在一起,别具匠心,其中第(3)小题是本题的核心,也是难点所在.这里,充分地考查了读者的分析能力,如果不能对临界情况作出正确的分析,也就无法确定靶与枪口的距离范围了.

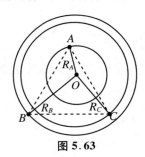

图 5.63

例题 4(2015 安徽) 有三颗星体构成的系统,忽略其他星体对它们的作用,存在着一种运动形式:三颗星在相互的万有引力作用下,分别位于等边三角形的三个顶点上,绕某一共同的圆心 O 在三角形所在的平面内做相同角速度的圆周运动(图 5.63 所示为 A、B、C 三颗星质量不同时的一般情况).若 A 星体质量为 $2m$,B、C 两星体的质量均为 m,三角形的边长为 a,求:

(1) A 星体所受合力大小 F_A;

(2) B 星体所受合力大小 F_B;

(3) C 星体的轨道半径 R_C;

(4) 三星体做圆周运动的周期 T.

分析与解答 以 B、C 两星体的连线为 x 轴,通过其中点 D 与 A

星体的垂线为 y 轴,建立一个直角坐标系,如图 5.64 所示.

(1) B、C 两星对 A 的引力大小相等,其值为

$$F_{BA} = F_{CA} = G\frac{m \cdot 2m}{a^2} = G\frac{2m^2}{a^2}$$

其方向沿着 AB、AC. 因此 A 星体所受合力的大小为

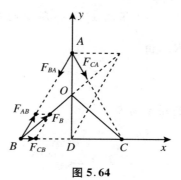

图 5.64

$$F_A = 2F_{BA}\cos 30° = 2\sqrt{3}G\frac{m^2}{a^2}$$

(2) A、C 两星体对 B 的引力大小分别为

$$F_{AB} = F_{BA} = G\frac{2m^2}{a^2}, \quad F_{CB} = G\frac{m^2}{a^2}$$

由于 $F_{AB} = 2F_{CB}$,根据图 5.64 中虚线所示的平行四边形,由对角线交点可确定公共圆心 O. 为了计算 B 星体所受合力的大小,除直接采用余弦定理外,也可以将 F_{AB} 正交分解,即

$$F_{AB(x)} = F_{AB}\cos 60° = G\frac{m^2}{a^2}, \quad F_{AB(y)} = F_{AB}\cos 30° = \sqrt{3}G\frac{m^2}{a^2}$$

因此 B 星体所受合力的大小为

$$F_B = \sqrt{F_{AB(y)}^2 + (F_{CB} + F_{AB(x)})^2} = \sqrt{\left(\sqrt{3}G\frac{m^2}{a^2}\right)^2 + \left(2G\frac{m^2}{a^2}\right)^2}$$

$$= \sqrt{7}G\frac{m^2}{a^2}$$

(3) C 星体的轨道半径 R_C 等于 CO. 由图 5.70 中的几何关系可知

$$OD = \frac{1}{2}AD = \frac{1}{2}\sqrt{a^2 - \left(\frac{a}{2}\right)^2} = \frac{\sqrt{3}}{4}a$$

因此

$$R_C = \sqrt{CD^2 + OD^2} = \sqrt{\left(\frac{a}{2}\right)^2 + \left(\frac{\sqrt{3}}{4}a\right)^2} = \frac{\sqrt{7}}{4}a$$

(4) 根据 C 星体所受的引力 $F_C = F_B = \sqrt{7}G\dfrac{m^2}{a^2}$ 和轨道半径 R_C，由

$$F_C = m\dfrac{4\pi^2}{T^2}R_C$$

得运动周期

$$T = 2\pi\sqrt{\dfrac{mR_C}{F_C}} = 2\pi\sqrt{\dfrac{m\cdot\dfrac{\sqrt{7}}{4}a}{\sqrt{7}G\dfrac{m^2}{a^2}}} = \pi\sqrt{\dfrac{a^3}{Gm}}$$

说明 天体间由于存在着相互作用的引力，因此无论是双星还是三星系统，它们都必须绕着公共质心转动，否则将会因相互间的引力而结合在一起。

本题中三个星体不受其他星体的作用，是一个孤立系统，它们的公共质心（公共质量中心）的位置应该保持不变，因此其共同的圆心必定就在公共质心的位置。由于中点 D 为 B、C 两星体的质量中心，因此整个系统的公共质量中心必然在 AD 线的中点，即公共圆心 O。

本题求解中虽然无需引入质心概念，但如果能理解这一点，解答中 O 点的确定就很自然了。有兴趣的同学，还可以由此扩展到题中三天体质量不等的情况。

例题 5 如图 5.65 所示的电路中，电源内阻 $r = 0.4\ \Omega$，外电阻 $R_1 = 6\ \Omega$，$R_2 = 3\ \Omega$，R_3 是滑动变阻器，$R_4 = 18\ \Omega$。当滑动头 P 位于 R_3 的中点时，电流表的示数为 0.9 A，电压表的示数为 8.1 V。不计两表内阻的影响，求电源电动势的大小和电阻 R_3 的值。

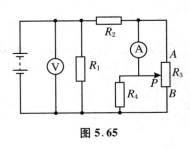

图 5.65

分析与解答 不计电流表内阻时，R_3 上部（AP 段）短路，电流表的示数就是流过 R_2 中的电流 I_2，也等于 R_4 和 PB 段并联的总电流．整个外电路由 R_2 与（$R_4//R_{PB}$）相串联后再与 R_1 并联．电压表的示数为路端电压，即 R_1 两端的电压．

根据上述分析，对电动势的计算推理如下：

$$E = U + Ir \Rightarrow I = I_2 + I_1 \Rightarrow I_1 = \frac{U_1}{R_1} = \frac{U}{R}$$

因此，可以从计算 I_1 入手，列出综合式为

$$E = U + \left(\frac{U}{R_1} + I_2\right)r = 8.1 \text{ V} + \left(\frac{8.1}{6} + 0.9\right) \times 0.4 \text{ V} = 9 \text{ V}$$

对电阻 R_2 的计算推理如下：

$$R_3 \longrightarrow \frac{1}{2}R_3 = \frac{U_{PB}}{I_{PB}} \begin{cases} U_{PB} = U - U_2 = U - I_2R_2 \\ I_{PB} = I_2 - I_4 = I_2 - \frac{U_4}{R_4} \longleftarrow U_4 = U - I_2R_2 \end{cases}$$

因此，可以从计算 U_4 入手，最后的结果为

$$R_3 = 18 \text{ }\Omega$$

说明 许多物理计算，如果能先通过分析推理确定解答思路，不仅能使条理清晰，也可以便于检查核对．

例题 6（2015 江苏） 质谱仪的工作原理如图 5.66 所示．电荷量均为 $+q$、质量不同的离子飘入电压为 U_0 的加速电场，其初速度几乎为零．这些离子经加速后通过狭缝 O 沿着与磁场垂直的方向进入磁感应强度为 B 的匀强磁场，最后打在底片上．已知放置底片的区域 $MN = L$，且 $OM = L$．某次测量发现 MN 中左侧 $\frac{2}{3}$ 的区域 MQ 损坏，检测不到离子，但右侧 $\frac{1}{3}$ 的区域 QN 仍能正常检测到离子．在适当调节加速电压后，原本打在 MQ 的离子即可打在 QN 并检测到．

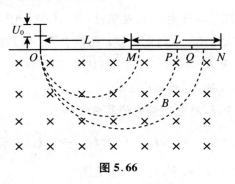

图 5.66

(1) 求原本打在 MN 中点 P 的离子的质量 m；

(2) 为使原本打在 P 的离子能打在 QN 区域，求加速电压 U 的调节范围；

(3) 为了在 QN 区域将原本打在 MQ 区域的所有离子检测完整，求需要调节 U 的最少次数（取 lg2 = 0.301, lg3 = 0.477, lg5 = 0.699）.

分析与解答 (1) 离子飘入电场后被加速，进入磁场后受洛伦兹力作用做匀速圆周运动，有

$$qU_0 = \frac{1}{2}mv^2 \qquad ①$$

$$qvB = m\frac{v^2}{r} \qquad ②$$

联立两式，得在磁场中做圆运动的半径

$$r = \frac{1}{B}\sqrt{\frac{2mU_0}{q}} \qquad ③$$

要求离子打在 MN 的中点 P，对应的圆半径 $r = r_0 = \frac{3}{4}L$，代入上式，即得离子质量

$$m = \frac{9qB^2L^2}{32U_0} \qquad ④$$

(2) 将④式代入③式，并令 $U_0 = U$，即得不同加速电压 U 与对应的轨道半径 r 的关系

$$U = \frac{16U_0}{9L^2}r^2 \qquad ⑤$$

当离子打在 Q 点时,$r_Q = \frac{5}{6}L$,当离子打在 N 点时,$r_N = L$,代入上式得对应的加速电压分别为

$$U_1 = \frac{100}{81}U_0, \quad U_2 = \frac{16}{9}U_0$$

所以离子打在 QN 区域时加速电压 U 的调节范围为

$$\frac{100}{81}U_0 \leqslant U \leqslant \frac{16}{9}U_0$$

(3) 由⑤式知,$r \propto \sqrt{U}$,表示电压增大,粒子做圆运动的半径增大.假设粒子打在 Q 点所对应的电压为 U_0.

为了在 QN 区域能检测到所有离子,可以设想将 MQ 区域分成若干段,依次考虑(图 5.67).

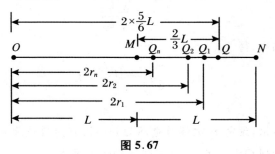

图 5.67

设原来打在 Q_1Q 段的离子使它们能够打到 QN 区域的电压为 U_1,相当于离子的落点发生这样的变化:

原来落在 Q 的离子$\to N$,对应的运动半径 $\frac{5}{6}L \to L$,有关系式

$$\frac{L}{\frac{5}{6}L} = \frac{\sqrt{U_1}}{\sqrt{U_0}}$$

原来落在 Q_1 的离子$\to Q$,对应的运动半径 $r_1 \to \frac{5}{6}L$,有关系式

$$\frac{\frac{5}{6}L}{r_1} = \frac{\sqrt{U_1}}{\sqrt{U_0}}$$

两式相比,得

$$r_1 = \left(\frac{5}{6}\right)^2 L$$

设使原来打在 Q_2Q_1 段的离子能够打到 QN 区域的电压为 U_2,相当于离子的落点发生这样的变化:

原来落在 Q_1 的离子 $\to N$,对应的运动半径 $r_1 \to L$,有关系式

$$\frac{L}{r_1} = \frac{\sqrt{U_2}}{\sqrt{U_0}}$$

原来落在 Q_2 的离子 $\to Q$,对应的运动半径 $r_2 \to \frac{5}{6}L$,有关系式

$$\frac{\frac{5}{6}L}{r_2} = \frac{\sqrt{U_2}}{\sqrt{U_0}}$$

两式相比,得

$$r_2 = \frac{5}{6}r_1 = \left(\frac{5}{6}\right)^3 L$$

……

依此类推,设第 n 次调节电压为 U_n,恰好能够使原来打在 Q_nM 段的离子打到 QN 区域,可以得到半径的关系式

$$r_n = \left(\frac{5}{6}\right)^n L$$

根据题设条件,有

$$r_n = \left(\frac{5}{6}\right)^n L \leqslant \frac{1}{2}L$$

两边取对数后得

$$n \geqslant \frac{\lg 2}{\lg \frac{5}{6}} - 1 \approx 2.8$$

因此所有离子检测完整需要调节电压的次数是 3 次.

说明 第(3)小题别具匠心,许多同学感到难以着手. 如果能懂得如解答中采用"分段迁移"的方法,可以说基本上已经找到了突破口. 整个解答过程中的依据就是第(2)小题得到的结论 $r \propto \sqrt{U}$,接着就是推理分析. 可以说这里突出考查了推理分析的能力(包括最后用的递推法),并没有物理上复杂的列式和运算,值得多加体会.

Ⅲ. 物理概念、原理的分析推理

对一些物理概念的认识、物理原理的推导以及对一些疑难的解释等,处处离不开分析推理. 下面的三个问题,都有一定的疑难,可能都有助于提升你的认识.

马拉车与车拉马

这是与前面说过的"汽车拉拖车"类似的问题. 学过牛顿第三定律并通过实验验证后,虽然认识了运动物体间的相互作用总是大小相等的,可心里还会有些疑问:既然马拉车的力与车拉马的力大小相等,可是为什么只能看到马拉着车前进,而绝对不可能发生车拉着马向后退的现象呢?

其实,这是一个"佯谬". 把马和车作为一个系统,马拉车与车拉马的力都属于系统的内力,它们都是不可能改变系统运动状态的. 作用在这个系统上的外力,竖直方向上是马和车的重力,地面对马和车的支持力;水平方向上是地面对马和车的摩擦力.

为了简化起见,假设马和车在水平路面上做平动,并且把地面对马(或马对地面)的作用力都集中于一点. 当马用力朝斜下方蹬地时,地面产生阻碍其向后滑动的摩擦力 F_x,这个力就是马车前进的外力. 马拉车向前,地面阻碍车轮向前滑动产生向后的摩擦力 f. 对(马+车)这个系统,水平方向上的外力只有 F_x 和 f,如图 5.68 所示. 根据牛顿第二定律,系统的加速度

$$a = \frac{F_x - f}{m_{马} + m_{车}}$$

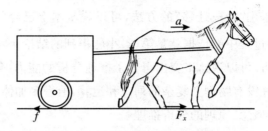

图 5.68 马车系统所受到的水平外力

这里的 F_x 和 f 虽然都是由地面产生的摩擦力,但两者的意义有所不同.

马要拉车时,它必须主动蹬地,从而地面产生一个向前的反作用力,即地面的摩擦力 F_x *.这是一个静摩擦力,而且对系统的运动有着"主动"的意义.

车受到拉力的作用向前运动,地面阻碍其向前运动产生向后的摩擦力 f,这是一个滑动摩擦力,而且完全是一个"被动"的力.

由于对整个系统来说,不存在方向向后的主动力,因此也就绝对不会发生车拉着马向后运动的事.

为了进一步研究马和车的运动,还可以把它们分别隔离出来.设它们之间的相互作用发生在水平方向,作用力的大小为 $T(T = T')$.画出它们在水平方向的受力图如图 5.69 和图 5.70 所示.根据牛顿第二定律可得运动方程

$$F_x - T = m_{马} a_{马}$$
$$T - f = m_{车} a_{车}$$

---

* 实际情况下,马蹬地的力向斜后方,地面对马的反作用力向斜上方,它的水平分力就是这里的 F_x.

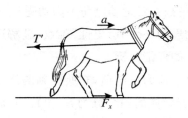 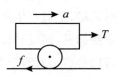

图 5.69　马在水平方向的受力情况　　图 5.70　车在水平方向的受力情况

根据这两个方程可知：

对马来说，当 $F_x > T$ 时，$a_马 > 0$，马向前做加速运动；当 $F_x = T$ 时，$a_马 = 0$，马保持原来的静止状态或匀速运动状态；当 $F_x < T$ 时，$a_马 < 0$，意味着马向前做减速运动，直到向前的速度减小为零时，马便停止运动.

对车来说，当 $T > f$ 时，$a_车 > 0$，车向前加速运动；当 $T = f$ 时，$a_车 = 0$，车保持原来的静止状态或匀速运动状态；当 $T < f$ 时，$a_车 < 0$，意味着车向前做减速运动，直到向前的速度减小为零，车便停止运动. 而车一旦停止运动，摩擦力 f 也就消失了. 因此对车而言，无论在什么情况下，都不可能产生向后的运动.

洛伦兹力做功了吗

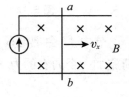

图 5.71

关于洛伦兹力不做功的问题，常常会在动生电动势的问题上引起质疑：如图 5.71 所示的装置，当磁场不变，导体棒向右以垂直棒的速度 v_x 运动时，导体棒两端会产生动生电动势

$$E = Blv_x$$

这个电动势是由于导体中的自由电荷受洛伦兹力的驱动发生了宏观移动产生的——这里既有力，又在力的方向产生了位移. 或者，从电动势的含义上说，这里以洛伦兹力作为非静电力，感应电动势的大小等于洛伦兹力在这段电路上移动单位

正电荷所做的功.那么,为什么说洛伦兹力对运动电荷不做功呢?

这个质疑很有分量,也是中学物理的一个"历史性"难点.破解这个疑难的关键,是对产生电动势过程的仔细分析.

为方便起见,假设导体中的自由电荷为正电荷,它所受到的洛伦兹力 f 可以分解为垂直于导体和沿着导体的两个分力 f_x 和 f_y,它们分别起着不同的作用:

分力 f_y 驱使正电荷向上运动,并在 ab 两端建立电势差.在这个向上运动的过程中,正电荷同时受到导体内因建立了电场产生的电场力 F_E,以及导体中其他粒子的碰撞阻力 F_d(图 5.72).稳定时,沿着导体方向的这三个力一定满足条件

$$f_y = F_E + F_d$$

这样才能使正电荷 q 以恒定的速度 v_y 运动.可见,正电荷 q 相对静止坐标系的速度 v 应该为 v_x 与 v_y 的合速度(图 5.73).

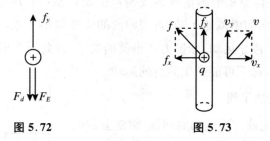

图 5.72　　　　　　　　图 5.73

分力 f_x 会把电荷压向左侧,由于导体的限制,导体左侧会对电荷施加一个向右的力 F,且

$$F = -f_x$$

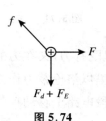

图 5.74

因此,正电荷 q 运动过程中的受力情况,应该如图 5.74 所示.

在这个过程中,洛伦兹力对正电荷 q 做功的功率,应该等于它的两个分力 f_x、f_y 做功的功率之和.其中

$$P_1 = -f_x v_x = -qv_y B \cdot v_x$$
$$P_2 = f_y v_y = qv_x B \cdot v_y$$

则
$$P_1 + P_2 = 0$$

可见，导体棒向右移动时，洛伦兹力沿某一方向对电荷所做的正功，正好与它沿另一方向所做的负功大小相等，相互抵消，其总功等于零．从功能转化关系来说，一方面正电荷 q 通过克服分力 f_x 做功获得机械能，另一方面又通过分力 f_y 做功将获得的机械能转化为电能，最后转化为电阻的焦耳热．

所以，由于受到洛伦兹力作用移动电荷产生动生电动势，与洛伦兹力对运动电荷不做功并不矛盾．

为了进一步认识洛伦兹力及其对运动电荷不做功的特点，请重点研究下面这个练习题中的(2)b部分．本书中以"发电机"为例，论证了洛伦兹力不做功；这个练习题中则要求以"电动机"为例，进行论证．两者仿佛有默契似的作了一次完美的配合，可以对洛伦兹力不做功的问题有着更深刻的认识．

练习题

(2017 北京)发电机后人电动机具有装置上的类似性，源于它们机理上的类似性．直流发电机和直流电动机的工作原理可以简化为图 5.75 和图 5.76 所示的情景．

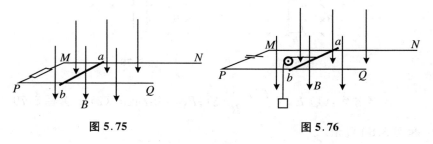

图 5.75　　　　　图 5.76

在竖直向下的磁感应强度为 B 的匀强磁场中，两根光滑平行金

属轨道 MN、PQ 固定在水平面内,相距为 L,电阻不计.电阻为 R 的金属导体棒 ab 垂直于 MN、PQ 放在轨道上,与轨道接触良好,以速度 v(v 平行于 MN)向右做匀速运动.

图 5.75 轨道端点 MP 间接有阻值为 r 的电阻,导体棒 ab 受到水平向右的外力作用.图 5.76 轨道端点 MP 间接有直流电源,导体棒 ab 通过滑轮提升重物,电路中的电流为 I.

(1) 求在 Δt 时间内,图 5.75 "发动机"产生的电能和图 5.76 "电动机"输出的机械能.

(2) 从微观角度看,导体棒 ab 中的自由电荷所受洛伦兹力在上述能量转化中起着重要作用.为了方便,可认为导体棒中的自由电荷为正电荷.

a. 请在图 5.77(图 5.75 的导体棒 ab)、图 5.78(图 5.76 的导体棒 ab)中,分别画出自由电荷所受洛伦兹力的示意图.

b. 我们知道,洛伦兹力对运动电荷不做功.那么,导体棒 ab 中的自由电荷所受洛伦兹力是如何在能量转化过程中起到作用的呢?请以图 5.78 "电动机"为例,通过计算分析说明.

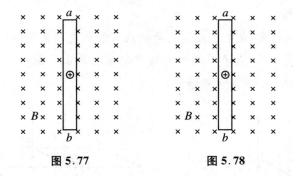

图 5.77　　　　　图 5.78

参考答案:(1) $E_电 = \dfrac{B^2 L^2 v^2}{r+R} \Delta t$;$E_机 = BILv\Delta t$.(2) a. 如图 5.79 和图 5.80 所示.

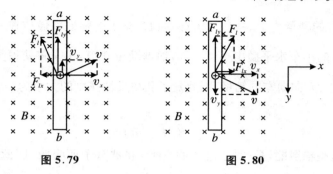

图 5.79　　　　　　　图 5.80

b. 设棒中正电荷的电量为 q，稳定时对静止坐标系的两个速度分量分别为 v_x 和 v_y，对应的洛伦兹力的两个分量和它们在 Δt 时间内做功分别为

$$F_{lx} = qBv_y, \quad W_x = F_{lx}v_x\Delta t = qBv_y \cdot v_x\Delta t$$
$$F_{ly} = qBv_x, \quad W_y = -F_{ly}v_y\Delta t = -qBv_x \cdot v_y\Delta t$$

洛伦兹力所做的总功为

$$W = W_x + W_y = 0$$

导体棒运动时，棒中正电荷在 y 方向受到电场力、洛伦兹力的分力 F_{ly} 和导体内其他粒子碰撞阻力的共同作用。电场力对正电荷做正功时减少的电势能通过 F_{ly} 做负功和 F_{lx} 做正功转化为输出的机械能。洛伦兹力并没有做功，它的两个分力仅充当着能量转化"中介"的作用。

质能关系的推导

大家知道，爱因斯坦的质能公式 $E = mc^2$，是相对论的一个重要结果。为了说明这个关系式，1906 年，爱因斯坦很巧妙地用了一个理想实验就把它推出来了。

如图 5.81 所示是一个质量为 M、长为 L 的静止盒子，现使它从盒的左端向右辐射大小为 E 的能量。

设这些辐射能量 E 具有的质量为

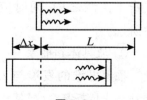

图 5.81

m，相应的动量为 $p_m = \dfrac{E}{c}$，其方向向右。盒子的辐射就像放在光滑水平面上的小车水平抛出小球一样，根据动量守恒，小车将获得大小为 $p_M = \dfrac{E}{c}$、方向向左的动量。因此盒子获得反冲速度的大小为

$$v_M = \dfrac{E}{(M-m)c}$$

这些辐射能（E）到达盒子的右壁，并被盒子所吸收。因此，盒子重新获得的质量和动量分别为 m 和 $\dfrac{E}{c}$，于是盒子恢复静止。在这样一次从发射到吸收的整个过程中所经历的时间和向左的位移分别为

$$\Delta t = \dfrac{L}{c + v_M}, \quad \Delta x = v_M \Delta t$$

由于整个系统不受外界作用力，系统的动量守恒，也就是说整个系统的质心位置应该不变。因此有关系式

$$m(L - \Delta x) - (M - m)\Delta x = 0$$

联立上述各式，即得

$$E = mc^2$$

这样，爱因斯坦就把一个对现代核能开发具有指导意义的公式，通过人们熟悉的经典物理学的原理演绎出来了。这也许是许多同学不曾想到过的，堪称演绎方法的一个典范。

(2) 发展抽象思维的三个台阶

客观存在和人们的实践，是人类思维活动的基础。在中学物理中，培养和发展抽象思维能力同样必须紧密联系教学（学习）活动，置身于实践之中，同时应该循序渐进。这里，有三个值得重视的台阶。

① 从具体到抽象

抽象思维的发展与人们的认识规律一样，也应该从具体到抽象——先依托某个（或某些）具体事物，然后逐渐脱离依托，抽象出来。

从杠杆到力矩平衡

例如,研究杠杆平衡原理,先从认识具体的杠杆开始:撬棒、天平、杆秤、钳子、跷跷板、铡刀……然后从中抽象出杠杆的概念:一根绕固定点转动的硬棒.同时,在不同形式的各种杠杆中,各个具体物体对杠杆施加的力,又都可以抽象地用一段有向线段(力矢量)表示.于是,各种杠杆都可以抽象为如图 5.82(a)或(b)的形式.

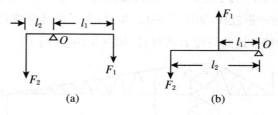

图 5.82

这样的抽象实际上也就是建立理想化物理模型的过程,由此可以引入概念、得到物理规律,也便于进一步推广到更普遍的情况.

例如,根据上面抽象后形成的模型,得到杠杆的平衡条件

$$F_1 l_1 = F_2 l_2 \quad \text{或} \quad \frac{F_1}{F_2} = \frac{l_2}{l_1}$$

这就是大家熟知的初中物理学习的杠杆公式.

如果引入力矩的概念后,并考虑到有多个力沿不同方向的作用后,可以表示为

$$M_\text{顺} = M_\text{逆} \quad \text{或} \quad \sum M_\text{顺} = \sum M_\text{逆}$$

这就是说,有固定转动轴的物体平衡时,其顺时针方向的力矩(或力矩之和)等于逆时针方向的力矩(或力矩之和).

当规定了以顺时针(或逆时针)方向的力矩为正方向后,还可以更简洁地表示为

$$\sum M = 0$$

因此,有固定转动轴物体的平衡条件,可以简洁地说成"所有力矩的代数和等于零".

现实生活中和具体物理问题中,可能会遇到形形色色各种不同类型的杠杆类机械,我们都可以采用这样的"从具体到抽象"的方法,把它们抽象为简单的杠杆,然后用普遍的力矩平衡原理进行分析研究.例如:

如图 5.83 所示为一架自重为 W 的塔式起重机,设其重心位于 O,最大起重量为 P.为了使其起重最大重物时不致倾倒,可抽象为绕右边的门脚 A 的一根杠杆,如图 5.84(a)所示;为了使其空载时不致倾倒,则可抽象为绕左边的门脚 B 的杠杆,如图 5.84(b)所示.

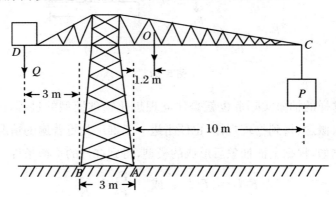

图 5.83

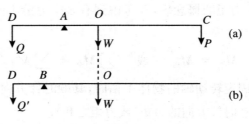

图 5.84

根据这样的两次抽象,可依次列出平衡方程
$$W \cdot AO + P \cdot AC = Q \cdot AD$$

$$Q' \cdot BD = W \cdot BO$$

代入数据就可以得到这台起重机无论运货或不运货都不会倾倒时,平衡物(配重)Q 的取值范围了.

如图 5.85 所示为一种手控制动装置. 其中,a 是一个转动的轮子,b 是摩擦制动片,c 是可绕轴 O 转动的手柄. 当用手在 A 点施加作用力 F 时,b 将压紧轮子,使其制动. 这个制动装置同样可抽象为一个杠杆.

当轮子按逆时针方向转动时,轮子对制动片的摩擦力 f 向上,它与拉力 F 对轴 O 的力矩共同平衡正压力 N 对轴 O 的力矩(图 5.86);当轮子按顺时针方向转动时,轮子对制动片的摩擦力 f 向下,拉力 F 对轴 O 的力矩需要平衡摩擦力 f 和正压力 N 对轴 O 的力矩(图 5.87).

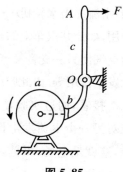

图 5.85

由于这里使轮子制动的力矩,是由制动片对轮子的摩擦力产生的. 当轮子制动的力矩一定时,表示制动时制动片与轮子间的摩擦力 f 一定,两者间的正压力 N 的大小也一定. 所以,轮子向逆时针方向转动时,所需的制动拉力比较小些*.

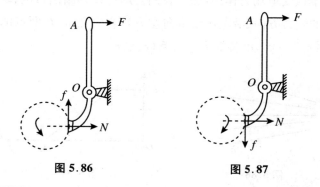

图 5.86　　　　　图 5.87

---

* 手控制动装置的内容改编自 1997 年上海高考题.

电场的概念

电场的概念很抽象.引入电场概念时,常常会先从力的作用方式谈起:一种方式是直接作用,如用手拍打桌面,用手推动书本,机车拉车厢,水流冲击水轮机……另一种方式是借助于介质(中间物体)的间接作用,如公共汽车上的司机借助压缩空气启闭车门,一支音叉发声时借助空气使另一支音叉产生共鸣,磁铁隔着一段距离能通过磁场对小磁针发生作用等.由此归结出"力的作用不能脱离物质"的结论.

接着,通过实验显示,一个电荷隔着一段距离(即使在真空中)也能对另一个电荷发生作用,表明电荷周围必定存在着某种特殊的物质,这就是电场.可见,电场的概念是密切联系着电荷间相互作用的事实而引入的.

引入了电场的概念,进一步定义了电场强度和电势的概念后,就可以用场强分布(电场线分布)或电势分布表示电场,这样就可以完全撇开产生电场的各种不同的具体带电体,只根据场的分布和电势分布去进行研究了.也就是说,已经从具体进入了抽象的境界.

如图 5.88 所示的一簇没有表明方向、由点电荷产生的电场线,一个带电粒子通过该电场区域时的运动轨迹如图中虚线所示.如果带电粒子仅受电场力作用,那么我们立即可以判断出带电粒子在 a、b 两点的受力方向(沿电场线指向左方),它们在 a、b 两点的速度大小关系($v_a > v_b$),电势能大小关系($\varepsilon_a < \varepsilon_b$).

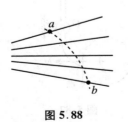

图 5.88

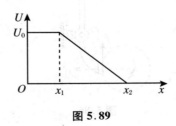

图 5.89

如果看到如图 5.89 这样的电势分布,我们根据 $O \sim x_1$ 之间的电势不随距离变化,可以判定这里不存在沿 x 方向的电场;$x_1 \sim x_2$ 之间有电势降落,并且呈现出线性变化,其斜率为

$$k = \frac{\Delta U}{\Delta x} = E$$

由于其斜率保持不变,这个区域沿 x 方向一定存在匀强电场.

② 抽象问题形象化

学习中,既要求能够从具体到抽象,提升思维层次,也要求能将抽象问题形象化.许多情况下,对物理问题作抽象分析时,若能辅以形象化的情景,可以在形象思维的协同下,更好地发挥抽象思维的逻辑力量.

例如,对图 5.88 中的电场线,如果能够画出形成这种电场的具体情景(图 5.90),必然会对上述作出的判断有更为清晰的认识,也会更为自信.

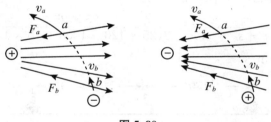

图 5.90

当看到如图 5.91 所示的场强分布时,如果能够将它与一个均匀带电球体联系起来,相当于为这个抽象的电场分布找到了一个依托——联系一个具体的、形象鲜明的对象,研究起来会显得更容易些.

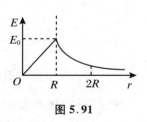

图 5.91

抽象问题形象化,甚至可以说是解题的入门阶梯,平时学习中主要体现在"读题审题、画图示意"这个方面.解题时,如果通过分析能够将题中的文字描述转化为一幅形象化的图景(物体的受力分析图、运动状态变化图、电路图、光路图等),常

常就有一种无声的启发,可以比较方便地找到解题的入口.这是同学们比较熟悉、也常常会应用到实践中去的方法.例如:

某种摩托车的最大车速为 $v_m = 25$ m/s,要求在 $t = 2$ min 内沿着平直公路追上它前面 $s_0 = 1000$ m 处、以速度 $v = 15$ m/s 行驶的汽车,摩托车必须以多大的加速度起驶?

求解时通过分析容易判断,由于摩托车受到最大车速的限制,它不可能一直加速追赶.因此摩托车的运动必然是先加速,待达到最大速度值后改为匀速追赶.画出如图 5.92 所示的形象化的示意图后,就很容易列出方程:

$$s_0 + vt = \frac{1}{2}at'^2 + v_m(t - t')$$

$$v_m = at'$$

联立两式,即得摩托车的加速度为

$$a = \frac{v_m^2}{2(v_m t - s_0 - vt)} = \frac{25 \times 25}{2(25 \times 120 - 1000 - 15 \times 120)} \text{ m/s}^2$$

$$= 1.56 \text{ m/s}^2$$

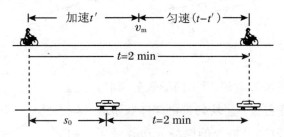

图 5.92 摩托车追赶汽车

像这样的"画图示意",不仅适用于通常的问题,即使对于某些比较深奥的问题,采用了"图示"的形象化后,同样可以使抽象问题变得更为通俗易懂,更容易被人们理解和接受.

例如,从爱因斯坦狭义相对论的时空变换关系,可以得到两个著名的效应,即"动钟变慢"和"动尺变短".初学时从抽象的数学表达式去认识这两个效应,常常感觉比较困难,借助于示意图结合简单物理原理,就显得很轻松了.

Ⅰ.动钟变慢

如图 5.93 所示,设想在一列以速度 v 运动的火车中,从地板竖直向上发出一个光脉冲,经过与顶板的反光镜 M 反射后回到底板.若车厢高 h,在车厢中的人看来,光脉冲经历的时间为

$$\tau = \frac{2h}{c}$$

在地面参考系的人看来,光的行程是 $O \to M \to O'$(图 5.94).根据光速不变原理,光脉冲经历的时间为

$$t = \frac{2l}{c}$$

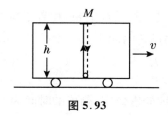

图 5.93

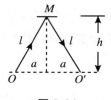

图 5.94

则

$$\frac{\tau}{t} = \frac{\frac{2h}{c}}{\frac{2l}{c}} = \frac{h}{l} = \frac{\sqrt{l^2 - a^2}}{l}$$

式中 $a = v \cdot \dfrac{t}{2} = v \cdot \dfrac{l}{c}$,代入上式后得

$$\frac{\tau}{t} = \sqrt{1 - \frac{v^2}{c^2}} \quad 或 \quad \tau = \sqrt{1 - \frac{v^2}{c^2}}\, t < t$$

即在运动车厢里的钟测得的时间变短了.这就是"钟慢效应",或者称为"动钟变慢".

显然,钟慢效应完全与物体的运动速度有关.当 $v \ll c$ 时,$t \approx \tau$,显示不出钟慢效应.只有当物体的运动速度足够大时,t 与 τ 的差别

才能显示出来.

设想车厢速度达到 $v=0.9c$,车厢高 $h=1.5\times10^5$ km,取光速 $c=3\times10^5$ km/s,根据上面的计算分别得

$$\tau = \frac{2h}{c} = \frac{2\times1.5\times10^5}{3\times10^5} \text{ s} = 1 \text{ s}$$

$$t = \frac{\tau}{\sqrt{1-\frac{v^2}{c^2}}} = \frac{1}{\sqrt{1-0.9^2}} \text{ s} \approx 2.3 \text{ s}$$

这就是说,在这样的条件下,对于车中乘客仅需要 1 s 时间可以完成的反光实验,地面上的人却需要花费约 2.3 s(相当于时间膨胀了),因此在地面参考系中的人看来,车里的钟走慢了.

Ⅱ.动尺变短

设想有一列火车,以速度 v 通过一座长 L 的桥.用置于桥两端的钟(即地面参考系的钟)测得火车的过桥时间为

$$t = \frac{L}{v}$$

用车厢里的钟测量时,由于动钟变慢效应,测得的时间为

$$\tau = \sqrt{1-\frac{v^2}{c^2}}\,t$$

因此认为桥长为

$$l = v\tau = \frac{L}{t}\tau = \sqrt{1-\frac{v^2}{c^2}}\,L < L$$

即在车中人看来,桥长缩短了.这就是所谓的"尺缩效应",也称为"动尺变短".

动钟变慢和动尺变短,都是由于同时相对性的必然结果*.上面

---

* 必须注意,这两个效应本身也有着相对的意义——若在地面做反光实验,火车里的人测量的时间比较长,会认为地面上的钟走慢了;同样道理,乘客以为桥长缩短了,地面上的人会以为火车缩短了.其实,这两个设想实验中的真实时间 τ(称为本征时间)和桥长 L(称为本征长度)是具有绝对意义的两个量,并没有随之发生变化.

通过画出光束运动的图像,这个关系就显得很自然了.

③ 从低层次到高层次

思维的发展是有层次的.抽象思维的培养和发展也应该从低层次到高层次逐步上升.无论是对物理概念和规律的认识,还是对具体物理问题的探讨,都可以有逐步发展的、从低到高的不同层次.下面,结合物理学习中的一些具体问题,从这两方面展示思维发展的层次性.

Ⅰ.概念与规律的认识

我们以力学中两个典型的概念——力和功为例,体会对它们物理意义认识的逐步提升过程.

力的概念

力的概念,最初是从人们工作中的推、拉、提、压等具体的作用方式中抽象出来的,初中物理定义为"力是物体对物体的作用".

高中物理阐述了牛顿第三定律后,通常把力定义为"力是物体间的相互作用".这个定义已从最初的定义上升了一个台阶,突出了力的相互性.接着,从力与物体运动状态变化的关系上,按照伽利略的意思,可以把力定义为"力是改变物体运动状态的原因",这样的定义就渗透了动力学思想.学习了牛顿第二定律后,又可以把力的定义上升为"任何使物体产生加速度的作用称为力".这个定义,不仅加入了量化的指标($F=ma$),并且还从具体物体上升到抽象的作用,为在加速系统中引入惯性力和惯性离心力的概念作了准备.

以后,随着学习内容的深入,当学习了动量定理后,把力定义为"力是物体动量变化的原因",或者,进一步量化,把力定义为"力就是物体的动量变化率" $\left(F=\dfrac{\Delta p}{\Delta t}=\dfrac{\Delta mv}{\Delta t}\right)$.这个定义,实际上已经从质量不变的情况扩展到了质量可变的情况,适用性更为广泛,也更为抽象.

关于力的定义的整个演变层次,如图 5.95 所示.

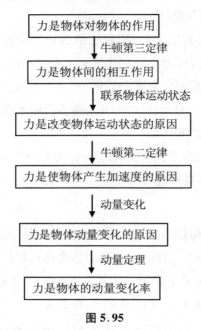

图 5.95

显然,随着对力的概念抽象层次的不断提升,我们对力概念的认识也日益深化.

功的概念

力对物体做功的概念与人们的生活、生产实践息息相关.功是人们通过推车、拉犁、从井中提水、举起重物等许多具体的活动中,逐步抽象概括出来的.粗浅的定义是"作用在物体上的力使物体在力的方向上通过一段距离,称为力对物体做了功".相应的计算公式是

$$功 = 力 \times 距离 \quad 或 \quad W = Fs$$

显然,这个初级定义仅限于力与移动距离同方向的情况.

高中物理引入位移的概念后,把初级定义中的"距离"改为"位移",而且扩展到力与位移有夹角的一般情况.相应的计算式为

$$W = Fs\cos\alpha$$

式中 α 便是力的方向与位移方向间的夹角.当 $90°<\alpha\leqslant 180°$ 时,$W<0$,因此这个定义也同时引入了正功和负功的概念.

进一步考虑时还应该认识到,计算功的时候物体的位移与它在力的方向上的位移不尽相同.

如图 5.96 所示,当用恒力 F 通过滑轮使物体沿水平地面滑行距离 s 时,绳端在拉力方向上的位移却是

$$s' = h\csc\alpha - h\csc\beta$$

因此在这个过程中拉力的功实际为

$$W = Fs' = Fh(\csc\alpha - \csc\beta)$$

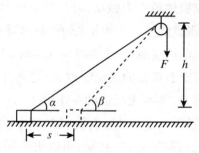

图 5.96

为此,更一般的情况下,应该把功的概念中"物体的位移"上升为"力的作用点的位移".

在变力做功的情况下,又需要把整段位移分割成许多极小的小段(元位移),然后根据力在各个小段上做功的叠加算出整个位移上力所做的功.于是,又可以引入"元功"的概念.

如果我们把某个瞬时力的作用点称为"力的瞬时作用点",并借用矢量标积的概念,那么"元功"就可以定义为"力与力的瞬时作用点位移的标积".其计算式为

$$\Delta W = \vec{F} \cdot \Delta \vec{s}\,^*$$

力在整个位移中做的功,等于各个元段上做功之和,可表示为

$$W = \Delta W_1 + \Delta W_2 + \cdots + \Delta W_n = \sum \Delta W_i$$

上面关于力的概念和功的概念,可以认为是对某个概念的认识层次作"纵向深入"方面的提升.此外,也可以在"横向扩展"方面进行提升.例如:

重力做功与重力势能变化的关系——分子力做功与分子势能变化的关系——电场力做功与电势能变化的关系.

举高物体需克服地球引力做功,外界消耗能量;物体落回地面,引力做功,对外界提供能量——宇宙飞船挣脱地球引力(把飞船与地球"拆开"),需给飞船提供能量;飞船降落地面时(飞船与地球结合),会放出能量——使处于基态的氢原子电离(把质子与电子拆开),需吸收 13.6 eV 的能量;相距无限远的一个电子与一个质子组成处于基态的氢原子(电子与质子结合),会放出 13.6 eV 的能量.

在学习中,做这样的"横向"扩展,可以更为深刻、牢固地理解和掌握新的概念(如电势能、结合能等).

Ⅱ.物理问题的探讨

对于中学物理中一些比较复杂的问题,或者带有超越当前中学物理知识范围方面的某些问题,对它们的理解不要期望一蹴而就,可以分步、分层次地认识.

下面,我们以生活中比较常见的两个物理现象和有关火车运动的两个问题为例,运用中学物理范畴内的知识,考察它们在逐步提升的抽象要求下,所得到的某些结果.

---

* 矢量的标积也称为"点积",它是矢量乘积的一种,定义为 $c = \vec{a} \cdot \vec{b} = |\vec{a}||\vec{b}|\cos\theta$,式中 θ 为矢量 $\vec{a}$ 与矢量 $\vec{b}$ 之间的夹角.矢量的标积($\vec{a} \cdot \vec{b}$)是一个标量,它只有大小,没有方向.

一个惯性实验

从初中物理开始,学习惯性现象时,常常会做这样的实验:在小车上竖立着一个木块,当小车突然遇到障碍物时,车上的木块就会向前倾倒(图5.97).这个现象大家都很熟悉,犹如乘坐的汽车突然刹车或启动时,车中的乘客就会前倾和后仰一样.

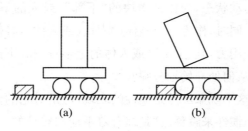

图 5.97

对这个常见现象的解释,我们可以分层次作一探究.

a. 初步的定性说明*

通常,这样的现象都认为是惯性的表现.例如,当小车突然受阻时木块的前倾解释为:小车突然停止的时候,由于木块和车面之间的摩擦,木块的底部也暂时停止,可是木块的上部由于惯性要保持原来的运动状态,仍然继续前进,所以木块倒向前方.

类似于这个问题,当汽车突然启动和停止时,对于乘客的表现常常分别解释为:

"因为汽车已经开始前进,乘客的下半身随车前进了,而上半身由于惯性还要继续保持静止状态的缘故."

"因为汽车已经停止,乘客们下半身随车停止,而上半身由于惯性还要以原来速度前进的缘故."

---

* 这里的定性说明,都是 20 世纪 90 年代初期初中物理和高中物理课本中的说法.由于这个现象很典型,而在解释中又往往会出现一些含混不清或不严谨的说法,这里稍稍补充一点刚体力学的知识后,就可以作半定量的分析了.

b. 半定量的力学分析

上述这样的解释,当然很粗浅,仅是出于无可奈何的"可接受性"考虑.

如果我们稍加深入的思考,就可以从上面的解释中发现"漏洞"了.例如,既然木块(或人体)的"上部"(或人的上半身)有惯性,总要保持原来的运动状态,为什么木块的"下部"(或人的下半身)就没有惯性表现呢? 同时,作为一个整体的木块(或人体),各部分之间必然存在着相互作用力,其"上部"(或人体的上半身)和"下部"(或人体的下半身)又该从何处开始划分呢?

实际上,这个现象虽然是惯性的表现,但是对它的倾倒(或后仰)却无法单纯用惯性来解释.这是综合着平动和转动的一个问题,现作半定量的分析如下:

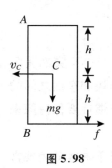

图 5.98

设均质木块的质量为 m,高为 $2h$,质心 C 在木块的中央,小车受阻前的平动速度为 v_0. 受阻时,由于木块有沿车面向前滑动的趋势,车面对木块的摩擦力 f 向后(图 5.98). 此时木块质心(即整个木块)的加速度大小

$$a_C = \frac{f}{m}$$

其方向与 v_0 相反. 经时间 Δt 后质心的速度为

$$v_C = v_0 - a_C \Delta t = v_0 - \frac{f}{m}\Delta t$$

同时,车面的摩擦力 f 会对木块质心 C 产生一个逆时针向的力矩,从而使木块产生绕质心的角加速度,为

$$\beta = \frac{fh}{I}$$

式中 I 为木块绕质心的转动惯量. 经时间 Δt 后,木块绕质心的角速度为

$$\omega = \beta \Delta t = \frac{fh}{I}\Delta t$$

因此,木块质心以下各处的速度均为质心速度 v_C 和绕质心转动引起的速度之差,一定小于 v_C. 则木块底部 B 的速度为

$$v_B = v_C - \omega h = v_C - \frac{fh^2}{I}\Delta t$$

木块质心以上各处的速度均为质心速度 v_C 和绕质心转动引起的速度之和,一定大于 v_C. 则木块顶部 A 的速度为

$$v_A = v_C + \omega h = v_C + \frac{fh^2}{I}\Delta t > v_B$$

这就是说,当小车突然受阻时,在车面摩擦力的影响下,会使得木块质心以上部分的速度大于质心以下部分的速度,于是木块就向前倾倒了(当小车突然加速时,木块后仰,其原理相同).

根据上面的分析可知,不能简单地将木块划分为上部和下部单纯用惯性概念进行解释. 如果需要作一个初步的定性说明,可以这么说:"当小车突然停止时,由于惯性,木块(或人体)相对车有着向前运动的趋势,因此受到车面作用于底部的向后摩擦力,从而使木块(或整个人体)产生一个绕重心(质心)向前翻倾的趋势,于是,木块(或人体)就向前倾倒了."这样适当含糊的解释,既易懂,却又不失其科学性——两全其美!

抛出的圆环

在一些电视节目中经常可以看到,杂技表演或艺术体操的演员能够使抛出的圆环很"听话"地滚回来,常常会引起许多观众的好奇,这是什么道理? 对这个问题的解释,同样可以分为两个层次.

a. 初步的半定量解释

圆环抛出后旋转着向前,它的运动可以看成是环心(质心)的平动和绕环心的转动两个运动的合成.

假设圆环抛出后与水平地面接触时的平动速度为 v_0,绕环心转

动的角速度为 ω_0,转动方向沿逆时针方向,地面对环的摩擦力 f 方向向后(即与 v_0 反向),如图 5.99(a)所示.在这个摩擦力 f 的作用下,圆环的平动速度和转动角速度都要发生变化(图 5.99(b)).

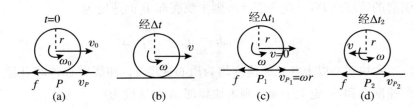

图 5.99

若经过某段时间 Δt_1 后,当环心的速度由于摩擦力的作用变为零的时候,绕环心的转动角速度尚不为零(即 $v=0$ 时,$\omega>0$).这时环与水平地面接触处 P_1 的速度 $v_{P_1}=\omega r$,方向向前,圆环仍然受到向后的摩擦力,如图 5.99(c)所示.不多久,就可以出现 $v<0$ 的情况($\omega\neq 0$),如图 5.99(d)所示,于是圆环就像能"听话"地自动滚回来了.

b. 定量计算论证

圆环着地受到摩擦力后,由牛顿第二定律和动量矩定律知

$$-f\Delta t = mv - mv_0 \quad \text{①}$$
$$-rf\Delta t = I\omega - I\omega_0 \quad \text{②}$$

式中 I 为圆环绕环心(质心)的转动惯量.经时间 Δt 后,环心速度和绕环心的角速度分别为

$$v = v_0 - \frac{f\Delta t}{m} \quad \text{③}$$

$$\omega = \omega_0 - \frac{rf\Delta t}{I} \quad \text{④}$$

如图 5.99(a)和图 5.99(b)所示.

若经过时间 Δt_1 后使质心的速度 $v=0$,则由③式知

$$f\Delta t_1 = mv_0$$

要求其角速度 $\omega > 0$，由④式知，应满足条件

$$\omega_0 - \frac{rf\Delta t_1}{I} > 0 \qquad ⑤$$

即

$$\omega_0 > \frac{rf\Delta t_1}{I} \qquad ⑥$$

因为均质圆环的转动惯量 $I = mr^2$，把它与⑤式的结果一起代入⑥式，即得抛出圆环的角速度应该满足的条件为

$$\omega_0 > \frac{v_0}{r}$$

这就是说，当演员抛出圆环时，质心（环心）的速度和绕质心转动的初始角速度只要能够满足上述关系，那么，抛出的圆环就能够自动滚回来.

如果取圆环的直径 $d = 60$ cm，抛出时环心的速度 $v = 10$ m/s，那么要求出手时环的角速度为

$$\omega_0 > \frac{v_0}{r} = \frac{10}{0.3} \text{ rad/s} = 33.33 \text{ rad/s}$$

相当于使环每秒旋转 5.3 圈. 这样的一个转速，对一般演员来说都是不难做到的——这就是圆环能够很"听话"地自动滚回来的奥妙*.

关于火车转弯

火车在倾斜弯道上的运动，是涉及动力学和力矩平衡的综合性问题，要求比较高. 现在我们从常见的简化情况开始，逐步提升，就可以运用中学物理范畴内的知识，形成比较深刻的认识.

a. 初步的讨论

把火车抽象为一个质点，它通过弯道时的运动就像一个小球做

---

* 由于这个现象很有趣，也极为常见，这里稍稍借用一点刚体动力学知识（可以把它与质点动力学作类比）进行量化分析. 原文可参阅王溢然所著《抛出的圆环为什么能滚回来》(《教学与研究》, 1982(4)).

圆锥摆的运动一样(图 5.100).

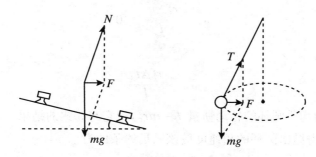

图 5.100　圆锥摆与火车的转弯

设路基的倾角为 θ,两轨支持力与重力的合力作为车厢转弯所需要的向心力,有

$$F = mg\tan\theta = m\frac{v_0^2}{r}$$

得

$$v_0 = \sqrt{rg\tan\theta} \quad \text{或} \quad \tan\theta = \frac{v_0^2}{rg}$$

如果车厢在确定的弯道上转弯时,车速不满足上述条件,车轮与轨道间就会产生侧向的压力.

当车速 $v > v_0$ 时,$F = mg\tan\theta$ 不足以提供车厢所需要的向心力,车厢就会有"向外甩"的趋势,使车轮压紧外侧轨道,外侧轨道产生向内的侧压力补充向心力.

当车速 $v < v_0$ 时,$F = mg\tan\theta$ 大于车厢所需要的向心力,车厢就会有"向内挤"的趋势,使车轮压紧内侧轨道,内侧轨道产生向外的侧压力起着平衡的作用.

b. 在水平弯道上转弯

作为铺垫,可以先研究火车在水平弯道上的运动. 如图 5.101 所示,设火车(车厢)的质量为 m,其重心 C 离轨道高为 h,两轨间距为 L. 画出火车转弯时的受力情况,它在竖直方向上力平衡,水平方向

上由侧压力 ΔF 提供向心力,运动方程为

$$N_1 + N_2 = mg$$

$$\Delta F = m\frac{v^2}{R}$$

再考虑绕重心(质心)C 的力矩平衡,有

$$N_1 \cdot \frac{L}{2} = N_2 \cdot \frac{L}{2} + \Delta F \cdot h$$

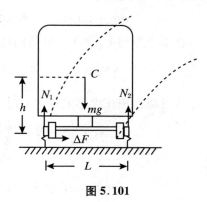

图 5.101

联立三式,得火车对两轨道的压力分别为

$$N_1 = \frac{mg}{2} + \frac{\Delta F h}{L} = \frac{mg}{2} + \frac{mv^2 h}{RL}$$

$$N_2 = \frac{mg}{2} - \frac{\Delta F h}{L} = \frac{mg}{2} - \frac{mv^2 h}{RL}$$

c.在倾斜弯道上转弯

这是一种比较实际的情况.假设火车驶至弯道的速度为 $v > v_0$,两轨的支持力 N_1 和 N_2 垂直于轨道斜向上,外轨的侧压力 ΔF 平行于轨道平面并倾斜指向圆心方向(图 5.102).

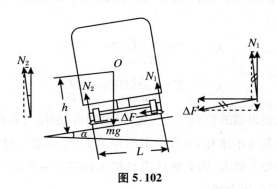

图 5.102

在竖直方向上,火车处于力平衡状态,有

$$mg + \Delta F\sin\alpha - N_1\cos\alpha - N_2\cos\alpha = 0 \qquad ①$$

在水平方向上,火车具有指向弯道圆心的向心加速度,有

$$\Delta F\cos\alpha + N_1\sin\alpha + N_2\sin\alpha = m\frac{v^2}{R} \qquad ②$$

再考虑作用在火车上各个力对火车重心的力矩平衡,有

$$N_1 \cdot \frac{L}{2} - N_2 \cdot \frac{L}{2} - \Delta F \cdot h = 0 \qquad ③$$

即

$$mg + \Delta F\sin\alpha = (N_1 + N_2)\cos\alpha \qquad ④$$

$$m\frac{v^2}{R} - \Delta F\cos\alpha = (N_1 + N_2)\sin\alpha \qquad ⑤$$

$$N_1 - N_2 = \frac{2\Delta F \cdot h}{L} \qquad ⑥$$

由④式和⑤式整理后相减,可得轨道对车轮的侧压力

$$\Delta F = m\frac{v^2}{R}\cos\alpha - mg\sin\alpha \qquad ⑦$$

由⑥式得对外轨的压力

$$N_1 = N_2 + \frac{2\Delta Fh}{L}$$

代入④式,整理后并联立⑥式,可得内轨和外轨对火车的支持力分别为

$$N_2 = \frac{mg + \Delta F\sin\alpha}{2\cos\alpha} - \frac{\Delta Fh}{L} \qquad ⑧$$

$$N_1 = \frac{mg + \Delta F\sin\alpha}{2\cos\alpha} + \frac{\Delta Fh}{L} \qquad ⑨$$

根据上面得到的⑦、⑧、⑨三式,可以知道,侧压力和火车对两轨道的正压力都与车速有关.在一定的弯道上,车速增大时,火车转弯所需要的向心力增大,因此侧压力也增大;同时,对外轨的正压力增大,对内轨的正压力减小.

对两种典型情况作讨论如下:

（ⅰ）当 $v=v_0$ 时，即火车行驶至弯道时的速度恰好等于规定的速度，由⑦式知，此时的侧压力

$$\Delta F = m\frac{v^2}{R}\cos\alpha - mg\sin\alpha = m\frac{Rg\tan\alpha}{R}\cos\alpha - mg\sin\alpha = 0$$

这就是说，只有用规定的速度 v_0 通过弯道时，车轮与轨道间没有侧压力. 此时火车对两轨道的压力大小相等，即

$$N_1 = N_2 = \frac{mg}{2\cos\alpha}$$

（ⅱ）当 $\alpha=0$ 时，即火车在水平弯道上转弯. 由⑦式得

$$\Delta F = m\frac{v^2}{R}$$

这就是说，此时完全由轨道的侧压力提供火车转弯所需要的向心力，火车对内外两轨道的正压力分别为

$$N_1 = \frac{mg}{2} + \frac{\Delta F h}{L}$$

$$N_2 = \frac{mg}{2} - \frac{\Delta F h}{L}$$

这就是前面所得到的结果[*].

火车的启动与挂接

通常的火车（货车）运输量很大，机车常常会拉有几十节车厢. 为了容易启动，司机会先开一下"倒车"，然后再拉着所有的车厢向前运动. 那么，火车启动时为什么不采用"直接启动法"，而是要采用"倒车启动法"呢？

这是一个很有意义的实际问题，也是完全可以运用中学物理知识作比较深入讨论的问题. 为了更为清楚地认识这个问题，同样可以把它分成几个层次.

---

[*] 对于该问题的讨论原文参见王溢然所著《火车转弯时的侧压力和正压力》(《物理教师》,1983(4)).

a. 定性解释

通常,火车缓慢进站停止时,连接各车厢间的铁钩是拉紧的(图 5.103).机车如果要拖动列车行驶,必须同时克服全部列车与轨道间的静摩擦.设从机车起各节车的质量分别为 $m_1, m_2, \cdots, m_n$,各节车与轨道间的摩擦因数均为 μ,则"一次直接启动"时要求机车的牵引力必须满足条件

$$F > \mu(m_1 + m_2 + \cdots + m_n)g$$

简单情况下可令 $m_1 = m_2 = \cdots = m_n = m$,则

$$F > n \cdot \mu mg$$

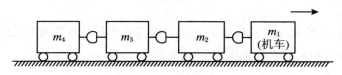

图 5.103

先开一下"倒车",使各节车厢间的铁钩依次撞松(图 5.104),这样开始时只要克服第一节车厢与铁轨之间的静摩擦;接着继续运动时,第一节车厢与铁轨之间的摩擦减小了(变为滚动摩擦),机车和第一节车厢再同时拉动第二节车厢.如此继续下去,直到拉动全部车厢.因此,机车只需依次克服各节车厢与铁轨之间的摩擦力,显然这样就比较容易启动了.

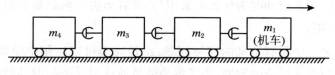

图 5.104

b. 一节车厢的挂接

为了进行理论上的探讨,可以先从一节车厢的挂接形成求解思路:机车在牵引力作用下做匀加速运动,经挂钩处的间隙后获得某速

度;挂接车厢时,把机车与车厢的相互作用看成非弹性碰撞,两者获得共同速度;然后,机车＋车厢一起做匀加速运动;经过钩处的间隙获得某速度……如此重复,直到全部车厢都挂接上为止.

c.多节车厢的挂接

根据对一节车厢的挂接形成的思路,对多节车厢的挂接也就可以迎刃而解了.

设各节车厢间挂钩留的空隙均为 Δs,则启动时机车在恒定的牵引力 F 作用下,先做加速运动,其加速度为

$$a_1 = \frac{F - \mu m_1 g}{m_1} = \frac{F}{m_1} - \mu g$$

经位移 Δs 后,将要挂接后面车厢时的速度为

$$v_1 = \sqrt{2a_1 \Delta s}$$

或

$$v_1^2 = 2a_1 \Delta s = 2\left(\frac{F}{m_1} - \mu g\right)\Delta s$$

挂接上 m_2 后两者的共同速度为

$$v_1' = \frac{m_1}{m_1 + m_2} v_1 = \frac{m_1}{m_1 + m_2} \sqrt{2a_1 \Delta s}$$

或

$$v_1'^2 = \left(\frac{m_1}{m_1 + m_2} v_1\right)^2 = \frac{2\Delta s}{(m_1 + m_2)^2}(m_1 F - m_1^2 \mu g)$$

同理知,挂上 m_2 后,$m_1 + m_2$ 的共同加速度和经过位移 Δs 时的共同速度分别为

$$a_2 = \frac{F - \mu(m_1 + m_2)g}{m_1 + m_2} = \frac{F}{m_1 + m_2} - \mu g$$

$$v_2 = \sqrt{v_1'^2 + 2a_2 \Delta s}$$

或

$$v_2^2 = \frac{2\Delta s}{(m_1 + m_2)^2}(m_1 F - m_1^2 \mu g) + 2\Delta s\left(\frac{F}{m_1 + m_2} - \mu g\right)$$

再由动量守恒定律算出挂上 m_3 时的共同速度

$$v'_2 = \frac{(m_1 + m_2)v_2}{m_1 + m_2 + m_3}$$

或

$$v'^2_2 = \frac{2\Delta s}{(m_1 + m_2 + m_3)^2}\{[m_1 + (m_1 + m_2)]F - [m_1^2 + (m_1 + m_2)^2]\mu g\}$$

依此类推下去，可算出当带动第 n 节车厢（m_n）时，全部列车的启动速度. 在 $m_1 = m_2 = \cdots = m_n = m$ 的简单情况下，由数列知识可得

$$v'^2_{n-1} = \frac{(n-1)\Delta s}{n} \cdot \frac{F}{m} - \frac{(n-1)(2n-1)\Delta s}{3n} \cdot \mu g$$

列车能启动时，必有 $v'_{n-1} > 0$，即要求

$$\frac{(n-1)}{n}\Delta s \left(\frac{F}{m} - \frac{2n-1}{3}\mu g\right) > 0$$

即

$$\frac{F}{m} > \frac{2n-1}{3}\mu g$$

或者

$$F > \frac{2n-1}{3}\mu mg$$

当 n 较大时，上式可近似为

$$F > \frac{2}{3}n \cdot \mu mg$$

把这个结果与前面的一次性"直接启动法"相比，可以看出，采用"倒车启动法"时所需要的牵引力较小，表示更容易启动[*].

显然，上面的问题即使在这样比较接近实际的研究中，也完全是建立在对真实物体和过程作了抽象化处理后的基础上的：依然需要

---

[*] 原文参见王溢然所著《列车启动问题的初等分析》(《物理教学》，1984(9)).

把火车(或每节车厢与机车)都抽象为质点,认为其质量集中于一点,火车的牵引力恒定,把车厢间的挂接抽象为一次完全非弹性碰撞等等,否则就无法运用中学物理范畴内的知识进行处理.

同样,平时求解计算的各类中学物理问题,实际上也都是抽象化后的结果.并且,正是通过对这些问题抽象化后的研究,我们才能够逐步认识客观世界的真实面貌.

5.3 勇于伸出直觉的触角

直觉非常可贵.法国著名科学家庞加莱说:"直觉不必建立在感觉明白之上,感觉不久就会变得无能为力."但是直觉也并不神秘,也是可以在"后天"的培养下逐步发展起来的.我国数学家徐利治教授指出:"数学直觉是可以后天培养的,实际上每个人的数学直觉也是不断提高的."法国科学院院士狄多涅也认为,任何水平的数学教学的最终目的,无疑都是使学生对他所要处理的数学对象有一个可靠的"直觉".数学直觉是这样,其他科学的直觉同样也是可以培养和不断发展的.

美籍华人物理学家杨振宁在回顾自己的研究工作时说:"……我跟泰勒学了很多东西,他的想法比较直觉,其好处是触角伸得非常之远,往往在没有看清一个东西的时候就抓住了它的精神,然后再想办法把中间连接起来.虽然中间的路不见得每次都能连接起来,但是你如果不去伸那个触角,你就永远走不远."*

这段话很有启发性.无论是科学研究还是学习活动,都应该勇敢地伸出直觉的触角——这就是在不断地培养和发展自己的直觉.否则,正如杨振宁所说的"永远走不远".

勇于作出直觉的判断,当然并不是"瞎猜".从前面介绍的直觉的

---

* 爱德华·泰勒是杨振宁的导师.他是生于匈牙利的美国理论物理学家,被誉为"氢弹之父".此外,他对物理学多个领域都有相当大的贡献.

基础中已经看到,没有一定的知识结构、实践背景和创造性思维的发挥,是无法闪现深邃的直觉的.

在中学物理学习中,当然不要求,也不可能(一般情况下)作出惊人的直觉,但也并不妨碍每个同学直觉的发挥,我们更提倡的是"勇于尝试".在同学们中间经常能听到这样的话,"跟着感觉走".实际上这句话里已蕴涵着直觉思维的萌芽,如果你面对着未知的自然现象或物理问题,能够逐渐地形成某种感觉,就可以在不知不觉中上升到科学思维的高度了.下面介绍的,对直觉思维的培养和发展都是值得借鉴的.

积累

学习中应该注意知识的积累、经验的积累.美国著名物理学家温伯格在谈到培养直觉能力时说过:"首先要有一个哲学观点去指导……另一个重要的因素是经验.你试验过各种事情,在许多领域里工作过,知道哪些行得通,哪些行不通.除了自己的经验以外,还有你从别的物理学家的工作过程中了解到的经验.我有时想,念一念科学史是很重要的,你可以了解科学家们如何走了那么远,然后停了下来,没有走下一步,走到偏的方向是多么容易.所有这些,你读的,你试着去做的和想的,形成了你脑力活动的一部分,不管你是否想到它,它总是在起作用,并不神秘."

温伯格的话为我们揭去了笼罩在直觉头上朦胧的面纱.原来,物理学家们在长期实践中所积累的经验(包括从其他物理学家那里获得的经验)早已储存在大脑的某个角落里,尽管感觉上是无意识的,没有想到它,实际上它一直在起作用,因此,有某个外来的刺激或在紧张思考后的休整阶段时,直觉常常会突然涌现出来.

在物理学习中也是这样.一些学习比较优秀的同学,往往都比较自觉地注意知识(不仅是专业知识,也包括专业以外的知识)的积累.无论是自己的体会还是借鉴别人的经验,也无论是成功之道还是失败之见,他们都会有所选择,像海绵吸水一样十分珍惜地储存起来.

积累得越多,头脑中各种物理模式也越丰富、越深刻,对物理问题的直觉判断力也越强.解题中,他们往往能"一眼"看出问题的关键,迅速地找到入口;或者,能够较顺利地越过一道道障碍,避开可能的泥潭.有时,即使面对完全陌生的问题,也会在脑海里从丰富的物理模式中通过联系实际问题所作的分析、比较、选择、组合等,直觉地找出大致正确的前进方向.显然,这种"一眼"看出的本领,诚如"冰冻三尺,非一日之寒",正是知识和经验积累的反映.请记住苏联心理学家捷普洛夫的格言:"一个空洞的头脑是不能进行思维的."

下面列举两个问题,可以使我们回顾并体会到在中学物理学习中,积累与知识储备对产生直觉的潜移默化作用.

例题 1(2014 安徽) 如图 5.105 所示,有一内壁光滑的闭合椭圆形管道,置于竖直平面内,MN 是通过椭圆中心 O 的水平线.已知一小球从 M 出发,初速率为 v_0,沿管道 MPN 运动,到 N 点的速率为 v_1,所需时间为 t_1;若该小球仍

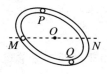

图 5.105

由 M 点以初速率 v_0 出发,而沿管道 MQN 运动,到 N 点的速率为 v_2,所需时间为 t_2.则( ).

A. $v_1 = v_2, t_1 > t_2$ B. $v_1 < v_2, t_1 > t_2$

C. $v_1 = v_2, t_1 < t_2$ D. $v_1 < v_2, t_1 < t_2$

分析与解答 小球沿椭圆管道运动,做的是变加速运动,这是一个新的情景.如果头脑中有着如图 5.106 所示的情景积累——比较小球沿凹面和平面运动的快慢、比较小球在菱形管内沿不同的两边运动到底端的快慢,以及运用平均速度、机械能守恒定律解决这类问题的方法储备,就比较容易直觉地想到可以将它与图 5.105 所示的运动相类比.

小球从 M 点出发,分别沿 MPN 或 MQN 到达 N 点的过程中,都只有重力做功,小球的机械能守恒,因此沿不同路径到达 N 的速度

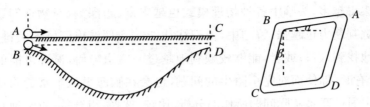

图 5.106 小球沿凹面的运动和在四根封闭直管内的运动

大小相同,即

$$v_1 = v_2$$

小球沿管道 MPN 运动时,先减速、后加速,沿管道 MQN 运动时,先加速、后减速,由于它们到达 N 的速率相等,则沿 MQN 运动时的平均速率比较大,即

$$\overline{v}_{MQN} > \overline{v}_{MPN}$$

由于这两部分管道的长度相等,沿 MQN 运动的时间短,即

$$t_1 > t_2$$

所以,正确的是 A.

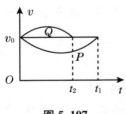

图 5.107

说明 本题也可以在类比直线运动的基础上,利用速率图像求解. 如图 5.107 所示大体画出先减速、后加速以及先加速、后减速的 $v-t$ 图, 要求图像与 t 轴间的面积相等,必然是 $t_1 > t_2$.

例题 2(2014 安徽) 一带电粒子在电场中仅受电场力作用,做初速度为零的匀加速直线运动. 取该直线为 x 轴,起始点 O 为坐标原点,其电势能 E_p 与位移 x 的关系如图 5.108 所示. 下列图像中合理的是(   ).

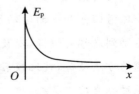

图 5.108

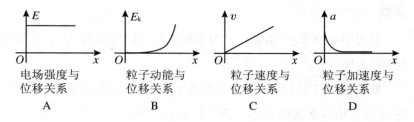

图 5.109

分析与解答 一些同学对运动和力关系的知识储备丰富，思维也比较敏锐，根据题中粒子在电场中做初速为零的匀加速直线运动，立即能够直觉地把它与自由落体运动联系起来，迅速地判断出这里是一种点电荷电场．抓住了这个"要害"后，就可以十分顺利地作出判断：

根据点电荷电场的场强公式，一个质量为 m、电量为 q 的粒子，离开电量为 Q 的场源电荷时的加速度为

$$a = \frac{F}{m} = \frac{kQq}{m} \cdot \frac{1}{r^2}$$

即与距离成平方反比关系，其 $a - r$ 图像如图 5.109(D) 所示．由于是单选题，所以，只有选项 D 正确．

说明 本题也可以作为"分析与推理"的一个典型，其过程如下：

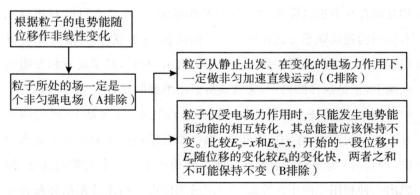

所以，只有 D 正确．

多思

　　学习中必须多思.俗话说,"刀不用会锈",同样道理,脑子不用则会变得迟钝.

　　据说有一位女士问法国著名的数学力学家、天文学家拉普拉斯:"怎么会作出这么多的科学发现?"拉普拉斯回答说:"靠多思,夫人,靠多思."

　　被公认具有 20 世纪最聪明头脑的爱因斯坦这样说过:"学习知识要善于思考、思考、再思考.我就是靠这个方法成为科学家的."

　　牛顿更形象地把对问题的反复思考比作精心地画画.他说:"我始终把思考的主题像一幅画般摆在面前,再一点一线地去勾勒,直到整幅画慢慢地凸现出来."

　　实际上,所谓的聪明与愚笨,很大程度上可能取决于能否经常思考,有没有勤于思考的习惯.在这种思考中,尤其应该注意发展广泛的联想,这是培养和形成直觉思维的一种重要的方法.

　　在学习中,面临新知识时应该自觉地思考它们与学过的旧知识间是否存在着什么联系.努力架设沟通各部分知识间的桥梁.除了在相互间存在着逻辑联系的地方需要作联想外,还常常可以对超越原有知识的逻辑联系方面作出更广泛的联想.这种联想,尽管开始时显得很朦胧、含混,却不失为一种重要的启示.有时,科学发现和发明的征途上,正是这样的启示,常常能折射出绚丽的光华.

　　例如,照相技术的发明和光的相干性的发现,这是 19 世纪两个互不相干的产物.在 100 多年中,谁也没有想到把这两者联系起来考虑.1947 年,匈牙利科学家丹尼斯·伽柏产生了一个大胆的联想,构思出一种利用光的干涉原理同时记录和再现景物光波振幅分布和相位分布的新型照相技术,这就是现今的全息照相技术.在 20 世纪 60

年代初具有高度相干性的激光出现后,伽柏的全息照相技术的设想也得到了实现.

英国著名生物学家达尔文(C. R. Darwin)于1831～1836年乘坐贝格尔号航行考察,后来他根据整理记载的与物种变化有关的事实,形成了生物进化的思想,确立了"选择"在人工培育的动植物种类中的作用.但是,生活在自然状态中的生物选择究竟是怎样进行的呢?这一点是他在考察事实中归纳不出来的.达尔文自己曾这样说过:"在相当长时期内对我来说,依旧是一个谜."后来,他于1838年10月偶然翻阅马尔萨斯的"人口论"时,生存竞争的观点使他对处于自然状态下的物种选择作了联想——在自然环境的条件下,生物的有利的变异有被保存下去的趋势,无利的变异则有被消亡的趋势,从而引发新种的形成.达尔文从人文学科中得来的联想,使他最终建立了生物进化论的伟大学说.

积累与多思,是两个紧密相连的环节.通过它们的结合,往往能迅速形成直觉的判断或者直觉地发现方向,从而进一步开展理性的探索.在许多情况下,这个过程往往会在极短的时间内完成,用框图可以表示如图5.110所示:

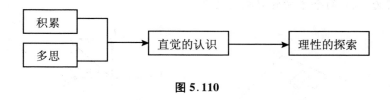

图 5.110

这样的认识过程,往往是打开某些陌生问题大门的一把钥匙.

在物理学习中,许多时候迸发出来的一些可贵的直觉,与科学研究中很相似.下面的这个例题,可以使我们有所具体体会.

例题1(2014 江苏) 如图5.111所示,生产车间有两个相互垂直且

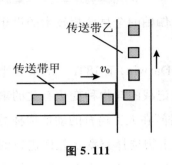

图 5.111

等高的水平传送带甲和乙,甲的速度为 v_0.小工件离开甲前与甲的速度相同,并平稳地传到乙上.工件与乙之间的动摩擦因数为 μ.乙的宽度足够大,重力加速度为 g.

(1) 若乙的速度为 v_0,求工件在乙上侧向(垂直于乙的运动方向)滑过的距离 s.

(2) 若乙的速度为 $2v_0$,求工件在乙上刚停止侧向滑动时的速度大小 v.

分析与解答 题中的工件先后在两条互相垂直的传送带上运动,是一个十分新的情景.根据(1)、(2)两小题中对距离与速度的要求,不难领悟到,这里显然与工件在传送带乙上所受到的摩擦力有关,而摩擦力的方向应该与两者相对运动的方向相反.由此,一些同学迅速直觉地联系到头脑中储备的有关物体所受摩擦力方向的情景——例如,当滑块在斜面上受横向推力时(图 5.112)所受摩擦力的情况(图中为倾斜向上).于是,立即正确地找到了解题的突破方向,即

根据合速度方向→摩擦力方向和加速度方向→把工件的运动分解为 x、y 两个方向的匀减速运动.

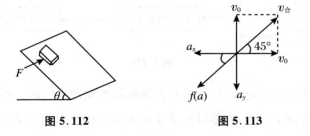

图 5.112　　　　　图 5.113

(1) 根据上面的解题方向,画出工件的运动示意图如图 5.113 所示.其合速度方向与 v_0 方向间的夹角为 $45°$.

根据工件的侧向加速度

$$a_x = a\cos 45° = \frac{\sqrt{2}}{2}\mu g$$

得侧向滑移距离为

$$x = \frac{v_x^2}{2a_x} = \frac{v_0^2}{2 \times \frac{\sqrt{2}}{2}\mu g} = \frac{\sqrt{2}}{2}\frac{v_0^2}{\mu g}$$

(2) 同理,画出工件的运动示意图如图 5.114 所示. 设合速度方向与 v_0 方向间的夹角为 θ,则有

$$\tan\theta = \frac{2v_0}{v_0} = 2$$

$$a_x = a\cos\theta = \mu g\sqrt{\frac{1}{1+\tan^2\theta}} = \frac{\sqrt{5}}{5}\mu g$$

工件沿侧向(x 方向)停止滑行的时间为

$$t = \frac{v_0}{a_x} = \frac{v_0}{\frac{\sqrt{5}}{5}\mu g} = \sqrt{5}\,\frac{v_0}{\mu g}$$

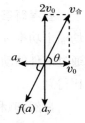

图 5.114

工件在纵向(y 方向)的加速度为

$$a_y = a\sin\theta = \mu g\sqrt{1-\cos^2\theta} = \mu g\sqrt{1-\frac{1}{5}} = \frac{2}{\sqrt{5}}\mu g$$

所以,工件在乙上刚停止侧向滑动时的速度大小等于其纵向速度,即为

$$v = v_y = a_y t = \frac{2}{\sqrt{5}}\mu g \times \sqrt{5}\,\frac{v_0}{\mu g} = 2v_0$$

说明 有些同学看到这样的新情景,一下子就懵住了. 一个很重要的原因是积累不多,缺乏可以联系的素材,因此也难以通过思考迅速找到解题的入口.

前面说过,如果在脑海中可以被取用的形象性材料很多,就常常可以用它们重新组合成新的形象,或者由一个形象跳跃到另一个形

象,迅速地从整体上把握住问题的实质.本题就是"活生生"的一个事例.如果再听一下这样的话:"对事物形象掌握得越多,越有利于抽象思维."你可能就会有更深的体会了.

该题还有第(3)小题:保持乙的速度 $2v_0$ 不变,当工件在乙上刚停止滑动时,下一只工件恰好传到乙上,如此反复.若每个工件的质量均为 m,除工件与传送带之间的摩擦外,其他能量损耗均不计,求驱动乙的电动机的平均输出功率 $\overline{P}$.

参考解答 由于工件反复做着同样的运动,驱动乙的电动机平均输出功率等于一个工件完成一次滑行做功的功率.这个功率可以通过工件的动能变化和工件运动过程中所产生的热量之和与时间之比得到.

显然,顺利突破了前面的(1)、(2)两小题,已为第(3)小题的求解铺平了道路.求解时只需认识到这里的相对位移,以及"摩擦生热"应该等于摩擦力与相对位移的乘积,就能得到最后的结果了.具体解答如下:

因为在一次滑行中的横向(x 方向)位移和运动时间分别为

$$x = \frac{v_0^2}{2a_x} = \frac{v_0^2}{2 \times \frac{\sqrt{5}}{5}\mu g} = \frac{\sqrt{5} v_0^2}{2\mu g}$$

$$t = \frac{v_0}{a_x} = \frac{v_0}{\frac{\sqrt{5}}{5}\mu g} = \frac{\sqrt{5} v_0}{\mu g}$$

在一次滑行中的纵向(y 方向)位移和运动时间分别为

$$y = \frac{(2v_0)^2}{2a_y} = \frac{4v_0^2}{2 \times \frac{2}{\sqrt{5}}\mu g} = \frac{\sqrt{5} v_0^2}{\mu g}$$

$$t = \frac{2v_0}{a_y} = \frac{2v_0}{\frac{2}{\sqrt{5}}\mu g} = \frac{\sqrt{5} v_0}{\mu g}$$

在工件的滑行时间内,传送带乙前进的位移为

$$y' = 2v_0 t = 2v_0 \times \frac{\sqrt{5}\,v_0}{\mu g} = \frac{2\sqrt{5}\,v_0^2}{\mu g}$$

工件相对于传送带乙的纵向位移

$$\Delta y = y' - y = \frac{\sqrt{5}\,v_0^2}{\mu g}$$

因此工件相对于传送带乙的位移为

$$L = \sqrt{x^2 + \Delta y^2} = \frac{5v_0^2}{2\mu g}$$

所以传送带对工件做功为

$$W = \frac{1}{2}m(2v_0)^2 - \frac{1}{2}mv_0^2 + \mu mgL$$

$$= 2mv_0^2 - \frac{1}{2}mv_0^2 + \mu mg \times \frac{5v_0^2}{2\mu g} = 4mv_0^2$$

驱动乙的电动机的平均输出功率为

$$\overline{P} = \frac{W}{t} = \frac{4mv_0^2}{\frac{\sqrt{5}\,v_0}{\mu g}} = \frac{4\sqrt{5}\,\mu mgv_0}{5}$$

集中和调节

学习中应该学会集中注意力和合理的调节.英籍澳大利亚著名科学家贝弗里奇(W. I. B. Beveridge)在谈到直觉的心理时,指出了很重要的两点:

Ⅰ.摆脱争夺注意力的其他难题和烦恼;

Ⅱ.一段时间的休息有助于直觉的出现.

前者就是要求集中注意力,能连续数天(或更多天)自觉地思考,对问题抱有浓厚的兴趣,对问题的解决抱有强烈的愿望.这样,可以使头脑的下意识部分也在考虑这一问题,有益于直觉的产生.他还引用一位科学家的话告诫大家:

"即使你在上班时间把自觉的思考非常认真地用于工作,但如果

对自己的工作沉迷不够,不能使思想一遇机会就下意识地去想它,或让一些更紧迫的问题把科学问题挤了出去,那么,得到直觉的希望也是不大的."

贝弗里奇指出的第二点,也是许多科学家的体会.在紧张的思考和工作一段时间以后,悠闲地放松一下,在林间、田野散散步,或暂时变换一下去干些不费脑力的轻松活动,这样就容易产生直觉.有许多科学家在洗澡或躺在床上以及在睡梦中产生直觉,也是放松了的缘故.例如,爱因斯坦说他关于空间、时间的深奥概念是在床上想到的.笛卡儿创立解析几何是在一个晚上连续做了三个梦,从梦中得到了启示*.法国著名的科学家拉普拉斯这样说过:"我常注意到,把某个非常复杂的问题搁置几天不去想它,当我再捡起它重新进行思考时,它竟变得极其容易了."

这些科学家的体会,对我们在学习中直觉的培养同样很有启发作用.而且,有些话所指出的,也是我们在自己的学习生活中曾经有过的体验.以前我们做平面几何习题时,有时百思不得其解,搁置一下或者出去活动一会再思考时,立即恍然大悟,只需要添加一条辅助线就显得十分容易了.在研究一些物理问题时,同样会经常遇到这样的情况.

交流和记录

大家都知道,大文豪萧伯纳说过很富有哲理的话:"你有一个苹果,我有一个苹果,我们彼此交换,每个人还是一个苹果;你有一种思想,我有一种思想,我们彼此交换,每个人就有了两种思想,甚至多于两种思想."

---

* 笛卡儿在思考怎样将代数和几何结合起来时,据说曾在一个晚上连续做了三个奇特的梦.第一个梦是,笛卡儿被风暴吹到一个风力吹不到的地方;第二个梦是他得到了打开自然宝库的钥匙;第三个梦是他开辟了通向真正知识的道路.这三个奇特的梦进一步增强了他创立新的数学方法的信心.由于这一天可以认为是笛卡儿思想上的一个重要的转折点,因此有些学者把这一天(1619年11月10日)定为解析几何的诞生日.

萧伯纳的话,就是提倡要思想交流,或者说要重视思维互补.真可谓"水尝无华,相荡乃成涟漪"*.

2015年10月5日,从瑞典科学院传来了振奋人心的消息,中医研究院北京中药研究所的科学家屠呦呦和其他两位外国科学家,共同分享了2015年度诺贝尔医学奖.这是我国本土科学家自1949年以来首次获得这项殊荣,具有特别重大的意义.

屠呦呦获奖的成果是成功地从青蒿素的提取物中制成了治疗疟疾的特效药,挽救了数以百万计的生命,为人类医学事业作出了巨大的贡献.

屠呦呦对青蒿素的研究成功,实际上体现了科学研究中团队合作的作用.在20世纪60年代中期,我国应越南的要求研制对付疟疾的药,聚集了当时全国许多药学专家,成立了代号为"523工程"的协作组,一起进行攻关研究,相互间协作交流.在整个工程中,虽然中间也曾经出现过有几位科学家、有某些课题组交替领先的情况,但其中屠呦呦的贡献是最大的.

我们平时的学习活动,虽然完全有别于科学家对未知世界的探索,但是,从对新知识的认识、应用的层面上,同样也有着对"未知事物"的探索成分,因此我们平时的学习活动,同样应该重视"合作",应该多与别人讨论、交流——不论是带着问题的、有意识的还是寻常无意识谈心式的广泛交流,都会有利于获得启发.许多科学家认为,相互交流讨论,尤其是与才思横溢、谈笑风生的人交谈,是促进脑神经发育的最有趣和最有效的方法.

同时,还应该养成随时记录感受、启示的习惯.据说,爱迪生十分习惯于记下想到的几乎每一个念头,不管当时这个想法多么微不足道.也许,这正是他能作出1000多项发明的秘诀.因为有许多新想法

---

* "水尝无华,相荡乃成涟漪"是从20世纪80年代中期《中国楹联报》主编夏茹冰先生所作对联演变而来.

往往瞬息即逝,过后很难再回忆起来.随时记下这种出现在意识边缘的想法,遇到适当时机纳入逻辑思维的轨道后,很可能就会结出硕大无比的果实了.

合作、交流的目的,是希望进一步扩大收获.如果把这个意思用数学形式表示出来,就是
$$1+1 \geqslant 2$$

读点科学史

当代著名物理学家、诺贝尔物理学奖得主杨振宁说:物理学最重要的部分是与物理思想有关的,绝大部分物理学是从物理思想来的,物理思想是物理学的根源.

科学史是人类思想的宝库,是前人留给我们的珍贵的遗产.在这里,有崎岖路上的攀登经历;有成功的喜悦和经验;有失败的痛苦和原因;还凝聚着前辈科学家的优秀品质和精神风貌;更有着几代科学家珍贵的物理思想的精华.

从物理学史中,我们可以找到这些问题的答案:

人们对宇宙(太阳系)的认识经过了多么漫长的探索,哥白尼是怎样把地球逐出宇宙中心的?

从行星绕太阳的运动中产生了引力思想以及提出"平方反比"假设后,在引力问题上究竟还存在着哪些障碍?牛顿是怎样站在前辈巨人肩上,作出了突破性的伟大贡献?

奥斯特发现电流磁效应后,许多科学家很快从对称性考虑,形成了从磁产生电的思想,可是,为什么像法拉第这么优秀的科学家断断续续地竟然经历了长达10年的摸索时间?

发现氢光谱规律的,为什么不是当时的物理学家,而是一位数学老师?玻尔从巴耳末的氢光谱规律中悟出了什么"玄机"?

对光电效应现象作出创造性解释的人,为什么不是总结出实验规律的勒纳德和提出量子说的普朗克,却是"初出茅庐"的爱因斯坦?

也许最为可惜和值得牢记的是小居里夫妇痛失三次诺奖的教训——第一次是有关中子的发现;第二次是有关正电子的发现;第三次是有关铀核裂变的发现.

……

英国著名哲学家F·培根说过这样的话:"读史使人明智."前辈们的经历、经验和教训,不仅可以直接指导人们现实中的研究工作,而且会长期地潜伏在人们脑海中的某个角落.一旦对某个问题的思考,不经意中引起了它们的"共振",于是,就会突然间获得灵感,形成可贵可喜的某个直觉.科学史的这种深远的影响,对我们的物理学习和实践活动同样具有可贵的价值.

上面有关直觉的培养与发展的五个方面,也仅是一个侧面,而且它们并不能机械地割裂开来,往往是相互渗透、相辅相成的.

阿提雅说:"一旦你真正感到弄懂了一样东西,而且你通过大量例子以及通过与其他东西的联系取得了处理那个问题的足够多的经验,对此你就会产生一种关于正在发展的过程是怎么回事以及什么结论应该是正确的直觉."这段话清楚地指出了直觉的产生——首先应该"弄懂",同时需要积累"足够多的经验",并且需要形成对问题"发展过程"的思考.在面对新现象、新问题的积极思考过程中,它们往往会与头脑里的储备自然地融合在一起,然后,突然间爆发出可贵的火花.

直觉并不神秘,在知识和经验的积累基础上,充分发挥你自由创造的力量,她也会幸运地降临到你的身上!

参考文献

别来利曼.趣味物理学续编[M].滕砥平,译.北京:中国青年出版社,1956.

清华大学理论力学教研组.理论力学[M].北京:人民教育出版社,1961.

王书荣.自然的启示[M].上海:上海科学技术出版社,1974.

G.盖莫夫.从一到无穷大[M].北京:科学出版社,1978.

王梓坤.科学发现纵横谈[M].上海:上海人民出版社,1978.

贝弗里奇.科学研究的艺术[M].北京:科学出版社,1979.

倪光炯,李洪芳.近代物理[M].上海:上海科学技术出版社,1979.

霍尔顿,等.力学的成就[M].华中师范学院物理系翻译组,译.北京:文化教育出版社,1981.

江苏高教局编写组.自然辩证法概论[M].南京:江苏人民出版社,1982.

张涛光.物理学方法论[M].济南:山东科学技术出版社,1983.

周忠昌.科学研究的方法[M].福州:福建人民出版社,1983.

章士嵘.科学发现的逻辑[M].北京:人民出版社,1986.

殷正坤.探幽入微之路[M].北京:人民出版社,1987.

阎康年.卢瑟福与现代科学的发展[M].北京:科学技术文献出版社,1987.

阎康年.牛顿的科学发现与科学思想[M].长沙:湖南教育出版社,1989.

张永声.思维方法大全[M].南京:江苏科技出版社,1990.

徐利治,郑信.数学抽象方法与抽象度分析[M].南京:江苏教育出版社,1990.

张旺.机遇、路径、发现[M].长春:吉林教育出版社,1992.

王溢然.高中物理实验分析与思考[M].上海:上海科学普及出版社,1993.

杨仲耆.物理学思想史[M].长沙:湖南教育出版社,1993.

雷树人,陈子正.中学物理知识教学手册[M].郑州:大象出版社,1994.

龚镇雄.音乐中的物理[M].长沙:湖南教育出版社,1994.

邢红军.物理教学心理学[M].成都:成都科技大学出版社,1994.

王溢然.形象、抽象、直觉[M].郑州:大象出版社,1996.

程守洙,江之永.普通物理学[M].北京:高等教育出版社,1998.

A·爱因斯坦,L·英费尔德.物理学的进化[M].长沙:湖南教育出版社,1999.

吴翔,等.文明之源:物理学[M].上海:上海科学技术出版社,2001.

李良.探索宇宙奥秘[M].郑州:河南科学技术出版社,2003.

费恩曼.费恩曼物理学讲义[M].上海:上海科学技术出版社,2005.

束炳如,何润伟.普通高中课程标准实验教科书:物理(共同必修1)[M].上海:上海科技教育出版社,2006.

林德宏.科学思想史[M].南京:江苏科学技术出版社,2007.

李艳平,申先甲.物理学史教程[M].北京:科学出版社科学人文出版中心,2007.

大番茄传媒机构.活着的象形文字[M].昆明:云南人民出版社,2008.

栾玉广.自然科学技术研究方法[M].2版.合肥:中国科学技术大学出版社,2010.

梁绍荣,等.普通物理学:第一分册:力学[M].北京:高等教育出版社,2012.

王溢然.照耀世界的火炬[M].广州:广东科技出版社,2012.

后　　记

　　《中学物理思维方法丛书》的酝酿筹划,大体上是从 1985 年开始的,后来从 20 世纪 90 年代初开始写作、出版,从筹划算起,前后大约经历了 10 年时间.丛书面世后的这些年来,承蒙读者的厚爱,时常询问再版事宜. 2013 年 9 月,在中国科学技术大学出版社的鼎力支持下,开始了新一版的全面修改编写工作.这套有关中学物理的课外书籍,至今已历时 20 多年,有机会以新版的形式又一次呈现在读者面前,作者感到非常欣慰.

　　本册可以说是"命题作文"——当初,束炳如先生说,应该写一册综合介绍中学物理中有关三种思维方法的书,于是就试着写成了.这次新一版,结合着从新世纪起参与教材编写的学习和思考,对本册内容作了多方面的完善和扩展,内容更为丰满充实,而且结合不同思维方法的渗透互补和思维的层次性,作了许多专题性的讨论.在这些专题中,还融入了一般中学物理课外书中鲜见的许多题材——例如,粒子做布朗运动的概率;狭义相对论的时空变换及两个效应的说明和质能公式的简单推导;物理学史上著名的一些理想实验和错误直觉;以及一些常见的具体物理现象和物理学习中的某些问题(如惯性现象、火车的转弯、启动等)……对它们作了较深入的分析、讨论.这些内容的介绍,基本上都局限于中学物理知识范围内,并且力求表述得浅显、明确,也许它们会使读者感到格外有兴趣,并有助于进一步扩

展视野,提升分析问题的能力.

如今,当完成了丛书新一版的最后一册,眼前闪耀着新一版靓丽的封面时,难免心潮起伏,久久不能平静.作为一个站立三尺讲台的普通中学物理教师,能够将自己从教42年来的一些认识、心得与体会,有幸以丛书的形式向广大中学物理教学同行和同学们进行交流、分享,我感到莫大的荣幸和鼓舞.因此在新一版的编写中,也时时提醒自己:唯有以兢兢业业之心,竭尽全力做好这一工作,绝不可有丝毫怠慢,才能对得起师长、同行、同学们以及为丛书殚精竭虑策划、编辑、设计的朋友们.从2013年9月以来,两年半时间的日日夜夜,终于在以往的学习、思考和积累的基础上,独立执笔完成了丛书中11册的新编工作*.在完成丛书最后一册编写之际,借此机会也对我的老伴说一声:谢谢——多谢老伴长期以来的全力支持,尤其是从今年6月以来,由于腰椎间盘突出的旧病复发,有四个多月的时间每天只能坐着"办公"不长的时间,常常以卧床看书、思考、起草为主.老伴不仅在生活上关心照顾,陪同进行治疗,还协助做了打印、邮寄、整理等工作,没有老伴的支持,恐怕难以圆满完成了.

生活中人们常说,"家装是一件遗憾的工程"——因为装饰后常常会发觉有所遗漏、有所不足、有所失误.其实,写作何尝不是如此!更由于个人知识的局限性,这次的新一版中也难免会有疏漏和差错,敬请老师和同学们发现后予以指正.

王溢然

2015年11月于苏州庆秀斋

---

* 目前丛书共13册,其中《分析与综合》《归纳与演绎》两册由岳燕宁完成修改工作.